山东工商学院新商科文库建设项目

新商科文库

A Study on the Curriculum System of
the second class of university

大学第二课堂课程体系研究

任祥华／著

经济管理出版社
ECONOMY & MANAGEMENT PUBLISHING HOUSE

图书在版编目（CIP）数据

大学第二课堂课程体系研究/任祥华著 . —北京：经济管理出版社，2024. 2
ISBN 978-7-5096-9618-7

Ⅰ.①大⋯ Ⅱ.①任⋯ Ⅲ.①高等学校—第二课堂—教学研究 Ⅳ.①G642.0

中国国家版本馆 CIP 数据核字（2024）第 051732 号

组稿编辑：赵天宇
责任编辑：赵天宇
责任印制：许 艳
责任校对：蔡晓臻

出版发行：经济管理出版社
　　　　　（北京市海淀区北蜂窝 8 号中雅大厦 A 座 11 层　100038）
网　　址：www. E-mp. com. cn
电　　话：（010）51915602
印　　刷：唐山玺诚印务有限公司
经　　销：新华书店
开　　本：720mm×1000mm/16
印　　张：15
字　　数：303 千字
版　　次：2024 年 4 月第 1 版　　2024 年 4 月第 1 次印刷
书　　号：ISBN 978-7-5096-9618-7
定　　价：88.00 元

前　言

　　新时代，关注大学第二课堂是顺应大学生德智体美劳"五育并举"综合评价改革的需要，是大学"发展素质教育"的内在要求，也是大学课程回归生活世界的逻辑必然。第二课堂是一个极具中国特色的本土话语，其概念是在第一课堂教学组织形式"课堂教学"弊端日益凸显的背景下出现的，是由"课外活动"提升至"课程"合法性的确证。大学第二课堂是一类相对独立的课程体系，有其自身的独特性，是一种由"知识本位"转向"人的全面发展本位"的课程哲学变革，大学第二课堂是大学完整课程体系不可或缺的有机组成部分。大学第二课堂亟待构建完整的课程体系，这是当下大学教育中具有现实意义和应用价值的研究课题。

　　基于以上新时代教育背景和研究问题，本书以笔者本人大学时代参与第二课堂获得成长和收获的经验以及从事大学第二课堂课程建设工作的实践基础为逻辑起点，采用文献法、质性访谈法、比较研究法及案例分析法等研究方法，按照"大课程观"课程体系基本框架，从课程目标、课程内容、课程实施、课程评价四个维度对大学第二课堂进行课程体系构建。本书研究的总体思路是：采用质性访谈法，提炼出大学生参与第二课堂成长和收获的价值，即课程目标；基于新时代"五育并举"和"五育融合"的需要，构建大学第二课堂的课程内容，基于学校财商教育特色建设需要，单列了财商教育课程内容；基于联合国教科文组织教育社会契约精神的呼唤和协同理论，探索构建契约性协同教学模式并开展课程实施；第二课堂课程评价中，铺就"第二课堂成绩单"制度实施的行动路径；通过具体的实践案例，对已构建的大学第二课堂课程体系进行了一定程度上的验证、反思和总结。

　　大学第二课堂课程目标通过价值寻求的方式确立。本书初始访谈了25所高校的80名学生，最终选择40份访谈资料进行深入分析，并借助 Nvivo 12 质性分析软件，通过主题归纳和频次统计等步骤对访谈内容进行了统计分析。本书研究发现，大学生参与第二课堂课程能够在认知与技能、过程与方法、情感态度与价值观三个维度的七个方面得到提升，课程总体目标指向学生的全面发展。本书通过对大学第二课堂课程目标进行研究最终可以得到以下结论：参与第二课堂是"自我塑造"的教育需求；大学第二课堂是"高影响力"的教育；大学第二课堂是具有生活价值的教育；第二课堂参与度体现了大学生"融入大学"程度。

"五育并举"的大学第二课堂课程内容旨在构建教育的整体性和完整性。财商教育呼应了笔者所在学校特色建设的需要。本书遵循课程内容选择的性质和价值依据以及基本环节，通过系统的分析得出：大学第二课堂德育课程内容包含"思想政治理论课"第二课堂课程、"课程思政"第二课堂课程、公民道德教育第二课堂课程、心理健康教育第二课堂课程；大学第二课堂智育课程内容包含学科竞赛、创新创业比赛、研究性学习；大学第二课堂体育课程内容包含竞技类体育比赛、社团类体育俱乐部、群众性体育活动；大学第二课堂美育课程内容包含艺术教育展演、美育艺术实践、美育社团活动、经典书籍诵读；大学第二课堂劳育课程内容包含日常性生活劳动、服务性志愿劳动、职业性生产劳动、校园劳动文化活动。基于学校财商教育特色建设需要，大学第二课堂财商课程内容包含中国财经素养教育标准框架下的财商教育第二课堂开发课程、财商教育校园文化、财商教育社会实践。基于"五育"本身的融合性和财商教育的实践性，大学第二课堂课程内容的有机融合旨在方便大学第二课堂课程实施。

基于未来教育社会契约精神的呼唤，坚持相互配合、协作和团结的原则，大学第二课堂课程实施以构建契约性协同教学模式（CCTSF）的形式开展。遵守第二课堂与第一课堂契约性协同，CCTSF 教学步骤包含挖掘课程的"五育"元素、确定课程的协同内容、选择合适的教学方法、开展课程的教学行动、进行课程的总结评价五个阶段。教师要善于从"五育融合"的视角去发现课程中的"五育"育人价值点，进而将其转化为"五育融合"的课程内容和教学行动。

"第二课堂成绩单"是以大学第二课堂课程学习效果为课程评价内容的"学分制"综合评价制度，它是一个独具特色的课程体系范畴，是一套整体设计的课程工作体系。该制度的实施需要从构建适切的课程内容、记录翔实的参与课程、认证达标的学习成果、反馈权威的评价结论、开发便捷的信息平台、确立可控的保障机制六个方面行动。本书进一步通过走访调查并结合工作经验列出了该制度实施中存在的问题并提出了建议对策。

××大学在前期优化第二课堂课程制度、强化第二课堂课程内容建设、创新第二课堂课程教学方法、发挥社团第二课堂独特优势等顶层设计的基础上，探索建立了大学第二课堂课程"4+1"工作模式和"七步骤"工作法，并建立了"第二课堂成绩单"体验教育中心，取得了人才培养质量提高、师生参与第二课堂积极性提升、育人模式得到社会广泛关注等工作成效，全面实践了本书构建的大学第二课堂的课程体系理论，形成了可复制、可推广的实践经验。

目　录

绪　论

一、研究缘起

（一）选题缘由

马克思的历史唯物主义观点认为，社会主要矛盾是时代变革和划分的基本尺度。党的十九大以来，我国社会的主要矛盾转变为人民日益增长的美好生活需要和不平衡不充分的发展之间的矛盾。这一主要矛盾的变化，也牵引着我国在党的十九大报告中提出了中国发展新的历史方位——中国特色社会主义进入了新时代。"新时代"是新的历史方位，"新时代"也必然要求改变人的价值观、教育观。马克思将人类历史划分为"人的依赖性关系""以物的依赖性为基础的人的独立性""自由而全面的发展"三个阶段。从此种意义上讲，人的全面发展程度亦是时代划分的一个标尺，人的自由而全面的发展应然是"新时代"即当下的重要指标维度。

习近平总书记在全国高校思想政治工作会议上指出，"要重视和加强第二课堂建设"①。20 世纪 80 年代，学者朱九思提出第二课堂是教学计划之外学生参加的各种有意义的活动。随着第二课堂重要性的日益凸显，"第二课堂"的称谓才逐步被采用，这是一种"课程"属性层面的认同，"第一课堂"与"第二课堂"同属于大学课程范畴。从"课内"与"课外"到"第一"与"第二"的演变，凸显出"第二课堂"作为一门人才培养的课程已经进入人才培养的体系。新时代，第二课堂开始承载教育的新使命，并突破"第一课堂"教学时空的局限性，逐步彰显"第二课堂"与"第一课堂"育人功能的差异性和独特性。进入 21 世纪，从"大学生素质拓展计划"到"第二课堂成绩单"制度实施，关于第二课堂的重要价值如何落实，学界对此进行了不断的探索，第二课堂已经成为第一课堂之外的重要育人

---

① 中共中央文献研究室. 习近平关于青少年和共青团工作论述摘编 [M]. 北京：中央文献出版社，2017：77.

课程。第一课堂与第二课堂同属于大学课程的范畴，是新时代学生德智体美劳全面发展的内在需求，更是中国特色社会主义人才培养体系的重要组成部分。

1. 关注第二课堂顺应新时代教育评价改革的需求

《深化新时代教育评价改革总体方案》明确提出：要树立科学成才观念，创新德智体美劳过程性评价办法，完善综合素质评价体系，切实引导学生坚定理想信念、厚植爱国主义情怀、加强品德修养、增长知识见识、培养奋斗精神、增强综合素质。第二课堂的课程内容、学业成绩能够涵盖学生德智体美劳的各个方面，新时代德智体美劳全面发展的要求与第二课堂的课程内容有着高度的一致性。关注第二课堂必然需要制定相对应的评价制度，"第二课堂成绩单"制度是针对大学第二课堂课程评价的综合素质评价制度。它能够实现德智体美劳评价的一体化，更能够充分利用现代信息技术，提高教育评价的科学性、专业性、客观性。第二课堂超越了第一课堂的时间和空间限制，它延展了第一课堂的教学时间，拓宽了第一课堂的教学空间，契合了互联网时代学习的时间逻辑。如果说"第二课堂成绩单"制度是"大学生素质拓展计划"项目的升级版，那么这个升级的意蕴主要在于互联网思维和新的学分制评价方式。"第二课堂成绩单"制度体系建构的网络及移动终端平台能够实现大学生参与第二课堂活动的信息化、便捷化，以及即时性、客观性，它能更加走进学生的生活世界。互联网思维以及大数据理念支持的"第二课堂成绩单"更加契合了大学生第二课堂课程的实际，更能够推动高校改变第二课堂课程碎片化、无序化、随意化、娱乐化等沉疴痼疾，提升第二课堂课程的科学性和规范性。科学的评价方式引领着科学的人才培养方式，"第二课堂成绩单"制度可谓是大数据时代大学生参与第二课堂的一种科学评价方式。"第二课堂成绩单"制度借鉴第一课堂课程评价的内在机理和运行机制，对学生参加的每门课程赋予一定的学分分值，并将其即时呈现在网络平台的"第二课堂成绩单"上，完整地记录大学生参与第二课堂课程的基本情况。因此，关注第二课堂而建立的"第二课堂成绩单"制度是新时代互联网大数据技术推动下大学生参加第二课堂课程科学化、专业化的实践探索，契合新时代教育评价改革的方向。

2. 关注第二课堂是发展素质教育的内在要求

党的十九大报告提出，"全面贯彻党的教育方针，落实立德树人根本任务，发展素质教育，推进教育公平，培养德智体美劳全面发展的社会主义建设者和接班人"。报告中从原来的"实施素质教育"到"发展素质教育"的表述转变凸显了"素质教育"落实行动的紧迫性以及新时代高校落实立德树人根本任务的需求。发展素质教育是新时代教育的核心要义，大学的根本任务在于立德树人，立的"德"是修身培育的德行，树的"人"是德智体美劳全面发展的中国特色社会主义事业合格建设者和可靠接班人。第二课堂的课程目标指向的是大学生"个体的全面发展",这与"立德树人"和"发展素质教育"的理念是一致的。我国高校人才培养存在学习苏联"班级授课制"专业人才教育模式后过于狭窄的问题,这不利于大学生的全面发展和个性化成长。第二课堂是大学深入推进素质教育的抓手,大学生参与第二课堂以及实施"第二课堂成绩单"制度是新时代高等教育人才培养的重要内容,关注第二课堂遵循了国家教育战略"发展素质教育"的顶层设计。第二课堂重点解决"培养什么人、怎样培养人"的问题,即培养德智体美劳全面发展的人,通过"第二课堂成绩单"制度推动学生主动提升综合素质。"第二课堂成绩单"制度更契合了高校立德树人、"三全育人"的要求,即致力于培养拥有健全人格和全面素质的时代新人,亦实践了"三全育人"的理念,即致力于建设跨时空、全领域、全要素的人才培养体系,关注第二课堂与发展素质教育的理念是一脉相承的。

3. 关注第二课堂遵循了回归生活世界的教育逻辑

回到人的教育必然是具有人文情怀的。"教育只有一个主题,那就是五彩缤纷的生活。"① 何谓"五彩缤纷的生活"?胡塞尔的"生活世界"哲学能够给我们的大学教育一些启发。然而此"生活世界"非简单的彼"生活世界",我们不能简单地把"生活世界"理解为日常语言。生活世界是一个关系的世界,是一个多面的世界,是一个各种生活形式共在的世界。大学"生活世界"可以被诠释为"一切可能的生活",大学第一课堂全然无法包含大学"一切可能的生活"。大学生活是一个丰富多彩的生活世界,大学生生活世界可界定为"课业学习、联课活动、课外活动、勤工助学、人际交往、休闲娱乐"六类情景②(联课活动一般指学生自愿参加的与学术相关的课余活动,属于第二课堂的范畴),课外活动指与学业关联较弱的活动。由此,除课业学习之外,可以把其他五种情景统称为大学第二课堂情景。六类情景同等重要,共同构成了五彩缤纷的大学生活,共同为大学生成长成才提供支持。大学生的发展可以在第一课堂和第二课堂的各种情境中进行。正是在大学第一课堂与第二课堂共同组成的大学"生活世界"的教育场域,个体大学生作为一个主体与其他主体产生了互动交流。由此,大学"生活世界"是一个具有主体间性的文化世界。由第一课堂与第二课堂共同构成的大学"生活世界"是一个大学生生活于其中的现实而又具体的世界,是大学文化产生的重要源泉,也是大学生成长成才的教育

① [英]怀特海. 教育的目的 [M]. 徐汝舟,译. 北京:生活·读书·新知三联书店,2002:8.

② 岑逾豪. 大学生成长的金字塔模型——基于实证研究的本土学生发展理论 [J]. 高等教育研究,2016 (10):74-80.

场域。在这样的"生活世界"场域内，大学生的生命质量和生命价值才能得到彰显和提升，这也符合"教育本质和教育价值在于提高生命质量和提高生命价值"①的论断。大学第二课堂是大学"生活世界"的重要组成部分，它提倡回归丰富的大学生活世界、走进缤纷的大学生活家园，因此，第二课堂具有重要价值。关注第二课堂遵循高校人才培养回归大学"生活世界"的文化逻辑，最终指向大学生的全面发展，致力于提升大学生服务社会和服务他人的生命价值。正是基于大学第二课堂课程内容的丰富性、多样性与大学生活世界的丰富性、多样性的契合，大学第二课堂才具有了深厚的发展逻辑基础。

4. 关注第二课堂是个人成长经历的引领

经历也可以说是经验，学习和工作经历影响了笔者的选题方向。在大学本科求学期间，笔者曾担任过学校广播台台长、教育科学学院团总支副书记、学校校报记者等，并积极参加了一些演讲、征文比赛等第二课堂活动（课程），这些对笔者的职业选择和成功求职产生了重要影响。2009 年，笔者硕士毕业，应聘河北某大学和山东某大学的辅导员工作都很顺利，特别是在山东某大学取得了笔试、面试第一的成绩。这些成绩的取得主要得益于笔者大学期间参与第二课堂的收获（笔者 2006 年以教育科学学院第一名的成绩保送硕士研究生，专业课成绩排名 8/82）。大学第二课堂给予了笔者自信，也提升了笔者在文字表达、组织管理、协调沟通、责任担当等方面的能力。笔者曾在《中国大学生就业》发表过《我的就业征途》，以阐述大学第二课堂的锻炼对自己的影响。

2009 年 7 月开始，笔者在××大学先后从事了 4 年辅导员工作、6 年共青团工作，直到 2020 年到学生处工作。2016 年，笔者曾到全国学校共青团研究中心研修挂职，参与了"第二课堂成绩单"制度设计及系统研发的相关工作。2017 年，笔者所在单位××大学被确立为全国首批 36 所"第二课堂成绩单"试点高校，笔者在全国工作推进会上作了典型发言。笔者作为主要成员系统设计了该所大学"第二课堂成绩单"制度，并参与了制度实施过程。2017 年 9 月，全国"第二课堂成绩单"制度建设现场会议在××大学召开，至今已有 200 余所高校来学校交流学习"第二课堂成绩单"制度。2016~2018 年，笔者先后多次赴西藏、河南及山东等地的有关培训班开展"第二课堂成绩单"制度实施培训讲座。2019 年 10 月，团中央和教育部召开联席会议共同推进"第二课堂成绩单"制度建设，笔者被团中央借调到北京起草汇报材料。笔者的个人工作经历尤其是在全国学校共青团研究中心挂职期间关于"第二课堂成绩单"制度建设的工作经历使笔者坚信，第二课堂是一个有意义、有价值的研究问题。

---

① 顾明远. 再论教育本质和教育价值观——纪念改革开放 40 周年［J］. 教育研究, 2018（5）：4-8.

（二）研究意义

1. 对大学课程变革的理论价值

第二课堂作为人才培养的"课程"内容，是对以第一课堂为中心的传统教育思想的变革。从"课内"与"课外"到"第一"与"第二"的演变，彰显了第二课堂作为一种课程范畴的重要价值，第二课堂从此进入了高等教育人才培养体系，突破了第一课堂教学时空的局限性。正是基于第二课堂与第一课堂的差异性，第二课堂本质上是一个独具特色的课程范畴。2018 年，共青团中央、教育部下发的《关于在高校实施共青团"第二课堂成绩单"制度的意见》指出，"要充分借鉴第一课堂教学育人机理和工作体系，整体设计高校共青团工作内容、项目供给、评价机制和运行模式"。本书将推进第二课堂作为一种课程体系的构建，并对此进行了研究，进一步确认大学第二课堂的课程目标，完善课程内容，开展课程实施，健全课程评价制度，为实现大学"第二课堂与第一课堂协同育人"提供理论支撑。

2. 对高校人才培养的实际应用价值

习近平总书记在全国高校思想政治工作会议上指出："要重视和加强第二课堂建设，重视实践育人。"2018 年，全国开始推行"第二课堂成绩单"制度，并将其作为"三全育人"综合改革的一项重要内容。2020 年，《深化新时代教育评价改革总体方案》明确提出：要树立科学成才观念，创新德智体美劳过程性评价办法，完善综合素质评价体系。在以上新时代教育背景下，大学第二课堂课程体系建设亟须理论和实践指导。本书明确大学第二课堂的"课程"属性，从课程目标、课程内容、课程实施、课程评价四个维度构建"大课程观"视域下的大学第二课堂课程体系，提升大学第二课堂课程建设的系统化、理论化、科学化水平，为大学第二课堂建设提供理论和实践参考，进一步提升人才培养质量，助力大学生成长成才。

二、研究综述

目前学界所掌握的文献资料中，从课程体系角度对第二课堂进行研究的文献几乎没有，仅有《大学通识教育课程设计研究》（彭寿清，2006）这篇文章有相关联的内容。大学第二课堂的相关著作最早出现在 1988 年，是蔡克勇、冯向东主编的《大学第二课堂》。该著作系统论述了大学第二课堂的功能、内容、形式、组织领导等，提出了"第二课堂的提出是认识上的一次飞跃，是教育思想的一次重大变革"①的论断，拉开了大学第二课堂研究的序幕。随后，学界出现了

---

① 蔡克勇，冯向东. 大学第二课堂［M］. 北京：人民教育出版社，1988：18.

第二课堂兴趣小组、第二课堂社团化、第二课堂创新学分、第二课堂课程化等研究①，相继有了《高等学校素质教育与第二课堂》《高校第二课堂建设：以立德树人和人才培养为中心》《全面发展视域下高校第二课堂素质育人新解》等著作出版，但这些著作都不是从课程论或教学论的角度进行研究的。笔者以"大学第二课堂"为主题词在中国知网搜索，共搜索到与"大学第二课堂"相关的研究文献 3449 篇②，其中学术期刊论文 2558 篇，硕士学位论文 164 篇，博士学位论文 4 篇，会议 49 篇，报纸 43 篇以及图书 1 册。第一篇学术论文是1982 年华中工学院③党委青年工作部发表在《高教战线》④ 的《要重视和加强第二课堂》。1982~2000 年，每年的文献数量一直在 10 篇以下，从 2001 年开始，研究文献数量逐步增多，到 2019 年达到 324 篇的高峰。据此分析，20 世纪 80 年代到 90 年代中期，相关研究处于起始和自发研究阶段。随着 1999 年中共中央、国务院下发的《中共中央国务院关于深化教育改革全面推进素质教育的决定》，以及 2002 年共青团中央、教育部、全国学联下发的《共青团中央教育部全国学联关于实施"大学生素质拓展计划"的意见》相关制度文件的出台，关注学生综合素质提升的研究开始受到重视，相关研究也逐步增多。由此可见，国家顶层设计和政策推动对教育的发展和研究具有巨大的推动作用。相关研究文献计量的可视化分析如图 0-1 所示。

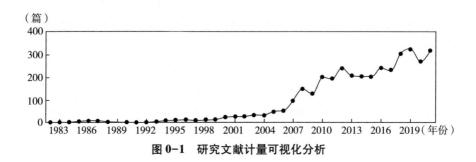

图 0-1　研究文献计量可视化分析

（一）相关研究主题文献综述

1. 国内与第二课堂有关的几种理念

个体全面发展、发展素质教育、核心素养理念与第二课堂具有密切的关系（见表 0-1），从个体全面发展、素质教育到核心素养，彰显了个体全面发展的理

---

① 谢相勋. 高校第二课堂活动课程研究 ［M］. 成都：四川大学出版社，2012：8.

② 搜索时间为 2021 年 11 月 28 日。

③ 现在是华中科技大学。

④ 现在是《中国高等教育》杂志。

念、思潮朝着制度化、具体化、实践化发展的进程。第二课堂是大学生个体全面发展、提升素质教育水平和培养核心素养的实践路径。新形势下,《中国学生发展核心素养》总体框架①将学生核心素养界定为学生必备的、能够适用终身和社会发展的关键能力和必备品格。有学者对比了欧美国家的关键能力和 21 世纪技能框架等,提出中国新时代背景下大学生核心素养的重要因素包含批判性思维、学习能力、知识迁移和建构能力、全球胜任力②。核心素养理论架起了素质教育与第二课堂之间理念与实践成效具体化路径的桥梁。个体全面发展、素质教育是一种教育理念,核心素养是培养目标,第二课堂是实践路径,四者之间一种具有天然的契合性。长期以来,把素质教育直接当成第二课堂的教育实践探索,导致第二课堂出现极端化和失范性。核心素养以培养"全面发展的人"为核心理念,实际也是坚持了个体全面发展和素质教育的理念,是几种教育理念的具体化。大学生核心素养的培养需要具体化为课程,也需要对大学课程内容和体系进行重构,其中包含围绕核心素养提升开设专门的培养学生批判性思维、创新能力、全球胜任力等课程。大学生核心素养的培养完全通过第一课堂课程是难以实现的,迫切地需要通过第二课堂课程协助实现。核心素养发展是个体全面发展、素质教育在新时代的具体化。因此,学生个体全面发展、综合素质提升、学生核心素养提升都是第二课堂课程的培养目标。

表 0-1　第二课堂与几种教育理念的内在一致性和发展性

名称	个体全面发展	素质教育	核心素养	第二课堂
事件	1848 年,《共产党宣言》中提出个人或个体的全面发展(Full Development);1957 年,毛泽东提出,"我们的教育方针应该使受教育者在德育、智育、体育几方面都得到发展"	1999 年,第三次全国教育工作会议召开,颁布实施《中共中央国务院关于深化教育改革全面推进素质教育的决定》	2016 年 9 月,发布《中国学生发展核心素养》总体框架	2018 年 7 月,全国高校正式推行实施"第二课堂成绩单"制度
内容	马克思强调,人的全面发展是指人的体力和智力的充分、自由、和谐的发展;毛泽东提出,全面发展教育的目的包含德育、智育、体育;2018 年,全国教育大会重新确定了"德智体美劳"的教育方针	素质教育是以全面提高人的基本素质为根本目的,尊重人的主体性和主动精神,以人的性格为基础,注重开发人的智慧潜能,注重形成人的健全个性为根本特征的教育	文化基础、自主发展、社会三个方面,包含文化底蕴、科学精神、学会学习、健康生活、责任担当、实践创新六大素养,具体细化为 18 项细则	第二课堂项目:思想政治、实践实习、志愿公益、创新创业、文艺体育、社会工作、技能培训及其他

① 《中国学生发展核心素养》总体框架主要针对基础教育阶段学生,但该要求是基于学生终身发展的视角,总体框架对高校大学生是同样适用和具有参考价值的。

② 张应强,张洋磊.从科技发展新趋势看培养大学生核心素养 [J].高等教育研究,2017 (12):73-80.

2. 国内大学第二课堂相关制度演变

大学第二课堂是高校发展素质教育的实践行动，二者是理念与实践的关系。素质教育理念肇始于基础教育领域，从 1999 年中共中央、国务院发布《中共中央国务院关于深化教育改革全面推进素质教育的决定》开始，素质教育在高校被推向新的高度。高校的素质教育必须坚持实践导向，由"知识本位"转向"行为本位"，这不仅需要第二课堂，更需要第一课堂和第二课堂的相互协同。大学"第二课堂成绩单"制度政策的推行反映了国家层面对大学生全面成长成才的关注和重视。《关于实施"大学生素质拓展计划"的意见》和《关于在高校实施共青团"第二课堂成绩单"制度的意见》能够全面反映 21 世纪以来，我国大学生第二课堂在国家教育战略层面的探索历程。本书对上述两个制度进行了比较（见表 0-2）显现了第二课堂在学生发展方面的内在统一性、继承性和发展性。

表 0-2 "大学生素质拓展计划"与"第二课堂成绩单"制度比较

项目	大学生素质拓展计划	第二课堂成绩单制度
制度名称	共青团中央、教育部、全国学联《关于实施"大学生素质拓展计划"的意见》	共青团中央、教育部《关于在高校实施共青团"第二课堂成绩单"制度的意见》
实施时间	2002 年 3 月	2018 年 6 月
先期试点	63 所高校	36 所高校、2 个省份
实施背景	高校素质教育全面实施，适应青年学生成长成才、就业创业的迫切需要，开发大学生人力资源	高等教育综合改革，全面落实立德树人根本任务，深化高校共青团改革，完善学生发展服务体系，促进学生素质素养提升和就业创业
实施原则	课内外相结合、第一课堂与第二课堂相结合、学习与实践相结合	融入人才培养大局、服务学生发展需求、发挥第二课堂优势、突出基层主体地位
实施环节	职业设计指导、素质拓展训练、建立评价体系、强化社会认同	课程项目体系、记录评价体系、数据信息体系、动态管理体系、价值应用体系
实施内容	教学主渠道外有助于学生提高综合素质的各种活动和工作项目，包括思想政治与道德素养、社会实践与志愿服务、科技学术与创新创业、文体艺术与身心发展、社团活动与社会工作、技能培训六个方面	围绕思想素质养成、政治觉悟提升、文艺体育项目、志愿公益服务、创新创业创造、实践实习实训、技能特长培养等内容设计课程项目体系，实现第二课堂与第一课堂互动互融、互补互促
最终产品	手动记录认证形成《大学生素质拓展证书》	网络管理系统形成《第二课堂成绩单》

3. 大学生满意度与第二课堂学业成就

Brian Pusser 和 Vincent Tinto（2006）在构建了学生成功的制度模型的基础上提出，学生在校园里的满意度（Involvement）决定了学生的收获和成长（Skills and Abilities），而学生的校园生活满意度受到第二课堂（Extracurricular Activities)、住宿项目（Residential Programming）、社团（Clubs）的高度影响①。国内学生对学校的满意度取决于学生需求在校园是否得到满足，满意度的高低取决于学生综合素质提升、能力拓展②。有调查发现，大学生对学校教育的满意度取决于大学生对学习及社团组织的感受和体验③。大学学生满意度研究表明，学生课外活动能够对学生的人格塑造、素质能力培养、全面成长成才起到主体性促进作用④。由此可见，第二课堂课程能够满足学生学习生活需要、提升大学生对教育的满意度。

第二课堂课程的质量不仅会影响学生对高校的满意度，还是学生提升就业竞争力的主要渠道。大学第二课堂的主体选择性、情景导向性、实践体验性、动态变化性等特点与就业能力具有内在的一致性，第二课堂课程所培养的综合素质是就业能力的重要组成部分，通过开发针对就业力提升的第二课堂课程能够显著提高学生的就业能力⑤。实证研究发现，大学第二课堂通过学习满意度对大学生核心竞争力有正向显著的影响，学习满意度起到中介变量作用。第二课堂对大学生核心竞争力中的学习能力、创新能力、健全的人格魅力、实践能力、健康的心理素质、社会适应能力六个维度的影响最为显著⑥。

此外，第二课堂在增强人文艺术修养、培育创新思维等方面具有明显的优势，在提升学生思想政治素质、道德文化修养方面具有不可替代性⑦。大学"第二课堂成绩单"在育人方面更多的是培养学生的情商，培养学生对未来人生规划和社会适应的综合能力。大学第二课堂课程主要服务学生创新创业创造、社会观察实践、社会工作锻炼、身心素质拓展、志愿公益、兴趣培养和社会等方面的需求，学生能力培养是高校第二课堂立德树人的切入点、培育学生的结合点、服务社会的关键点、创新发展的着力点。实证研究还发现，不同的就业岗位对就业力的要求存在差异，不同的第二课堂课程对提升不同就业力方面的作用存在显著差异，参加社会工作和社团工作能够显著提升人际交往能力，社会实践、志愿服务

① Brian Pusser，Vincent Tinto. Moving from Theory to Action：Building a Model of Institutional Action for Student Success ［C］. National Postsecondary Education Cooperative，2006：1-51.

② 文静. 大学生学习满意度：高等教育质量评判的原点 ［J］. 教育研究，2015（1）：75-80.

③ 乔祖琴. 新常态下高校大学生社团满意度调查研究 ［J］. 学校党建与思想教育，2017（21）:69-71.

④ 汪雅霜，杨晓江. 高水平大学学生满意度的实证研究：基于"国家大学生学习情况的调查"数据分析 ［J］. 国家教育行政学院学报，2015（2）：77-82.

⑤ 柯羽. 第二课堂与大学生就业能力研究 ［J］. 中国青年研究，2009（8）：71-73+14.

⑥ 宋丹，曾建雄. 第二课堂、学习满意度与大学生核心竞争力关系的实证研究 ［J］. 大学教育科学，2015（5）：21-29.

⑦ 吕静，王鑫，赵宇. "第二课堂成绩单"制度与运行模式研究——以天津大学为例 ［J］. 高校共青团研究，2018（3）：50-56.

等实践类课程对于大多数岗位的需求贡献度最高①。因此,大学生参加不同类型的第二课堂课程其收获也存在显著差异。西南大学通过对 5 万名学生的调研发现,大学生成长在很大程度上取决于专业学习之外投入的精力,对学生产生重大影响的事件中有 80% 发生在第二课堂,参加第二课堂活动的同学更快乐②。

大学生参加学术科技创新类型的第二课堂课程对学习方式、社会化、职业选择等产生重要的影响。美国一项研究发现,本科生参与研究活动的收获依次为:专业收益(28%)、"像科学家一样思考和工作"(28%)、各种技能的提高(19%)、澄清/确认职业规划(包括研究生院)(12%)、加强职业/研究生院的准备(9%)、对学习和研究工作态度的转变(4%)(以所有报告收益的百分比表示)③。学术科技创新类型的第二课堂课程能够弥补第一课堂学生自主性不足的状况,改变大学生学习方式,实现学生深层次学习方式的转变,一是提供了以学生为中心、以问题为导向的探究性学习平台;二是创设了问题情境,激发学生深层次学习建构的新认知;三是同伴学习营造氛围,提升学习收获水平④。大学生科研学习投入收获的实证研究表明,大学生参加学术科研类第二课堂课程能够收获专业社会化等社会性能力、职业生涯规划能力、研究能力和学术技能等,而研究能力和学术技能方面的收获相对偏低:一是学生科研活动属于第二课堂课程,时间相对较短;二是科研活动的认知挑战度比较低;三是科研活动投入质量相对较低⑤。

4. 大学第二课堂的理论基础研究

(1)马斯洛需求层次理论与大学生第二课堂。

马斯洛把人的需求分为生理需求、安全需求、社会(归属与爱)需求、尊重需求、自我实现需求五个层次。大学的整个过程,个体发展的需求贯穿始终,并成为个体人格发展的内在动力。第一课堂不能完全满足大学生的发展需求,第二课堂能够提供大学生广阔的空间以及多样的内容,成为大学生发展人格、交往交际、开阔视野的重要平台。大学第二课堂是马斯洛描述的各种需求内部驱动的结果⑥。

① 马晓琳. 细分就业岗位视阈下大学生就业力提升路径研究——基于第二课堂培养体系 [J]. 中国青年研究, 2016(3):96-101.

② 罗妍妍, 廖军, 王蔚, 等. 高校共青团"第二课堂成绩单"制度实施途径探究——以西南交通大学为例 [J]. 高校共青团研究, 2018(3):57-62.

③ Seymour E., Hunter A. B., Laursen S. L., et al. Establishing the Benefits of Research Experiences for Undergraduates in the Sciences: First Findings from a Three-Year Study [J]. Science Education, 2004(4):493-534.

④ 邓晶. 高校第二课堂对大学生学习方式的影响研究——以"985 高校"学术科技创新活动为例 [J]. 高教探索, 2018(1):11-15+87.

⑤ 郭卉, 韩婷. 大学生科研学习投入对学习收获影响的实证研究 [J]. 教育研究, 2018(6):60-69.

⑥ 宋丹, 崔强, 陆凯. 提升高校第二课堂育人实效的路径探析 [J]. 思想教育研究, 2018(5):119-122.

（2）学习产出教育模式（Outcomes-Based Education，OBE）与第二课堂。

美国学者斯派帝（Spady W. D.）把 OBE 定义为："清晰地聚焦和组织教育系统，使之围绕确保学生获得在未来生活中获得实质性成功的经验。"[①] OBE 以能力为成效导向，以学生为中心，关注学生能力的提升，围绕"设定学习预期目标—践行预期学习目标—评估学习目标"的主线进行，以学生预期评估目标为结果，总体构成学习质量不断改进的闭环模式。该模式具有目标清晰性、过程灵活性等特点。大学生学习结果的多元性决定了在 OBE 理念下定义预期学习产出必然是多元的，这种多元的结果需要多元的实施策略和学习情境，更需要围绕多元的结果进行课程设计。第二课堂应然是围绕预期产出重点设计的课程。例如，汕头大学在基于"学习产出"的工程教育模式探索中，一方面努力提高第一课堂教学质量，另一方面努力丰富第二课堂课程，帮助积累实践经验，提升全方位的能力[②]。

（3）大学生发展理论与第二课堂。

美国是最早研究大学生发展的国家，其大学生发展理论主要有心理学领域的"大学生发展七向量理论"以及多学科的"学校影响理论"。阿瑟·齐可林（Arthur W. Chickering）将大学生能力的发展归纳为能力开发、情绪管理、从自治到与他人相互依存、建立自我认同、建立成熟的人际关系、建立生活哲学和目标、养成公正的品格七个向量[③]。针对这七个向量，大学应该从阐明大学目标、控制规模、保证学生交流、设置个性差异的课程、鼓励学生投入学习、建立住宿制度促进交往、形成友谊与学生共同体、开发发展项目与服务[④]方面进行课程设计。阿斯汀（Alexander Astin）提出的"输入—环境—产出"模型（IEO）是最具代表性的环境与个体互动理论。该理论中的输入是指大学生入学前的状况，环境是大学生活，产出是大学生经历大学后的收获与成长。该理论用于大学生第二课堂课程，"输入"是参与第二课堂课程的大学生，"环境"是第二课堂课程，"输出"是第二课堂学业成绩。随后，阿斯汀在 IEO 模型的基础上提出了"学习投入理论"，认为一所卓越的大学体现在对大学生提供学术和社会活动（第二课堂课程），吸引学生投入其中，使学生在其中获得发展，获得生活美好的能力，这个过程主要依靠学生的投入。此外，大学生离校理论也强调，大学要创设环境让大学生融入大学生活，积极参加校园课堂内外活动，与师生形成互动。大学生发

① 姜波. OBE：以结果为基础的教育 [J]. 外国教育研究，2003（3）：35-37.

② 顾佩华，胡文龙，林鹏，等. 基于"学习产出"（OBE）的工程教育模式——汕头大学的实践与探索 [J]. 高等工程教育研究，2014（1）：27-37.

③ 谷贤林. 大学生发展理论 [J]. 比较教育研究，2015（8）：26-31.

④ Pascarella Ernest T., Terenzini Patrick T. How College Affects Students [M]. San Francisco：Jossey Bass Publishers，2005.

展理论的中心思想在于创设丰富多彩的大学生活，创造一个包含第一课堂和第二课堂的本真的大学生生活世界，促使学生积极投入其中，帮助大学生收获学业成就和快乐。

大学生成长金字塔模型是基于中国本土大学学习和发展现状，在质性访谈实证研究基础上建构的"大学生全面发展"模型①。该理论建构者岑逾豪提出了学生参与、学生投入、学生学习、学生发展的四层级模型。其中，学生参与（Participation）包含大学生活的六类情景（课业学习、联课活动、课外活动、勤工俭学、人际交往、休闲娱乐）；学生投入（Engagement）包含时间、认知和情感投入；学生学习结果或收获（Student Learning out Comes or Gains）包含知识技能、个人意识、社交能力等方面的提升；学生发展（Development）即大学生发展的金字塔顶端主要是指意义建构和思维发展。四个层级环环相扣，每一个层级都是向上攀登的基础和条件。该理论的主要贡献在于指明了高校"以学生发展为中心"的人才培养模式的改革方向，大学生的学习收获和发展除了学科知识、技能技巧之外，还有个人意志、社会能力等生活技能的锻炼，而这些能力的锻炼和发展需要大学各子环境的协同。因此，高校行政管理者需要更新教育管理理念，在教育各子环境特别是第二课堂课程建设投入更多的有效组织行为。北京大学教育学院"大学生发展研究"课题组根据中国大学生的特点，提出了大学生学业成绩与认知能力发展及其影响因素模型②。该模型中把"课内学习和课外活动（第二课堂）"作为影响大学生学业成绩和认知能力发展的重要因素。此外，清华大学教育研究院构建的"大学生成长需要与学校教育影响分析模型"认为，大学生更能够从社会实践、志愿服务、专业竞赛等第二课堂课程中感受到成长和收获③。由以上各种理论的主要观点可以看出，国内外大学生发展理论都把大学生的发展放在一个"场域"中进行讨论，这个场域不是单纯的第一课堂，而是涵盖大学生活全部的第一课堂和第二课堂。

素质教育（Suzhi Education）④ 是一个中国本土化概念，是教育工具性意识向本体性意识的回归。它承载了中国人"美好教育、高质量教育"的梦想和期

---

① 岑逾豪. 大学生成长的金字塔模型：基于实证研究的本土学生发展理论［J］. 高等教育研究，2016（10）：74-80.

② 李文利. 高等教育之于学生发展：能力提升还是能力筛选？［J］. 北京大学教育评论，2010（1）：2-16+188.

③ 黄雨恒，郭菲，史静寰. 大学生满意度调查能告诉我们什么［J］. 北京大学教育评论，2016（4）：139-154+189.

④ 2017年3月，中国高等教育学会大学素质教育研究分会发布了《关于将素质教育英译为"Suzhi Education"的倡议书》。2018年，《教育哲学与理论百科全书》（*Encyclopedia of Educational Philosophy and Theory*）（2018年在线版）（Michael Peters主编，Springer出版）收录了"素质教育"的概念。

待。20 世纪 80 年代，为克服基础教育领域"应试教育"的弊端，素质教育应运而生。从 20 世纪 90 年代开始，高校开始推行高等教育改革。高等教育实施素质教育主要是针对大学专业教育模式过于狭隘和人文素质教育相对缺失的问题，以及将教育变成"技能培训"的倾向。高等教育人才培养质量引起了人们广泛的关注，在高校开展除专业教育之外的教育势在必行。1999 年，第三次全国教育工作会议，中共中央、国务院发布了《中共中央国务院关于深化教育改革全面推进素质教育的决定》，素质教育从国家层面以"文化素质教育"为切入点和突破口开始在高校全面推行，素质教育上升为国家行动和教育战略层面。在 2018 年全国教育大会上，习近平总书记在报告中提出"要努力构建德智体美劳全面培养的教育体系"，这代表了党的教育方针在新时代的变化，凸显了"五育并举"的教育理念。党的十九大报告将原来的"实施素质教育"改为"发展素质教育"，将素质教育作为教育的核心，提出要培养"有理想、有本领、有担当的高素质专门人才"。总体而言，在二十多年的实践探索中，素质教育经历了从教育理念、国家政策到法律法规的发展历程。

　　素质教育中的"素质"主要是指个体从事社会活动或者生活的主体性条件，是人的全面素质即发展中的素质，它体现了人性所达到的真实水平。[①] 素质教育的根本在于树立人才培养的科学的质量观和人才观，把促进学生德智体美劳全面发展作为落实立德树人根本任务的实践路径，全面提高学生综合素质。[②] 大学发展素质教育探索实践比较多的就是开展通识教育，形成专业教育与通识教育相互协同的素质教育模式。当下，第一课堂仍然是素质教育的主战场，此外要大力开展课外活动和实践教学（第二课堂）。学校要发展素质教育，通常被称为"第二课堂"的各种课外活动与实践环节很重要，包含专题讲座、名著导读、艺术欣赏、文艺表演、体育竞赛等，以及各种社会实践、志愿服务活动和各种社团活动，学生在其中锤炼认识自我以及与他人相处的能力。[③] 但素质教育并不等同于"第二课堂"，第二课堂课程只是素质教育不可或缺的组成部分。由此可见，发展素质教育为大学第二课堂提供了理论基础和发展理念。面对素质教育的实践现状，可谓"认同但不可言说"，素质教育理念的发展道路仍然任重而道远。政策的执行落实效果与政治和社会经济高度相关，教育尤其是素质教育不可能独善其身，我行我素。素质教育是中国特色人才培养的教育理念和教育话语，随着新时

---

　　① 林小英. 素质教育 20 年：竞争性表现主义的支配及反思 [J]. 北京大学教育评论，2019，17 (4)：75-108+186.

　　② 杜玉波. 发展素质教育培养担当民族复兴大任的时代新人 [J]. 国内高等教育教学研究动态，2018 (7)：1.

　　③ 王义遒. 素质教育：回顾与反思 [J]. 北京大学教育评论，2019，17 (4)：58-74+185-186.

代高等教育改革和一流大学建设、一流人才培养体系的建设，素质教育必会寻求更大的突破。其中，课程建设必然是主要阵地，第一课堂与第二课堂相互协同，全面融合是未来高等教育人才培养的重要趋势。"在以大学文化素质教育为突破口开展素质教育的 20 年中，强调第一课堂与第二课堂相结合等做法，可以为大学素质教育全面推行提供有价值的参考。"① 新时代，大学素质教育必然探索构建中国本土话语体系②，具体化实践必然以德育、智育、体育、美育、劳育"五育并举"为切入点和突破口，进一步推动课程实施，提升第二课堂课程科学化水平，改革综合素质评价方式，全面提升人才培养质量，推动高等教育内涵式发展。

5. 国外第二课堂的形式样态

国外"第二课堂"通常称为"课外活动"（Extracurricular Activities），其本意在于扩展教学的时间和空间。以美国为例，美国高校对学生参加第二课堂课程十分重视，主要体现在：作为大学招生标准要求学生③、提供活动信息和资源、鼓励和支持学生参加活动（提供经费支持、配备指导教师、请假制度）、纳入评奖学金和各类荣誉的重要指标。美国高校课外活动多采用"项目式"和"档案式"，注重柔性约束和对学生的参与情况和活动效果进行评估，但是暂时没有将活动作为硬性要求列入成绩单。康奈尔大学对学生的学习能力、性格优势以及学生对周围社区/环境的贡献能力都有很高的期待，学生如何将这些能力展现出来，就需要载体。第二课堂课程和奖项是全方位展现学生各个领域能力的最主要载体，个性和品质上的各种优势都需要这些载体才能被展现，同时也变得更有说服力。高校把学生参加第二课堂的情况作为重要的招生条件，耶鲁大学招生主管认为，许多国际学校为学生提供了许多参加课外活动的机会，但是课外活动更多的是每个孩子自己个性的东西，大学招生官员更希望看到孩子是否从个性化的活动中找到自我的生存价值和意义④。总之，国外大学倾向认为学业成就是大学生必须完成的课业任务，而第二课堂是彰显学生个性、特色和存在价值的重要渠道。他们鼓励学生参加某一领域第二课堂课程，并围绕这一兴趣或特长规划大学生活，也就是说参加第二课堂课程不在数量多少，而是应该将其视为一个有机的整体，大学生应始终围绕个人主要兴趣，并在这一领域不断成长、取得成功。此外，美国有些高校在收取学费时会将活动（第二课堂课程）费用纳入其中，向

---

① 张德祥，林杰. 大学素质教育的历史审视与现实反思［J］. 中国高教研究，2017（6）：1-7+29.

② 李和章，刘进. 论大学素质教育本土话语体系构建［J］. 中国高教研究，2017（7）：22-26+80.

③ 哈佛大学官网的招生标准指出，除了学业成绩之外，社区服务、领导能力、个人特长等也十分重要。哈佛大学官网列出的学生培养目标指出：通过教学、研究及各种活动，指导学生拓展前沿知识、帮助学生为未来的生活、工作做好准备，具备领导能力。

④ https：//bigfuture. collegeboard. org/？ affiliateId＝cbhomeexp&bannerId＝bf.

每个学生收取该项经费。这样做的目的，一方面为学生在校期间各类活动提供经费支持；另一方面学生因为被收取了一定费用，而倾向于认为大学期间参加各类活动是自己的权利，增强了积极性与主动性。美国每所大学都设有各类奖学金，学生可以根据自己的条件和特长申请某一类奖学金，并将参加活动获奖或者锻炼情况作为申请的重要条件。

威尔逊（Wilson E. K）通过质性访谈研究认为，大学生在高校的学习成果有70%以上来源于课堂教学以外即第二课堂课程的经历①。美国理查德·莱特（Richard J. Light）在其历时十年追踪的研究报告《穿过金色光阴的哈佛人：哈佛大学生成功访谈录》中提到，他以为最重要的、最令人难忘的学术活动是在教室内进行的，而课外活动（第二课堂课程）只是一种有益且适度的补充。但有证据表明，真实情况恰恰相反。课堂外的学习特别是在宿舍以及课外活动（如艺术活动）中发生的学习行为，对学生来说至关重要。统计数字显示，所有对学生产生深远影响的重要的具体事件，有4/5发生在课堂外②。课外活动对现代学生专业重要素质和专业能力发展具有影响，俄罗斯现代大学学生课外活动倡导优先安排，积极探索改变大学课外活动的组织方式，寻找灵活、适应性强的大学课外活动模式③。

美国经济学家西奥多·W. 舒尔茨（Theodore W. Schults）的人力资本理论中提出"学校教育是最大的人力资本投资"④。大学生在高等教育过程的"黑箱"中获得怎样的收获和成长是学生发展理论重点关注的问题。目前，关于大学生发展的理论主要有大学生发展的七项原则、大学生离校理论、大学生社会化理论、学生投入理论、大学生发展的综合因果模型、中国大学生成长金字塔模型等。

大学生发展的七项原则，即"大学生发展七向量理论"或"本科教育有效教学的七项原则"，是阿瑟·齐克林（Arthur W. Chickering）从心理学视角归纳的大学生发展路径。七个方向的具体内容为主动学习、同行合作学习、互动学习、反思学习、学习时间投入、教师反馈、校园环境⑤。还有一种观点认为，七向量的实践包含能力开发（智力、身体和手工能力、人际交往能力）、情绪管

---

① Wilson E. K. The Entering Student：Attributes and Agents of Change ［M］. Chicago：Aldine, 1966.

② ［美］莱特. 穿过金色光阴的哈佛人：哈佛大学生成功访谈录 ［M］. 范玮，译. 北京：中国轻工业出版社，2002：8-9.

③ Ivanova G P，Logvinova OK. Extracurricular Activities at Modern Russian University：Student and Faculty Views ［J］. Eurasia Journal of Mathematics Science and Technology Education，2017（11）：7431-7439.

④ Theodore W. Schults. The Economic Value of Education ［M］. New York：Columbia University Press，1964：10-11.

⑤ Chickering A W，Gamson Z. F. Seven Principles for Good Practice in Undergraduate Education ［J］. AAHE Bulletin，1987，39（7）：327.

理、从自治到与他人相互依存、建立自我认同、建立成熟人际关系、建立生活哲学和目标、形成公正的品格①。这七个向量是大学生发展不同的领域和层次，它们之间互为条件，相互影响。该理论提出，大学要根据教育目标和内容开发和设计有针对性的大学生发展项目和服务，并把有意义的学生社团（第二课堂课程）认同为院校影响学生发展的七大因素之一②。大学生离校理论是美国著名的研究大学生辍学的专家文森特·廷托（Vincent Tinto）提出的，该理论认为，"融合"是大学生与大学学术、社交、文化的关键词，重点在于大学生要积极融入大学生活，积极参与校园的课堂内外活动（第一课堂和第二课堂课程），实现学生与校园的深度融合，减少大学生离校。该理论把课外活动（第二课堂课程）作为学生参与学校生活的重要途径。大学生社会化理论是美国约翰·魏德曼（John C. Weidman）提出的关于大学生受校内外环境非认知等因素影响而进行社会化的理论。该理论认为，大学生在大学的社会化受到入学前家庭文化资本、个性特征、价值观等影响，大学生在大学的社会化重点取决于良好的师生关系和同伴关系、非正式潜在课程（含第二课堂课程）、大学的压力等因素的影响。学生投入理论是乔治·库（George Kuh）等于2006年提出的学生学习性投入的理论，该理论认为学生在大学生活中投入时间和精力，大学创造条件施加"院校影响"促进大学生参与各种大学教育活动，他们深入研究了大学生参与课堂以外活动（第二课堂课程）的积极影响③。该理论与阿斯汀"学生参与理论"和佩斯（Robert C. Pace）"努力质量""经验质量"理论存在内在的一致性，都强调大学生的主动努力的重要性。帕斯卡瑞拉（Ernest T. Pascarella）在其 *How College Affects Students*④ 中提出了大学生发展的综合因果模型，该模型通过大学生在大学期间的变化、大学的净效应、大学之间的效应、大学内部效应、大学的条件效应和大学的长期效应等分析，提出大学生在大学期间，发生变化的有认知发展、社会心理、态度和价值观、道德发展、教育成就和毅力、大学对职业和经济的影响、大学毕业后的生活质量等。

（二）已有研究的反思与展望

既往研究存在的主要问题包括：研究场域失位偏离、研究方法无序单调、研

---

① 谷贤林. 大学生发展理论 [J]. 比较教育研究，2015（8）：26-31.

②③ 孙沛睿，丁小浩. 大学生课外参与投入的适度性研究 [J]. 大学教育科学，2010（6）：53-61.

④ 该著作至今没有翻译成中文，2016年出版的《大学如何影响学生》第3卷继承了过去几卷（涵盖1967~2001年的研究）的传统，对2002~2012年积累的大学影响研究进行了批判性回顾、综合和分析，这种综合和分析有助于该领域学者了解学生如何受到本科教育各个方面的影响，为未来的政策和实践提供经验证据。这本书综合了2500多项个人研究调查，作者将2002~2012年进行的研究得出的结论与1991~2001年进行的第2卷研究得出的结论进行了比较。

究范畴空洞简单等。研究场域失位偏离主要体现在第二课堂促进大学生学业成就是不争的事实，但大部分研究依然把第二课堂置于"教学计划"之外进行探究，研究场域失位偏离容易导致定位不准，研究针对性不强。研究方法无序单调主要指第二课堂促进大学生学业成就不能单靠理论性的思辨价值研究或简单的问卷进行，而是需要大量的质性、量化的研究进行科学化证实。研究方法无序单调容易导致研究的说服力不足，研究实效性不强。研究范畴空洞简单主要指大部分研究只是针对大学生第二课堂提出空洞的对策建议或者制度设计，缺乏深层次的理论探讨和可操作性建议。研究范畴空洞必然导致"口号响亮、行动弱化"的现象，使第二课堂促进大学生成长成才的作用无法有效发挥。回顾反思是为了更好地思索前行，要使第二课堂历久弥新，在高等教育质量提升的大变革时代，研究第二课堂促进大学生成长成才的作用具有重要意义。

1. 研究场域要回归课程体系，提升影响力

夸美纽斯最早提出了实行"泛智"教育和班级授课制，倡导"把一切事物交给一切人"，使人们通过教育获得广泛而全面的知识，这一切都通过课堂教学体现。后来，赫尔巴特发展了这种班级课堂教学制度，逐步形成了"以课堂、教师、教科书为中心"（以下简称"三中心"）的教学体制。我们在肯定班级授课制超越个别教学制度的同时，也应该看到班级授课制标准化、专业化的弊病。班级授课制不利于培养创造创新等各种能力，不利于实施因材施教，不利于培养优秀人才，不利于创设活泼生动自由的学术氛围[1]。主张"有用即真理"的实用主义教育学家杜威强烈地反对班级授课制，但杜威全然否定"三中心"等的教育改革并未获得成功。第二课堂的教育思想，是教育领域解决"三中心"教学制度弊病的一次重大教育变革。从历史的角度考察第二课堂，可以看出第二课堂是现代学校教育的必然产物，是教育思想认识论上的重大突破。但是由于受传统第一课堂"权威课堂"的思维定势影响，第二课堂往往被认定为"教学计划"之外的课程。第一课堂与第二课堂的主要区别在于课程内容的不同，而不在于教学计划的内外之分。有关研究也表明，第二课堂创设的教学情境促进大学生成长成才的作用不亚于第一课堂甚至超过第一课堂。新形势下，部分高校已将第二课堂全面纳入学校人才培养方案，整体制定课程实施方案，逐步使第二课堂回归到课程体系之内。因此，第二课堂的研究应该回归到"课程体系"之内的研究场域，树立研究自信，以第一课堂与第二课堂协同育人、共生共存的理念共同促进大学生成长成才。

2. 研究方法要突出质性研究，提升解释力

目前，本土的教育研究方法主要有思辨研究方法、量化研究方法、质性研究

---

① 蔡克勇，冯向东. 大学第二课堂 ［M］. 北京：人民教育出版社，1988：4.

方法、混合研究方法①。思辨研究方法主要是研究者运用辩证法对事物进行逻辑分析，形成理论思想，主要包含理论思辨、经验总结、历史研究等方法。量化研究方法主要是研究者依据事物可以量化的内容进行计算、测量和分析，以此把握事物的本质，包含统计调查、实验方法、二次分析等。质性研究方法是研究者通过与被试者之间的互动进行深入、长期、详细的体验，得出对事物本质的全面理解，主要包含叙事研究方法、案例研究方法、田野调查等方法。混合研究方法是研究者同时使用量化和质性两种方法。大学生参与第二课堂能够得到什么学业成就？第二课堂的主要效用是什么？第二课堂实施的内在机理是什么？这些问题的探究都需要通过一定的研究方法进行。如何选择合适的科学研究方法直接决定了教育研究结果的可信度和对教育事实的解释力。教育问题研究方法的选择取决于研究问题的性质，大学生第二课堂学业成就等有关问题的研究靠纯粹的思辨研究难以形成实质性的证据，容易出现研究由概念到概念，离第二课堂实际会越来越远的状况，也可能由于研究者主观性价值的介入走向相对主义的泥潭，得出的研究结论对实际缺乏普遍适用性。鉴于质性研究方法能够深入大学生第二课堂的真实世界，更容易加强学生对第二课堂的理解，访谈资料比一个概括性的统计数据更富有意义和价值，它更能解释清楚访谈对象对问题的看法，个体的自我陈述和汇报也更具价值和可行性，本书认为，应当充分认识第二课堂课程的复杂性，避免单纯的思辨研究，重点突出质性研究，提升研究的科学性和解释力。

3. 研究范畴需要拓展深化，提升建构力

与第二课堂课程实践领域的"热火朝天"形成鲜明对比，理论研究范畴深度不够，表面化的研究必将导致研究的失信和实践行动的乏力。通过前文的文献梳理可以发现，相比于国外的研究，国内大学生满意度与第二课堂关系的实证研究、第二课堂整体或者分类课程对大学生收获与成长的作用的实证研究、大学生第二课堂有关理论的阐释和验证等方面目前都属于研究空白。这些问题可以说是第二课堂得以立足的根本点，但是在研究的广度和深度上亟待加强。大学生第二课堂未来深化拓展研究必须朝着精细分化和整体建构两个方向进行。一是借鉴前大学生参与学术科技类第二课堂课程的成长和收获相关研究成果，细化研究大学生思想政治、实践实习、志愿公益、创新创业、文艺体育、社会工作等第二课堂课程分类型的学业成绩以及各类型活动的差异比较；二是从整体上研究大学生第二课堂课程的学业成绩，包含有关第二课堂促进大学生学业成绩逻辑起点的构建、第二课堂促进大学生学业成绩课程开发、第二课堂促进大学生学业成绩课程

① 姚计海，王喜雪. 近十年来我国教育研究方法的分析与反思［J］. 教育研究，2013（3）：20-24+73.

的实施等有关研究。新时代，第二课堂改革必然是一场新的课程革命。第二课堂的参与主体是大学生，其学业成绩必然是相关研究的最前沿和最具说服力的研究话题。研究者需要增强对第二课堂课程促进大学生成长成才作用的认识，加强对第二课堂的理论研究探索。

三、研究设计

本书以"大学第二课堂"为研究对象，根据理论需求和实践诉求，以"构建大学第二课堂的课程体系"为研究问题，以"大课程观"课程体系的课程目标、课程内容、课程实施、课程评价四个维度为研究路径解决问题。

（一）研究目标

1. 建构课程体系

本书将全面梳理第二课堂的发展轨迹，界定邻近范畴与大学第二课堂概念内涵，寻求大学第二课堂建设的理论渊源，确证第二课堂"课程"的属性，依据"大课程观"课程体系的基本框架构建完整的大学第二课堂课程体系。

2. 确定课程目标

本书将采用质性研究访谈法，按照目的性抽样原则，选取样本进行深度访谈，借助 Nvivo 质性分析软件进行基本编码和频次统计，深度挖掘大学生参与第二课堂课程成长和收获的价值即课程目标。

3. 建构课程内容

按照新时代教育评价改革"五育并举"的要求，本书将全面梳理德智体美劳各个维度第二课堂分类课程，形成第二课堂课程内容体系，再按照方便实践的原则对课程内容进行分类梳理，以求达到"五育融合"。

4. 开展课程实施

与联合国教科文组织倡导的新时代教育社会契约精神相呼应，本书将依靠协作型教师重塑教学，并针对第二课堂课程内容设计与开发新的契约性协同教学模式（CCTSF），开展课程实施。

5. 健全课程评价

本书将深化第二课堂课程评价制度建设，全面构建德智体美劳全面发展的一体化评价制度，构建"第二课堂成绩单"制度运行工作体系，为新时代教育评价提供新模式，为"第二课堂成绩单"制度的推广提供样板。

（二）拟突破的难题

（1）没有全面的课程（第一课堂与第二课堂课程），就没有全面发展的教育（德智体美劳全面发展的教育），如何把第二课堂纳入有计划、有目的、系统化的课程体系范畴，需要教育思想的大解放，更需要提供第二课堂不可或缺价值的事实依据。本书将通过质性研究访谈法寻找大学第二课堂课程价值，提升大学第二课堂课程价值认可度，这将是本书重点突破的难点。

（2）借鉴第一课堂课程体系运行模式和机理，构建第二课堂的课程目标、课程内容、课程实施、课程评价等，是本书研究的难点所在。第二课堂有其自身的特点，如何开发与设计适合第二课堂课程自身的课程体系是本书研究的重要难题。

（3）推动"第二课堂成绩单"制度建设是一项全局性、系统性、复杂性的工作，这需要以"一盘棋"的思维共同推进工作，做到"人员、制度、机制、协同"四有化。如何协调各种资源共同推进"第二课堂成绩单"制度建设是本书研究的重点也是难点。

（三）本书的创新或特色

（1）本书针对传统人才培养的现实困境，基于新时代的大背景，系统梳理和分析了德智体美劳"五育并举"的第二课堂课程内容，并在此基础上分类，构建"五育融合"的第二课堂课程内容体系，明确了大学第二课堂课程内容。

（2）本书以解决现实问题为目标，在"大课程观"的框架下，基于第二课堂课程特点，响应新时代教育社会契约精神，构建了旨在实现第二课堂与第一课堂协同育人的契约性协同教学模式（CCTSF）并开展了课程实施，初步取得了第二课堂与第一课堂协同育人的教学成果（山东省教学成果一等奖）。

（3）基于新时代教育评价改革大背景，本书对"第二课堂成绩单"制度进行了理论建构和实践探索，把大学生参与第二课堂课程纳入学生学业成就的范畴，实施学分制，为大学第二课堂课程评价提供了可资借鉴的实践经验。

（4）本书以"大学第二课堂的课程体系构建"为研究问题，从课程目标、课程内容、课程实施、课程评价四个维度展开研究，思路明晰，能够为大学第二课堂课程实践提供理论和实践指南，具有极强的应用性，这是本书最大的创新点。

（5）本书采用了创新的课程类型划分法。本书把大学课程划分为第一课堂课程和第二课堂课程两种类型①，是课程划分的一种新观点。课程论也曾按照课

---

① 此种课程类型划分方法在一定意义上否定了把学校课程划分为第一课堂课程、第二课堂课程、第三课堂课程的划分办法。例如，陕西省在基础教育领域进行三个课堂改革的课堂革命："第一课堂"是指学科课程的教育教学"主阵地"，主要是按照国家课程标准完成规定的学习任务，是通常意义所指的在教室的上课或课堂；"第二课堂"是指校内的学习场所，是指除"第一课堂"之外的所有校内资源，目的是深化和拓展"第一课堂"的学习内容，通过音乐体育场馆、社团活动场地、文化走廊等场所，进一步发挥好学校的育人功能和服务功能；"第三课堂"是指学生走出校门以外的社会实践学习锻炼场所，主要以爱国主义教育基地、劳动教育基地、文化馆、博物馆、体育馆等校外教育服务设施和志愿者服务、社区服务为活动载体的课堂。本书认为，课程类型划分也要根据时代的变化进行变革，第一课堂与第二课堂课程二分法沿用了学科课程与活动课程的基本理念。

程内容把课程划分为学科课程与活动课程①。但划分标准背后的逻辑不同，第一课堂教学组织形式即"课堂教学"的弊端日益凸显，需要新的教学组织形式变革而引发的课程类型划分方法，是继"课外活动""活动课程"之后，与"第一课堂课程"并列合法化的确立。

（四）研究方法

1. 文献法②

文献综述部分本书充分借鉴研究整合法（Research Synthesis Methods）的思路，广泛搜集、阅读、分析和整理国内外第二课堂相关文献资料，以研究文献计量可视化分析图为辅助，全面掌握与研究主题（国内与第二课堂有关的几种理念、国内大学第二课堂相关制度演变、大学生满意度与第二课堂学业成就、大学第二课堂的理论基础研究、国外第二课堂的形式样态）相关资料的历史、现状以及未来走向，去伪存真，理清思路，对已有研究进行了反思与展望，进一步明确了本书研究的思路、框架和价值等。在本书撰写的过程中，笔者也研读了相关主题的大量文献资料，进行了相关文献的思辨性"再研究"。

2. 质性访谈法

本书采用目的性抽样方式，选择参与第二课堂活动较多的在校生或者毕业生作为典型样本，进行了逐一访谈，并借助 Nvivo 质性分析软件对录音资料文本进行主题归类、扎根理论编码处理及频次统计，深度挖掘了大学生参与第二课堂课程获得的成长和收获价值，最终形成大学生参与第二课堂课程的目标。

3. 比较研究方法

比较研究方法主要是根据一定的标准或框架，对两个或两个以上的事物或对象进行相关因素的对比考察，认识其异同并寻找其规律，目的是提供借鉴参考。本书是基于第一课堂的运行机理和模式进行第二课堂课程体系建构的，第二课堂与第一课堂课程的比较分析尤为重要。此外，本书还充分比较和借鉴了国外相关课程实施阶段教学模式，特别是美国德智体美劳第二课堂课程方面的经验。

4. 案例研究法

案例研究法主要是指综合运用现有数据、文献资料、访谈资料、观察记录资

---

① 潘洪建. 我国活动课程发展70年［J］. 课程·教材·教法, 2019（6）: 31-38; 我国活动课程经历了活动"教育化"、活动"课程化"、活动"综合化"三个时期。1992年，国家中小学课程计划第一次将课程分为学科和活动两大类，活动被提高到课程的高度，活动课程开始逐步转向第二课堂课程的称谓，并逐步在高校里面被固化下来。

② 有研究认为，文献法不是一种研究方法，提倡基于文献资料的实证研究方法中的研究整合法，强调系统地收集、检索与筛选文献。本书还是采用传统的"文献法"的称谓，但在研究过程中充分借鉴了研究整合法的思想，提升文献综述和其他文献整合的思辨水平和主题归纳水平，强化逻辑分析与概括能力。研究整合法具体参见姚计海的《"文献法"是研究方法吗？——兼谈研究整合法》。

料等多样信息数据和资料的研究手段，对某一背景下的特定事件的缘由、过程等进行全面的详细分析，进而为现实提供可资借鉴的经验。本书以有关高校①课程化手册以及××大学为案例进行了大学第二课堂课程建设的实践探索研究。

四、研究框架

本书共分为八个部分，主要内容如下：

绪论。该部分主要基于新时代的教育背景，阐述本书选题的缘由与意义、国内外研究现状、趋势、本书的研究设计及研究框架。

第一章是大学第二课堂的理论探寻。第二课堂的概念有一个历史演变的过程，从"课外活动"到"第二课堂"的变迁，反映了教育理念的变化以及德智体美劳全面发展的需求。该部分全面梳理第二课堂概念的历史变迁、本质内涵、邻近概念以及第二课堂建设的理论渊源，特别是界定大学第二课堂的概念和确定"大课程观"的课程体系理论框架，为全书研究提供基本框架和设计依据。

第二章是大学第二课堂的课程目标。该部分采用质性访谈法，选取一定的样本数量进行深度访谈，获得大学生个体基于经验对第二课堂促进个人成长的认知资料，借助 Nvivo 质性分析软件进行资料分析，并进行三级编码、主题归纳和频次统计，提炼出大学生参与第二课堂课程的价值即课程目标。

第三章是大学第二课堂的课程内容。基于新时代教育评价改革的需要以及德智体美劳"五育并举"理念和"五育融合"实践的需要，第二课堂课程内容的建构分为德育第二课堂、智育第二课堂、体育第二课堂、美育第二课堂、劳育第二课堂、财商第二课堂几个部分，本书全面认真梳理每种类型教育的第二课堂的概念内涵、育人价值、理论基础、课程内容等，重构整合第二课堂课程内容体系。

第四章是大学第二课堂的课程实施。基于第二课堂的特性、新时代"五育融合"的现实需要以及教育契约精神的呼唤，本书构建旨在实现第二课堂与第一课堂协同育人的契约性协同教学模式（CCTSF），开展了课程实施，并从理论基础、目标倾向、程序步骤、教学方法、教师素养等方面建构了该教学模式的框架结构。

第五章是大学第二课堂的课程评价。该部分参照第一课堂课程评价的运行机制和工作原理，科学、规范、系统设计了大学生第二课堂课程评价制度即"第二课堂成绩单"制度。这是大学第二课堂课程一体化评价的重要实践，形成了第二课堂一体化评价工作体系的理念、标准、行动路径等。该部分还通过问卷星调查

---

① 山东省教育厅《山东高等教育综合改革简报》（2017 年，第 23 期）"高校深化教育教学改革案例"栏目以《××大学探索建立"第二课堂成绩单"》为题报道了××大学第二课堂建设情况，案例由作者本人执笔撰写。

和走访调研等方式了解大学第二课堂制度运行存在的问题，并提出建议措施。

　　第六章是大学第二课堂的课程实践。该部分以全国首批36所"第二课堂成绩单"制度建设试点高校××大学为例，全面介绍该学校第二课堂课程建设的前期基础、工作体系、取得的成效和经验。

　　结语。该部分主要总结反思大学第二课堂课程体系研究的总体情况，总结凝练了本书研究的认识和结论，阐明本书研究的不足以及未来研究的发展趋势等。

　　笔者绘制出了本书的研究主体框架及思路，具体如图0-2所示。

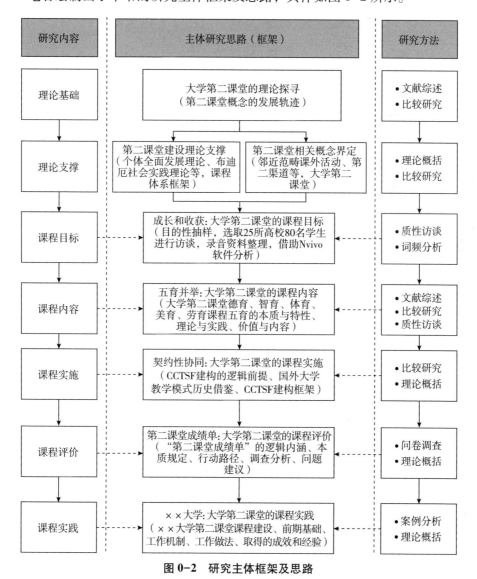

图0-2　研究主体框架及思路

第一章　大学第二课堂的理论探寻

第一节　第二课堂概念的发展轨迹

概念内涵的变迁与教育理念的变革有着高度的相关性。著名收藏家张伯驹曾言"不知旧物，则不可言新"。因此，我们要真正研究新时代大学第二课堂，必须对第二课堂的来龙去脉有一个正确的认识，研究定位在"新时代"就要回溯过往才能寻求未来。马克思"教育会生产劳动能力"① 的论断隐含了生产力包含教育的意蕴，教育总是与一定的社会生产力和生产方式结合在一起的，教育教学变革与社会变革是同频共振的关系。资本主义生产方式瓦解了中世纪的行会学徒制度，学校进行技术教育的变革是伴随着工业革命的爆发而进行的。历史的规律昭示着，每一次的社会变革必然引发教育教学思想的大变革，从社会变革和社会生产力的角度审视课程的变革与重构，应然会看到课程变革的趋势和未来。

一、课堂教学：从夸美纽斯到杜威的演化

课堂教学又称班级授课制，是一种教学组织形式。它是把一定数量的学生按照年龄和学习特征编制成班级，每一班级都有相对固定的学生和课程，由教师根据固定的授课时间和授课顺序（课程表），根据课程教学目的和任务，对全班学生进行连续上课的教学制度。欧美一些学校最早出现以班级为单位的教学组织形式。之后，夸美纽斯适应资本主义大工业生产的需求提出了"把一切事物教给一切人们"的"泛智"教育思想并发展了班级授课制，他的教育思想契合了当时

① 马克思恩格斯全集（第 23 卷）[M]. 北京：人民出版社，2006：195.

社会工业生产需要大批专业化人才的实际。夸美纽斯的班级授课制主要是针对不同年龄阶段的学生设置母育学校、国语学校、拉丁语学校、大学等相互衔接的学校制度，学校里所有班级都设有固定的教室，学校同时开学并同时放假，班级所有的学生同时升入高一年级，课堂教学全部由专任教师进行，每学期末都要进行固定考试。夸美纽斯的班级授课制已经成为近现代学校中的基本教学制度，在世界教育史上具有不可磨灭的功勋。德国教育学家赫尔巴特延续了夸美纽斯的课堂教学理论，构建了"教育性教学"的教学论体系。赫尔巴特认为儿童道德品质的培养与各学科紧密地联系在一起。因此，赫尔巴特的"教育性教学"是以学科、教学目标、教学内容与教学活动方式内在统一为基础的①。赫尔巴特时代的班级课堂教学制逐渐发展成为"以课堂为中心、以教师为中心、以教材为中心"②的制度，并且一直沿用至今。赫尔巴特建构的标准化、专业化的课堂教学体系在当时是具有时代先进性的。但当下，其存在灌输知识、不利于因材施教、不利于创新和拔尖人才培养、不利于形成互动交流学术氛围等弊端。

1863年，关于柏林大学课堂教学场景画面的描述是这样的：课堂就设在教授居住的同一幢房子里，每天清晨在那里上课，教授总是穿着一件旧睡衣前来讲课，在上课前匆匆刮了胡子，很少不把脸刮破，为了防止血往下滴，教授就在脖子上围了一条围巾，这是他的全部装束③。这个描述是当时德国洪堡大学谈论式、答辩式、苏格拉底对话式的课堂教学组织形式。洪堡大学的课堂教学是对夸美纽斯和赫尔巴特标准化、专业化教学的变革和升华。联邦德国著名学者卡尔·伯克在回忆大学时曾描述，"周末，与教授一起到户外远足、野餐、划船，其间共同围绕最新出版的书籍和理论进行讨论"④。卡尔·伯克的经验启示我们，课堂之外的讨论比课堂之内集体授课效果更好，课堂之外的教学比课堂之内的教学更让人深刻和难忘。杜威所著的《学校与社会》一书提出了"现代教育"的概念来对比赫尔巴特时代的"传统教育"。他提出了"学校即社会"的理念并付诸实践，建设了"杜威学校"，这所实验学校的显著特点就是实现儿童与社会的连接。"学校活动的核心是在作业中寻找的，而不是到传统的所谓学科中寻找，学

---

① 朱宁波，赵月．疏离与回归：赫尔巴特"教育性教学"的现实观照［J］．教育科学，2015（5）：21-24.

② 黄梦婉在《传统教育"三中心"说的由来及反思》［华东师范大学学报（教育科学版）2017年第6期］一文中探究了"三中心"说的由来。当代语境下，"三中心"并不等同于绝对的"教师中心""教材中心""课堂中心"，它代表的仅仅是传统教育思想中的三方面倾向。

③ 卡尔·伯克．联邦德国的高等教育学校及其问题［N］．中国教育报，1984-09-01（10）.

④ 蔡克勇，冯向东．大学第二课堂［M］．北京：人民教育出版社，1988：20.

习必然是从事于连续的作业活动的结果。"① 杜威学校具有显著的社会精神，课程是基于儿童社会性冲动、建构性冲动、研究性冲动、表现性冲动基础上的社会性作业，并且通过家务作业、家庭服务实现学校与家庭的连接。"做中学"是杜威实验学校的课堂教学原则，每节课都必然是一个社会化的场景，儿童在其中从兴趣出发进行发现、创造和学习。在实验学校里面，儿童智慧的选择意味着社会的选择，儿童的态度在精神上是合作的，个人的理想与兴趣同学校的社团理想与兴趣是趋向一致的②。杜威"学校即社会"思想是对赫尔巴特传统的班级授课制及系统科学知识传授的扬弃，其先进性在于为教育提供了区别于课堂教学的教学组织形式，为第二课堂的发展奠定了基础。

从夸美纽斯、赫尔巴特的传统班级授课制到洪堡大学课堂教学实践，再到杜威"学校即社会"实验学校，透过这些教育历史现象可以明显地看到，班级授课制一直在从探索到成熟、从成熟到式微、从建构到解构的进化进程之中。改革班级授课制的弊端，必然要走出"全盘否定"的惯性思维。杜威"学校即社会"的思想启示我们：改革传统班级授课制的第一课堂，寻找与第一课堂互动与协同的第二课堂，这种力量早已出现，杜威学校便是第二课堂课程实践的伟大尝试，但受到传统的教育惯性思维的影响未曾进入教育的中心。

二、第二课堂：当代教育思想进步的产物

教育的生产力或媒介性生产力属性决定了教育变革的社会性。如果按照杜威对赫尔巴特时代"传统教育"的界定，杜威"进步教育"思潮设立的实验学校可以称为以第二课堂为主体的课程实施探索。在当下世界经济飞速发展、科技突飞猛进的时代背景下，第二课堂的凸显可谓是一场教育思想飞跃式革命的产物。

杜威的进步教育思想是"用一种新的见识唤醒黑暗中的美国学校"③ 的力量，他理想中的学校是一个社会的雏形，课程是反映社会生活的各种类型的作业活动，其间充斥着艺术、历史和科学精神。杜威实验学校把家庭当作学校，社会生活的种种活动都在这里进行，因而这种进步学校所采取的绝非是传统的、死板的班级集体授课制，而是通过一个个与社会连接的作业性的活动而进行的，一个一个自发的活动串联起了课程。在实验学校里，"学生把水煮沸，收集蒸汽，试图把蒸汽收藏起来，从而发现蒸汽的力量和热；9 岁和 10 岁的孩子，学习科学包含日常用电，以研究电池作为起点，并在教室里安装电铃，之后就是了解电话

① ［美］梅休等．杜威学校［M］．王承绪，等译．北京：教育科学出版社，2013：4.
② ［美］梅休等．杜威学校［M］．王承绪，等译．北京：教育科学出版社，2013：221-222.
③ ［美］克雷明．学校的变革［M］．单中惠，马晓斌，译．济南：山东教育出版社，2009：2.

和电报"①。实验学校通过活动组织教学的方式实际就是"第二课堂"的课程实施方法，并且"有充分的证据表明：杜威实验学校的大部分孩子不仅学到了东西，而且学得很好"②。因此，我们可以认为，杜威实验学校一定意义上是一种"第二课堂"课程的实践探索。

杜威实验学校是通过活动组织实施课程的，并以此实现与家长和社会的连接。在杜威学校中，家长与学校的教师以及管理人员都是密切合作的，他们都认为"不能有两套伦理方式，一种是学校生活的，另一种是校外生活的，所有的行动都应该一致，行动的原则也是一致的"③。这种连接实际是学校与社会的连接，隐含的是第一课堂与第二课堂的连接。事实证明，第二课堂与第一课堂的协同效果是明显的。约瑟芬·格雷恩是一位就读过实验学校的学生，她叙述学校的教学对她的影响是巨大的，"木工、纺织、缝纫、美术等活动训练了我们的手，这不仅是为了经济和有用，我的思想、手和眼睛是同时受到训练的，我受过观察的训练，并且我学会了运用我在观察中学到的东西。在俱乐部建造中，我学到了什么是真正的建筑，得到了比书本中更多的东西。"④ 从杜威实验学校毕业的学生有一个突出特征，就是具有应对生活环境方面的主动性和适应性，这是实验学校第二课堂与第一课堂协同育人的重要成果。此外，苏联著名教育家凯洛夫在维护"上课是教学工作的基本组织形式"班级授课制这一主体教学组织形式的同时，也很重视学生课外活动和校外活动（第二课堂）。他认为"教师的第一课堂教学工作和学生的课外活动之间存在着联系性和继承性"⑤。学生通过有意识地参加第二课堂课程能培养全方位的能力，在凯洛夫的教育视野中，第一课堂课程不是学校教学工作的中心内容，更不是唯一的内容。

杜威实验学校的最终目的是培养与社会生活相适应的人才，使学生、学校、家庭、社会能够同步。新形势下，我们的人才培养也具有明显的社会导向性。《中国学生发展核心素养》总体框架界定学生核心素养为学生必备的、能够适用终身和社会发展的关键能力和必备品格。核心素养理论架起了发展素质教育与第二课堂之间理念与实践成效具体化路径的桥梁。个体全面发展、素质教育是一种教育理念，提升核心素养是培养目标，第二课堂是实践路径，它们之间具有天然的契合性和不可逾越性。长期以来，把素质教育直接当成第二课堂课程的教育实践探索，导致了第二课堂的极端化和失范性。核心素养提出的以培养"全面发展

① ［美］梅休等．杜威学校［M］．王承绪，等译．北京：教育科学出版社，2013：32-34.
② ［美］克雷明．学校的变革［M］．单中惠，马晓斌，译．济南：山东教育出版社，2009：126.
③ ［美］梅休等．杜威学校［M］．王承绪，等译．北京：教育科学出版社，2013：201.
④ ［美］梅休等．杜威学校［M］．王承绪，等译．北京：教育科学出版社，2013：204.
⑤ ［俄］伊·阿·凯洛夫．教育学［M］．陈侠，等译．北京：人民教育出版社，1956：419.

的人"为核心理念，实际也是坚持了个体全面发展和素质教育的理念，是几种教育理念的具体化。核心素养的培养需要具体化的课程，需要对课程内容和体系进行重构，学生核心素养的培养完全通过第一课堂是难以实现的，其也需要通过第二课堂得以实现。重视第二课堂在人才培养中的作用不仅是科技发展对人才培养的需要，也是科技生产力推动课程变革的重大实践，是第二课堂"课程"合法化的确立，更是教育思想进步的产物。

三、课堂协同：新时代教育变革的新走向

长期以来，受夸美纽斯、赫尔巴特等传统教育思想的影响，第一课堂的主体地位始终不可动摇。大众对第二课堂有一定的理解，但不可避免地存在一定的狭隘性。新时代，第二课堂犹如一种进步教育的主流，由原来的犹如"冰山模型"下的冰层浮出水面，共同走向第一、第二课堂协同育人的教育图景。

厘清教育的变革走向，需要从历史的脉络中寻找启发。在课堂教学的问题上，凯洛夫认为，"上课是苏维埃学校教学工作的基本组织形式"[①]。这是在肯定班级授课制是教学的一种组织形式，但并不是唯一形式。学校教学还可以存在其他的形式，如教师课外辅导、家庭教育作业等都能够与课堂教学形成协同的互补关系。学校课堂教学没有解决的问题可以留给家庭作业，但后面的这种教学组织形式依赖于课堂教学的铺垫。第二课堂不是简单的教学场所或者活动范围的变化，还意味着第一课堂的延伸和补充。第二课堂可以在校内外进行，也可以在教室内外举行，第一课堂主要在教室内进行，但也可以在教室外或者校外进行。由此，场所或者活动范围不是第一、第二课堂的本质区别。一定意义上讲，第一课堂与第二课堂本质区别主要在于育人功能的不同，第一课堂主要在于让学生掌握相对系统的共性知识，第二课堂主要是让学生发展个性，扩大知识面，如同杜威实验学校让学生通过作业活动进行学习一样。第一课堂与第二课堂本是一个课程体系，它们的功能和作用不同，唯有第一、第二课堂相互融合、相互补充，才能构筑起培养一流人才的课程体系。因此，第二课堂应当与第一课堂共同纳入学校课程体系，纳入统一的人才培养计划，进行统一规划和设计。

杜威实验学校显著的特点包含"学生的进步来自发明和发现，来自探索和发现"，这种看似简单的以第二课堂带动学生在作业活动中学习成长的课程设计其实具有严密的规范性。第二课堂在育人方面的重要性不亚于第一课堂，以大学为例，第二课堂的质量不仅影响学生对高校的满意度，还是学生提升就业竞争力的主要渠道。学生参与第二课堂的主体选择性、情景导向性、实践体验性、动态变

---

① ［俄］伊·阿·凯洛夫.教育学［M］.陈侠，等译.北京：人民教育出版社，1948：128.

化性等特点与就业能力具有内在的一致性，第二课堂所培养的综合素质是就业能力的重要组成部分，通过开发针对就业力提升的第二课堂活动能够显著提高学生的就业能力①。学习满意度起到中介变量作用，学生参与第二课堂对大学生核心竞争力的学习能力、创新能力、健全的人格魅力、实践能力、健康的心理素质、社会适应能力的六个维度影响最为显著②。第二课堂的重要性是在潜移默化地渗透到第一课堂中，实现育人效果后，才逐步显现的，这必然隐含了二者协同育人的问题。具体而言，第二课堂要借鉴第一课堂课程体系的内在工作机理，按照第一课堂课程操作的规范化实现第二课堂课程化，按照第一课堂课程计划科学化实现第二课堂系统化，按照第一课堂学分制标准化实现第二课堂课程可测量化。

历史脉络中包括了其实践的逻辑，第二课堂概念历史的发展中也隐含着其与第一课堂的协同性。1977 年 10 月，国家正式恢复高考，为了满足"早出人才，快出人才"需求，当年 11 月至 12 月进行了中国历史上唯一的冬季高考。当年高考的招生对象为：上山下乡和回乡的知识青年、复员军人、工人农民、干部和应届高中毕业生。当年高考招生的大部分对象为 1966 届、1967 届、1968 届即"老三届高中生"。在这部分人才培养的过程中，高校老师开始觉得这三届毕业生学生综合能力明显优于后面的几届学生，原因就在于这三届学生经历过社会实践的锻炼③。因此，社会实践等第二课堂对人才培养的作用越来越得到重视，高校逐步认识到仅依靠第一课堂课程难以培养出社会需要的兼具知识和能力的人才。20世纪 80 年代，第二课堂逐步成为课程计划之外扩大学生知识结构、锻炼能力、陶冶情操的重要新途径，有高校撰文呼吁"要重视和加强第二课堂"④。20 世纪90 年代，第二课堂逐步冲破"课外活动"藩篱束缚。第二课堂的概念是相对于第一课堂教学组织形式即班级授课制即课堂教学而言的，因而开始是以"课内"与"课外"划分的。长期以来，第二课堂也被命以"课外活动"的称谓。随着第二课堂的重要性日益凸显，"第二课堂"的称谓才逐步被采用，这是一种教育

---

① 柯羽. 第二课堂与大学生就业能力研究 [J]. 中国青年研究，2009（8）：71-73+14.

② 宋丹，曾剑雄等. 第二课堂、学习满意度与大学生核心竞争力关系的实证研究 [J]. 大学教育科学，2018（5）：21-29.

③ 南京工学院（现东南大学）教务处、学生工作部、团委在 1984 年第 2 期《高等工程教育研究》杂志撰文《开辟第二课堂探索培养全面发展人才的新途径》阐释了类似的观点；天津大学党委青年部1984 年在《高教战线》（现《中国高等教育》）杂志第 3 期发表了《努力办好大学生的第二课堂》的文章。

④ 华中工学院（现华中科技大学）党委青年工作部在 1982 年《高教战线》（现《中国高等教育》）杂志第 11 期发表了《要重视和加强第二课堂》的文章，文章阐述了华中工学院强化第二课堂建设的做法和经验。

意识层面的认同与进步，是第二课堂"课程"合法性的确立，"第一课堂"与"第二课堂"同属于课程体系。"第二课堂"与"课外活动"有着一定的区别，"第二课堂"的内涵比"课外活动"更加丰富。新时代，"第二课堂"的课程设计需要跳出"课外活动"的思维，从课程体系的角度与"第一课堂"同步进行思考和规划。中共中央、国务院印发的《中长期青年发展规划（2016—2025年）》明确提出，要通过实施"第二课堂成绩单"制度等途径，帮助学生开阔视野、了解社会、提升综合素质[①]，学生参与第二课堂已成为国家教育战略的顶层设计。与新时代社会生产发展以及社会对人才的需求相适应，第二课堂是继班级授课制之后对教育思想的升华和变革，是对第一课堂课程螺旋式上升的延伸和拓展，必将是未来学校课程变革的选择路径。

第二节　第二课堂相关概念的界定

一、第二课堂邻近范畴的界定

（一）课外活动

1919 年，杜威来华发表其民主教育学说后，教育社会化的思潮在中国得到认同和传播，教育部规定了教育的宗旨为"德莫克拉西（民主）的原则，造成为家庭、为社会、为国家、为世界人类忠勇服务的明达公民"[②]，并且根据此宗旨制定了教育目标 40 条。全国教育联合会 1920 年制定的《民治教育设施标准案》中针对学生提出了六条规定："注重自动自学；练习公民自治；发展生活知能；练习服务社会；注重体育；研究学术，扩充创造能力"[③]，课外活动在全国大中小学得到了全面推广和发展。"五四运动"后，各高校学生自治组织日益发达，成为学生课外活动组织的重要机构。自此，学生社团、学生刊物随即发展起来，课外活动应势而起。1960 年，共青团清华大学委员会在《兼顾学习与休息，适当开展课外活动》一文中提出："在学校中开展健康的、有益的课外活动，是共青团向学生进行思想政治教育、抵制资产阶级思想影响，促进学生德智体诸方

---

① 中共中央、国务院印发《中长期青年发展规划（2016—2025 年）》[N]. 人民日报，2007-04-14（1）.

② 瞿葆奎. 课外校外活动 [M]. 北京：人民教育出版社，1991：455.

③ 瞿葆奎. 课外校外活动 [M]. 北京：人民教育出版社，1991：457.

面生动活泼地主动地得到发展的重要途径。"① 1977 年，邓小平在全国科学和教育工作座谈会上指出，"要恢复对学生课外活动的指导，增长学生的知识和志气，推动学生的全面发展"②。1986 年 8 月，《教育研究》编辑部在山东青岛召开了中小学课外活动研讨会，研讨会认为，课外活动是指学校在课堂教学之外对学生实施的各种有意义的教育活动③。此次研讨会上，出现了"课外活动"应该称为"第二课堂"的提法，参会者认为，它应是与"第一课堂"相对独立的课程体系，应该有相对独立的教学计划、大纲、教材等，应该科学化、系统化、制度化，也应该有指导教师和一套工作组织管理机制。20 世纪 80 年代开始，关于课外活动的学术讨论不绝于耳。作为教育学范畴内的代表性观点，课外活动主要是指学校有目的、有计划、有组织开展的不受教学计划、教学大纲、教科书等限制的、利用课余时间和空间开展的多样的教育活动。《中国大百科全书·教育》把"课外活动"界定为："学校在各科教学大纲范围之外，对学生进行的多种多样的教育活动，它是班级教学的必要补充，是全面发展的重要组成部分。"④ 综上所述，课外活动是一个在课堂教学历史演变中形成的概念，它的对照是"课内活动"，"课堂教学"是其界限，是课堂教学即第一课堂之外衍生的课程，能够弥补"课内"课程的不足，是人才培养的重要形式，是"第二课堂"的初始阶段⑤。

（二）第二渠道

"第二渠道"的提法首先源于 1984 年发表的一篇题为《创建两个渠道并重的教学体系，培养现代化建设人才》⑥的教育科研论文，此论文一经发表，便引起了学界对"第二渠道"的热烈讨论，当时的《教育科研情况交流》（现为《上海教育科研》）杂志还专门刊登了关于"第二渠道"的教育科研课题。综合各种讨论，"第二渠道"主要从信息论的角度出发，把教学看成一个信息传播的过程，把课堂教学看作知识教学与传播的第一渠道，而课外活动则是第二渠道。第

---

① 此表述出自共青团成都市委办公室 1966 年编印的资料，摘自《中国青年报》1965 年 7 月 13 日第一版。

② 中共中央文献编辑委员会. 邓小平文选［M］. 北京：人民出版社，1983：52.

③ 《教育研究》编辑部. 中小学课外活动研讨会综述［J］. 教育研究，1986（11）：78-79.

④ 中国大百科全书·教育［M］. 北京：中国大百科全书出版社，1985：210.

⑤ "课外活动"与"第二课堂"在内涵和外延上基本相同，"课外活动"是"课堂教学"外一切活动的总称，"第二课堂"也是"课堂教学"外一切活动的总称，二者的界限都是"课堂教学"或"课内活动"即"第一课堂"，之所以称谓不同，主要是因为发展历史阶段不同，"课外活动"是"第二课堂"概念的初始阶段。"课外活动"发展到"第二课堂"一是更加凸显了"课外活动"的重要性以及"课外活动"课程化的趋势，二是使"课外活动"与"课内活动"更加紧密和关联，突破了"外"字的局限性及分割感，用"第一""第二"序列更能够体现"第二课堂"的重要性，是第二课堂"课程"合法性的确证。

⑥ 吕型伟. 创建两个渠道并重的教学体系，培养现代化建设人才［J］. 上海教育，2007（Z1）：35-37.

二渠道的主要特点：一是信息传播的时效性，课堂教学第一渠道主要通过教材传播知识和信息，相对滞后，而第二渠道通过报刊、电视广播等传播知识和信息，具有相对的即时性；二是学生由被动接受转向主动接受，第一渠道课堂教学基本是以教师为主体，而第二渠道学生能够具有接受知识和信息的主动权，具有个性化的特点，突破了第一渠道的标准化和统一性；三是第二渠道教学的主要途径是广播、电视、图书馆报刊资料、讲座报告等形式。由此可见，第二渠道是在信息化初现端倪的时代背景下提出来的，第二渠道与课外活动以及第二课堂有着不同的划分标准，但同属于"课外活动"称谓历史演进阶段的产物。"第二渠道"的提法具有一个明显的缺点：课堂教学不仅是一个知识或者信息传递的过程，更是一个技能形成情感、思想交流的过程，"第二渠道"的提法并没有引起理论界的深度研讨。

（三）第三课堂

20世纪90年代初，有人提出第三课堂，其是指除去第一课堂（列入教学计划的教学活动）和第二课堂（报告、讲座、参观、座谈等有组织的集体活动）之外的内容统称为第三课堂。第三课堂的主要内容是学生闲暇时间的读书、娱乐等，空间主要在宿舍、食堂等校园里的每一个角落。第三课堂主要有两种内涵解读，第一种认为，第三课堂是专指网络环境课堂，即大学的第三课堂是对第一课堂和第二课堂的拓展和延伸，是师生基于网络空间利用网络资源的过程，是师生互动和交流的虚拟课堂形式。网络环境的第三课堂给学生提供了"线上生活"的教育空间场域，网络信息的便捷性和即时性给教育带来了极大的挑战，存在失去教育"面对面"生命灵性的风险。第二种认为，第三课堂是特指宿舍或公寓场域内的课堂。学生在宿舍的时间占据了校园生活的大部分，应当充分发挥宿舍的思想政治素质培养、心理素质锻炼、学习风气养成、劳动行为习惯养成等功能。另有研究提出，第三课堂是大学生政治成长的主要平台和教育途径，应把第三课堂整合成大学各级党组织培养大学生党员、提升党员思想政治成长、党员能力提升的重要平台[1]。总体而言，第三课堂处于探索阶段，随着人工智能技术的发展，特别是未来强人工智能时代的到来，课堂的空间、时间也必将发生一定的变化，课堂的称谓也许会因技术的介入而发生改变。课堂教学必然遵循"教"与"学"之间的生命逻辑，"教"与"不教"之间的价值逻辑，"学"与"非学"之间的时间逻辑等。

（四）通识教育

现代通识教育（General Education），是对古代博雅教育（自由教育）的继承

---

① 栾海清，史华楠．高校构建第三课堂育人模式的实践探索［J］．学校党建与思想教育，2016（20）：65-67.

和转换。20 世纪 90 年代，通识教育改革运动开始在我国大学中兴起。通识教育与博雅教育紧密相连，通识教育的古典渊源源于博雅教育，博雅教育（Liberal Education）是一个外来词汇，可以追溯到古希腊亚里士多德时代，曾阶段性意指"非专业的教育"，其概念逐渐与通识教育概念合流，最终博雅教育以通识教育的称谓存在。博雅教育最早出现在纽曼《大学的理念》一书中，纽曼被认定为博雅教育的代言人。博雅教育存在于纽曼的理论体系中，大学的宗旨就是博雅教育，博雅教育的目的是理智的培育和心智的训练。对于博雅教育包含的博雅课程问题是一个长期争论的问题，在纽曼的理念中，只要有利于人的心智成长的课程就应该包含在博雅课程之中。随着高等教育的发展，博雅教育也逐步在突破其时代局限性，实现逐步升华和改进，但纽曼提倡的博雅教育在于"心智训练"的观念不会过时①。现代博雅教育更加关注个人发展，更加关注学生对学习的爱好、批判性思维的能力和有效交际的能力。现代博雅教育课程应该具有一定的广度和深度，广度是需要涵盖不同学科，深度是某一专业领域的深入学习和研究。现代博雅教育教学方法方面，要求教师在教室内课堂民主化教学以外，还要求学生在课外进行大量的学习和阅读，以便参与课堂的互动讨论②。综合而言，博雅教育的最终目的在于实现教育内容的"广博"以及教育目标的"雅美"，现代大学盛行的博雅教育旨在提升学生的综合素质。无论是博雅教育还是通识教育，目的都在于实现人才培养的综合性目标，这与第一课堂与第二课堂协同育人是同向的，博雅教育、通识教育是教育理念、教育模式，第一课堂与第二课堂是实现方式的路径选择。现代大学教育教学改革出现了通识教育改革的尝试。例如，北京大学从 2000 年就开始进行通识教育课程教学改革。"只有实行了通识教育，才能真正地实现文化素质教育"③。

二、大学第二课堂的新界定

现有的资料显示，最早的"第二课堂"概念出现在 1983 年发表的《努力开辟第二课堂》一文中，该文认为第二课堂是指"在学校教学大纲之外，有目的、有计划、有组织、有重点地开展的课外活动"④。朱九思提出第二课堂是教学计

①　沈文钦.《大学的理念》中的博雅教育学说——缘起、观点及其影响史［J］.北京大学教育评论，2014（3）：141-159.

②　博雅教育的课堂一般要求是 20~30 人的小型课堂，以便创造讨论的氛围，进行充分的讨论和交流。

③　黄明东、冯惠敏在《通识教育：我国高等教育改革的新走向》（《高等教育研究》，2003 年第 4 期）中陈述此为朱九思言语，朱九思为我国当代著名教育家。

④　徐洪涛.努力开辟第二课堂［J］.人民教育，1983（11）：29-30.

划之外学生参加的各种有意义的活动①。20世纪90年代，课外（校外）活动、第二渠道等同属于第二课堂概念的范畴体系，随后社会上出现了第二课堂兴趣小组、第二课堂社团化、第二课堂学分化（创新学分）、第二课堂课程化等现象②。第二课堂是相对于第一课堂教学组织形式即"班级授课制"而提出的，是指学生在规定的第一课堂之外获得知识和信息，锻炼各种能力，促进德智体美劳等全面发展③。第二课堂是指在第一课堂课程教学时间之外，开展具有素质教育意义的学习实践活动，其具有德育、智育、体育、美育、劳育等全方位的教育功能，是素质教育不可替代的课程类型。凡此种种，第二课堂概念的内涵一直在历史地变化着和发展着。

第二课堂是一个容易出现指代内容逻辑混淆的概念，本书中的第二课堂意指"第二课堂课程"。第二课堂是"课外活动"纳入"课程体系"范畴后升华的概念，是其获得"课程"合法化的称谓。其采用序数词表述，"第二"是相对于"第一"而言的，体现了一种并列和协同关系，第二课堂与第一课堂的区别主要表现在以下几个方面（见表1-1）：

表1-1　第二课堂与第一课堂区分对比

对比项目	区分对比	
课程分类	第二课堂课程	第一课堂课程
课程目标	学生的兴趣、特长和潜质，提升综合素养和就业创业能力等，指向学生全面发展	广博深厚的知识储备以及敏锐严谨的科学思维能力
课程内容	思想政治引领、文艺体育修养、创新创业提升、实践志愿公益等德智体美劳各方面	学科专业知识和跨学科公共知识
组织形式	形式灵活多样，如专题讲座、社会实践、志愿服务、小组学习、个别指导等	课堂教学为主（班级授课制）
课程评价	学生综合素质测评、第二课堂成绩单	考试（总结性评价）

---

① 大部分观点认为"第二课堂"是课程体系之外，是第一课堂课程的延伸。本书认为"第二课堂"早已存在，其与第一课堂的本质区别不在于授课场所和范围，而在于它们对人才培养的功能不同，由于受到传统的班级授课制度思维的影响，课程对人才专业知识的培养功能占主导地位，"第一课堂"就占主导地位。随着社会的发展及教育变革的深入，"第二课堂"的作用日益凸显，第一、第二课堂相互配合共同培养人才，共同纳入学校人才培养方案，应然同属教学计划之内，或者本然早已在教学计划之内，只是因为人们思维定势的影响而为之。

② 谢相勋. 高校第二课堂活动课程研究 [M]. 成都：四川大学出版社，2012：8.

③ 杨伟国，宋洪峰，许馨月. 新时代高校第二课堂提升学生能力路径探索 [J]. 高校共青团研究，2018（3）：18-22.

（1）课程目标不同，第一课堂课程目标指向学生广博深厚的知识储备以及敏锐严谨的科学思维能力，而第二课堂课程目标则主要在于培养学生的兴趣、特长和潜质，提升学生的综合素养和就业创业能力。

（2）课程内容不同，第一课堂的课程内容主要是指学科专业知识和跨学科公共知识，而第二课堂的课程内容则主要包含思想政治引领、文艺体育修养、创新创业提升、实践志愿公益和自我管理服务等德智体美劳各方面。

（3）课程教学组织形式不同，第一课堂的课程教学组织形式以班级授课制即课堂教学为主，而第二课堂课程则是综合运用集体授课、小组学习、个别指导等多种课程教学组织形式。进入 21 世纪，从"大学生素质拓展计划"到"第二课堂成绩单"制度实施，第二课堂的内在一致性和传承性以及重要性日渐凸显。第二课堂是第一课堂之外的重要育人平台①，"课程性"是第二课堂的应有属性，其不能游离于"课程体系"之外，而应该进入人才培养的"教学计划"之内。新时代，"第二课堂"不单单是"课外活动"的称谓，而是具有更丰富的内涵。随着传统班级授课制即"课堂教学"弊端的日益显现，"第二课堂"更应借鉴"第一课堂"的课程体系科学化构建课程体系。

本书界定大学第二课堂为：为满足新时代大学生日益增长的多元化成长成才需求，按照高等教育人才培养"五育并举"需求，借鉴第一课堂课程体系建设机理，有目的、有计划开展的第一课堂之外的全部教育活动类课程。

本书对"大学第二课堂"概念旨在彰显其"课程"属性，进而明确了第二课堂教育活动是一种育人的课程。因此，本书认为大学第二课堂不再是第一课堂的延续，其具有自身的独特性，它与第一课堂课程是一种并列的课程关系，需要分别建立相对应的课程体系。"第一"与"第二"的序词表述方法预示着，在具体的课程实施中，二者是协同关系。此种意义上讲，课程类型总体上亦可分为第一课堂课程和第二课堂课程两类②。

---

① 参见《关于在高校实施共青团"第二课堂成绩单"制度的意见》。

② 传统的课程类型划分多种多样：按照课程内容划分，可以分为学科课程与活动课程，此种分法实际上就是本书划分的第二课堂课程与第一课堂课程；按照课程内容的组织形式，可以分为分科课程和综合课程；按照对学生的要求可以分为必修课程和选修课程；按照课程开发和设计管理主体，可以分为国家课程、地方课程、校本课程；按照对学生的影响方式或影响表现形式，可分为显性课程和隐性课程。因此，本书把课程划分为第一课堂课程和第二课堂课程是根据课程内容划分的另一种表述，但其背后的逻辑是，第一课堂课程教学组织形式即"课堂教学"的弊端日益凸显，需要寻求新的教学组织形式，因而引发出此种课程类型划分方法。

第三节　第二课堂研究的理论支撑

一、第二课堂建设的基础耦合理论

（一）个体全面发展理论与第二课堂

人是马克思唯物史观研究的逻辑起点，马克思在《资本论》中对个体的全面发展做了充分的论述。在私有制分工条件下，个体的发展受限于生产劳动条件的限制，导致其必然是片面的，资本主义私有制条件下的社会分工造成了个体的片面发展。随着大工业机器生产时代的到来，为了适应机器大工业生产劳动的要求，个体的全面发展①成为时代的需求。因为只有全面发展的个体才能适应机器大工业时代生产劳动全面化的需求，由此可见，个体的全面发展是与一定的生产力水平紧密结合在一起的。在大工业机器生产时代，生产效率的提升以及工作模式的变革，为个体全面发展创造了历史条件。马克思认为，个体全面发展是指个体脑力和体力的充分的、自由的发展和运用，个体全面发展是通过生产劳动与教育结合实现的。② 由此可见，个体的全面发展是一个历史的概念，是个体发展与社会发展、生产力发展、教育等高度关联的概念，社会生产的发展需要个体的全面发展，个体的全面发展推动社会生产的发展；二者是辩证发展的关系。理解马克思个体全面发展的观点需要把握几个维度：一是时代性维度，即个体的全面发展是与一定的社会生产条件高度关联的，当下信息技术革命的时代或者未来的人工智能时代，都需要个体的全面发展以适应技术革命的要求；二是价值性维度，即个体全面发展是自由和全面的发展，自由体现了个体发展的超越性，全面体现了个体发展的丰富性，个体在"自由"和"全面"发展中获得幸福感，这是价值所在；三是教育性维度，即个体的全面发展总是通过生产劳动与教育相结合来实现的，正如《资本论》中提到的，生产劳动同智育和体育相结合，能够提高社会生产，更重要的是造就全面发展人的方法。新时代，学界提出德智体美劳全

---

① 《资本论》德文版译为 "Die Universal Entwickelten Individuen" 即全面发展的个体或 "Die Universelle Entwicklung der Individuen" 即个体的全面发展，爱德华·艾威林（Edward Aveling）和萨缪尔·摩尔（Samuel Moore）将其翻译为英文 "Fully Development Individual" 即全面发展的个人，按照顾明远先生在《马克思论个人的全面发展——纪念〈资本论〉发表 150 周年》一文中的观点，中译文 "人的全面发展" 的译法是错误的，应翻译为 "个体或个人的全面发展"。

② 马克思恩格斯选集（第三卷）［M］. 北京：人民出版社，1975：322.

面发展，也是契合现代教育的需求，"五育并举、五育融合"更是凸显了个体的全面发展理念，对劳育的重视体现了"劳动是人的本质，是人的生命价值所在"[①]。马克思把"有个性的个人"定义为真正的个人，从而形成"自由人的联合体"。此种"个性"的发展即一种根据自己的"天性"或者"本质"进行自由的发展，在教育场景下，大学生的全面发展必然是符合上述语境与内涵的发展，即根据自己的"兴趣"充分自主地选择发展。

新时代，从高等教育的角度来讲，个体的全面发展的理念让我们站在历史、社会生产发展、教育与生产劳动相结合的高度来认识大学生学业成就不仅是第一课堂的专业知识，促进大学生个体的、全面自由的、脑力和体力相结合的发展更需要发挥大学第二课堂的作用，促进大学生自由、充分、全面的发展。大学生个体全面发展的路径必然通过专业学习、社会实践、社会关系以及其他个体能力素质等诸方面全面、充分、自由、协调的发展，满足其不同发展需求，实现自由个性，提升生命质量和价值，而这正是大学第二课堂的初衷和旨归。借用马克思《德意志意识形态》中描述的一个例子："我有可能随我自己的兴趣今天干这事，明天干那事，上午打猎，下午捕鱼，傍晚从事畜牧，晚饭后从事批判者。"[②] 本书认为，这样的发展是全面的、自由的。大学生参与第二课堂亦是如此，大学生全面、自由发展的场景应然是这样的："上午第一课堂专业课程，下午参加社团活动或者足球比赛，晚上参加英语演讲比赛。"这印证了马克思所提出的人是实践存在物、对象性存在物和社会性存在物的论断。个体的全面发展不是一个固定的模式，社会生产力的发展为个体的发展提供必要的条件，个体全面发展的理念也会不断丰富和变化。新时代的生产力发展水平，注定要为大学生的成长提供更全面的教育模式，以服务于大学生个体的全面发展。

（二）多元智力理论与第二课堂

多元智力理论（The Theory of Multiple Intelligences）是美国哈佛大学心理学教授霍华德·加德纳（Howard Gardner）于 20 世纪 80 年代在其《智能的结构》（*Frames of Mind*）一书中提出的[③]。该理论认为，智力是在一定的社会或者文化环境的价值背景下，个体解决真正的难题或者生产生活问题所需要的能力，人的

---

① 顾明远. 马克思论个人的全面发展——纪念《资本论》发表 150 周年 [J]. 教育研究，2017，38（8）：4-11.

② 马克思恩格斯选集（第一卷）[M]. 北京：人民出版社，2012：165.

③ 加德纳在美国教育研究协会特邀演讲中提到，当时提出多元智力理论的背景主要是其年轻时钟爱钢琴演奏等艺术，但其在学习学科知识时学校很少提及演奏等学科艺术，对此其深感失望，其提出多元智力理论的初始目的就是要在心理学领域为艺术找到一定的存在合理性。基于这种思考，其在参与神经病学研究课题时发现，大脑受伤的病人可能患失读症但能够书写，因此其开始针对人脑内部能力结构的探索。

智力分为言语—语言智力、音乐—节奏智力、逻辑—数理智力、身体—动觉智力、视觉—空间智力、自知—自省智力、交往—交流智力七种类型，每种智力在每个人身上的倾向和强弱各不相同，每种智力都具有其独特的作用，七种智力同等重要①。传统的智力理论更加注重个体语言智力和数理智力的教育和训练，而多元智力理论重视多元智力的存在性以及个体的差异性。人是社会性的个体，人在社会群体中生活，需要具备多元智力理论中提出的多种能力，而不是其中某一种能力。因此，多元智力理论的核心在于人的智力是一组能力而非一种能力，每种智力是以相对独立的方式存在而非整合的方式存在。

多元智力理论提供了一种多维度分析智力的角度，避免了对智力结构认知的狭隘性，有学者认为多元智力理论是素质教育最好的阐释②。大部分心理学家认为，多元智力理论仅仅是一种理论框架和构想，缺乏一定的实证依据，并非科学且完整的心理学理论。但传统的学生评价侧重语言和逻辑思维的"指挥棒"导向是不符合人才培养的目标的。多元智力理论为素质教育的开展提供了理论框架，也为新时代学生德智体美劳全面发展提供了理论支撑。多元智力理论对人才培养的多元化目标，需要通过教育促进学生各种智力的全面发展，让学生得到充分的发展。这一教育目标的实现，就需要运用多种课堂教学形式，需要重新思考和设计教育教学活动。第二课堂教学活动的作用会更加彰显，可以根据多元智力理论包含的智力领域或者范畴设计不同的第二课堂团体或者课程，使各种团体或者课程面向不同的智力领域，从而实现学生的多元智力开发即全面发展。未来如何，正如加德纳强调的那样："知识领域的文化构建，必须包含与人类具有的脑和智力类型的某种关系，包含脑与智力在不同文化背景下成长发育的方式。"③简言之，人类的智力结构必然与一定的社会或者职业能力需求紧密联系在一起，智力是文化活动的产物，智力具有文化属性。多元智力理论为第二课堂提供理论依据主要表现在以下几个方面：一是学校要提供丰富的多元课程。学生有自己的优势智力领域，学校要提供给学生不同智力领域开发的教学设计和教学内容，德智体美劳"五育并举"需要提供"五育"的课程内容。这不仅需要第一课堂提供以语言和逻辑能力为主的学科知识教学，更需要开发促进其他智力发展的第二课堂课程，以促进学生身心全面发展。二是学生评价要充分体现"五育并举"的特点。多元智力理论话语下，传统的以语言和数理逻辑能力为主的书面

---

① 1998 年，加德纳在其多元智力理论中又增加了第八种智力即自然智力，主要指个人认识世界、改造世界的能力，是个体在自然和社会世界感知和辨别差异的能力。

② 顾明远，孟繁华. 国际教育新理念 [M]. 海口：海南出版社，2001.

③ 霍华德·加德纳，李嘉曾."多元智力"理论二十年——在美国教育研究协会的特邀演讲 [J]. 中国大学教学，2003（6）：20-23.

符号系统学生评价方式忽视了智力的多元性，评价是片面的、单渠道的，完全忽视了学生其他智力的评价。多元智力理论框架下的评价观与我们新时代"五育并举"的学生评价观是一脉相承的，大学要把促进学生发展作为评价的首要目标，更要避免学生之间的单纯学科知识成绩的横向比较，要尊重学生差异性，多元评价学生的发展，德育、智育、体育、美育、劳育要平等地纳入学生综合评价体系，要从"为多元智力而教与学"衍生出"为五育并举而教与学"，使第一课堂与第二课堂的教学协同育人作用更加凸显。除此之外，斯滕伯格（Robert J. Sternberg）的三元智力论、萨洛维（P. Salovey）和梅耶（J. D. Mayer）的情绪智力理论等都可以看成对传统智力理论的批判，对智力"多元"化研究的深入和扩展。

（三）全人教育理论与第二课堂

20 世纪六七十年代，基于对现代教育过度重视技术性、工具性等"非人性"的批判，北美兴起了注重人的"自尊、自由、健康的身心素质、良好的人际关系、尊重生命"等以"人的完整发展"为目标的"全人教育运动"（Holistic Education Movement）教育范式革命。美国学者隆·米勒（Ron Miller）率先提出了全人教育的概念，他综合六十位专家观点提出了"全人"至少应该包含智能、情感、身体、社会、道德、精神六方面基本素质。他创办了全人教育出版社，发行了《全人教育评论》（*Holistic Education Review*）。20 世纪 90 年代初，支持全人教育的学者发表了《教育 2000：全人教育的观点》（*Education 2000：A Holistic Perspective*），提出了全人教育的十大原则①，全人教育理念逐渐在全球传播，特别是在中国港澳台地区产生了巨大影响。全人教育目标在于充分尊重个体的发展潜能，完善个体生命的完整性，突破专业化人才的局限。全人教育理念的对立面是专业教育，过分的专业化教育训练容易导致培养人才的知识结构过于单一、思维方式过于专业，技能发展空间受到一定的限制，人的能力片面发展，进而可能导致学生进入社会就业场景的无助和迷茫。全人教育致力于培养智力、情感、身体、社会关系、创造力、审美、精神全面发展的人，其重视关系和联系的作用，强调参与经验在发展中的作用。

全人教育理念的落实需要通过专业教育和通识教育共同实现，更需要第一课堂与第二课堂协同实施。传统课堂教学认识论认为，课堂教学是预设性的，但其不能概括丰富复杂、时刻变化的课堂教学的本质特性，应该从生命的更高层次，

---

① 全人教育的十条原则为：为了人类发展的教育；欣赏每位学生的特色；重视人的生活经历；实践全人教育；教育者的新角色；学生选择专业、学科和学习过程的自由；体现合作和民主意识的教育；培养全球公民；培养具有生态环保意识的人；注重精神教育。

用动态的生成性的观念，重新建构对课堂教学的认识①。传统的第一课堂班级授课制度是工业化时代人才培养批量化需求的产物，而新时代的特点，更加需要学生的"全人"整体性的发展，第二课堂能够弥补第一课堂教学的局限性，体现全人教育课堂，更是一个精神交往交流的课堂。2007年，美国《面向新的全球世纪的大学学习》报告中将研讨课程、学习共同体、参与科研、服务学习和顶点课程被定位为高等教育界10种高影响力的教育实践②，而这些实践实际就是第二课堂教学。全人教育已成为一种社会教育思潮，其符合马克思个体全面发展的理念，并在世界各地产生了重要的影响。例如，2014年，中国香港特别行政区政府施政报告中提到，"学生走出课室，可以激发多元潜能，培养性格，发展多元智能，体验全方位学习"③。为此，中国香港特别行政区政府提供了课后学习及支援（课外活动及辅导）、社会参与、青年宿舍、制服团体、开拓视野等第二课堂途径，以培养全人。综合来看，全人教育是一种理想化的教育理念，其基本思想正是新时代我们所倡导的德智体美劳全面发展，它的本质是关注人的生活和未来社会发展的教育，无论是通识教育、博雅教育还是书院制等教育实践都是全人教育的具体探索。全人教育必须通过全人教育课程来实施，实现专业教育与通识教育的平衡，这也正好对应了第一课堂主要实施专业教育，第二课堂主要实施通识教育的理念，全人教育理念为第二课堂课程提供了充足的理论支撑。

（四）布迪厄社会实践理论与第二课堂

法国社会学家和哲学家皮埃尔·布迪厄（Pierre Bourdieu）运用"哲学资本"这个"工具箱"创立了实践行动者"在哪里实践、用什么实践、如何实践"的问题，即"实践空间、实践工具、实践逻辑"的问题，三个问题对应场域、资本、惯习三个概念，这三个概念构成了布迪厄的社会实践理论④。布迪厄把场域（Field）即实践空间定义为在各种位置之间存在的客观关系的一个网络（Work）或构型（Configuration），即行动者个体在不同的位置利用手中的资本依靠各自的惯习进行斗争的场所。社会是由高度分化、相对独立的小网络构成的，这些小网络是具有自身逻辑的实践空间即"场域"，大学生生活的校园可以看成一个"场域"。资本（Capital）是行动者实践的工具，资本概念与场域紧密相连，资本既

---

① 叶澜. 让课堂焕发出生命活力——论中小学教学改革的深化 [J]. 教育研究，1997（9）：3-8.

② 叶信治. 高影响力教育实践：美国大学促进学生成功的有效手段 [J]. 中国高教研究，2012（9）：35-39.

③ 梁振英. 启发潜能　为全人发展和终身学习奠定基础——香港特区2014年施政报告中关于教育的论述 [J]. 世界教育信息，2014（11）：64-66.

④ [法] 皮埃尔·布迪厄，[美] 华康德. 实践与反思：反思社会学导引 [M]. 北京：中央编译出版社，2004：135-136.

是工具也是被争夺的对象。布迪厄把资本划分为经济资本、文化资本、社会资本和符号资本四类。经济资本即金钱或者货币是经济学谈论最多的资本类型。文化资本可以称为信息资本或教育资质资本，文化资本具有传承性，即父辈可以传递给孩子，从而引发社会分层的再生产，文化资本有身体化、客观化、制度化三种存在状态。社会资本是指行动者个体或群体构建的稳定的、制度化的、相互交往且彼此熟悉的关系网而累积起来的资源总和，是以高贵头衔的形式被制度化的资本。社会资本是一个关系的网，群体性是其显著特征，群体中的成员能够享受资源的支持。符号资本又称象征资本，是在其他资本形式较好地制度化运行的基础上，被社会承认和认可的一种资本形式，可以产生符号效应。惯习即实践逻辑是指行动者长期形成的感知、行动和思考的倾向系统。大学生的校园行动是受到资本的驱动的，符合布迪厄的社会实践理论。例如，大学生在高校的学习成长和收获实际上是一种资本的积累，在大学校园中，经济资本可以让大学生支付学费、满足生活需求，也可以修读其他学位而转化为文化资本，也可以搭建人情关系网而转化为社会资本，资本之间是相互转换的，这使大学生的校园生活产生资本的关联性①。大学生在大学参与第二课堂课程也受到资本传承的影响，农村的大学生在参与文体类第二课堂活动或竞选学生干部时，普遍受到相对劣势的文化资本的影响，表现出一定的挫败感和无能为力感，而文化资本占据优势的城市家庭孩子更能够利用经济资本和文化资本，广泛参与第二课堂活动，从而将文化资本转化为社会资本。由此可见，大学生在大学"场域"的成长过程中存在着布迪厄社会实践理论中的"资本"流动和转化，这更是一个养成"惯习"获得更多成长和收获的过程。

二、第二课堂课程体系的基本框架

"课程是教育活动中影响人全面素质提高最直接、最具稳定性的基本因素"②，其作为学校实施教育目的的手段在学校中始终居于核心位置。"课程是一个用得最为普遍却定义最差的教育术语。"③"课程"在我国唐宋时期的表述为"维护课程，必君子监之，乃依法制"。这里的"课程"指代的是伟大的事业。宋代朱熹在《朱子全书·论学》中提出的"宽着期限，紧着课程"，"小立课程，大作功夫"等"课程"是指功课及其进程。在西方，课程（Curriculum）最早出

① 时广军，顾青云. 大学生话语沉默的质性研究——布迪厄"资本"的视角［J］. 现代大学教育，2020（6）：101-107+112.

② 张华，石伟平，马庆发. 课程流派研究［M］. 济南：山东教育出版社，2000：6.

③ ［美］比彻姆. 课程理论［M］. 黄明皖，译. 北京：人民教育出版社，1989：169.

现在英国教育家斯宾塞（H. Spencer）《什么知识最有价值?》一文中，意指"跑道"即"学习的进程"（Course of Study）。"课程"是一个随着社会发展不断变化的概念，从"课程是学科知识的综合"，"课程是计划或学习方案"，"课程即有计划的教学活动"，"课程即预期的学习目标"到"课程是经验"无不体现出"课程"概念的迭代性。总之，广义的课程是指学生在学校所学内容的综合以及进程的安排，狭义的课程是指一门学科及其进程。

关于课程与教学的关系问题主要有教学包含课程、课程与教学相互独立、课程与教学整合论、课程包含教学等观点。本书主要分析包含模式"大教学小课程"和"大课程小教学"两种。"大教学小课程"即认为教学是一个上位概念，课程包含于教学之中，这种观点隐含了课程等同于教育内容的意思，课程是教学中的一个基本要素。"大课程小教学"即认为课程是上位概念，课程的内涵和外延相对扩大，如美国现代课程理论的奠基人泰勒（R. W. Tyler）就把教学作为课程的组成部分，教学即课程实施。其在代表性著作《课程与教学的基本原理》中提出了课程建设的四个基本问题，即学校试图达到的教育目标、学校应该提供哪些教育经验才能实现这些目标、怎样才能组织这些教育经验、怎样确定这些目标正在实现。这四个基本维度即课程目标、课程内容、课程实施、课程评价。随着课程论研究视野的拓展，课程论的学科边界不断扩大，加之新课程改革所谈到的课程把教学（课程实施）包含在内，这就使课程与教学的主张出现了一种新的声音，即主张"大课程（论）小教学（论）"的"大课程观"①。

大学第二课堂作为与第一课堂并列的课程，其必然需要建构与之相对应的课程体系。"大学课程是一个旨在适应与促进社会、大学生发展的包括课程目标、课程内容、课程实施、课程评价在内的有机、动态系统。"② "课程是学校按照一定的教育目的所建构的各学科和各种教育教学活动的系统，这一系统可以分解为目标的确立与表述、课程内容的选择与组织、课程实施与评价。"③ "课程体系是指高等教育为达到其专业培养目标而设计并指导学生所学习内容及其构成要素的总和，高等学校课程体系一般由目标要素、内容要素和过程要素组成。"④ 本书结合当前学术界和政府一般采用的"大课程观"即"大课程小教学"的思路，按照现代"大课程观"课程体系构建了框架思路（见图1-1），具体从第二课堂

① 王鉴，单新涛. 中国课程论百年发展的历程、特点与展望［J］. 课程·教材·教法，2020（10）：32-42.

② 周海涛. 走向创新时代的大学课程发展——以综合性大学本科课程为例［D］. 上海：华东师范大学，2002.

③ 潘懋元，王伟廉. 教学改革的核心地位不能动摇［J］. 中国高等教育，1995（4）：15-16.

④ 胡弼成. 高等学校课程体系现代化研究［D］. 厦门：厦门大学，2004.

课程目标、第二课堂课程内容、第二课堂课程实施、第二课堂课程评价四个维度建构了第二课堂课程体系，这也是本书的理论框架和设计依据（见图1-1）。

图1-1　第二课堂课程体系基本框架

课程目标的最早提出者是美国课程论专家博比特，他提出的课程目标是指学生需要掌握和形成的能力、态度、习惯、鉴赏和知识的形式。学界至今对课程目标的定义也没有确定的结论，但大部分都把课程目标理解为"学生学习所要达到的结果"，即通过课程的实施所能达到的结果。泰勒总结了课程目标的来源一般可以通过对学习者自身的研究、对校外当代生活的研究、来自科目专家的目标建议等路径[①]。确定课程目标的基本环节需要结合教育的目的与理念等（如本书需要结合前面的个体全面发展、多元智力、全人教育、布迪厄社会实践等理论），再确定课程目标的来源、基本取向等。新课程改革提出的三维课程目标即知识和技能、过程和方法、情感态度与价值观目标同样适用大学第二课堂课程。因此，在具体的大学第二课堂课程总体目标建构中，鉴于目标本身就是一种价值取向，本书将通过总结归纳大学生参与第二课堂成长和收获的访谈内容要点形成大学第二课堂课程的价值即课程目标。

课程内容是实现课程目标的重要载体，是教学目标的具体体现。课程内容是在一定的教育理念和课程目标的指引下对知识、经验中有关概念、技能、方法、价值观等选择和组织形成的体系[②]，课程目标是课程内容选择的依据。此外，课程内容选择受到社会政治经济文化等发展的影响，是一个不断变化的过程，不同社会时代具有不同的课程内容取向。课程内容一般依据社会发展需要、学生发展需要，结合课程目标以及课程内容本身的性质进行选择。课程内容的组织一般需要遵循一定的组织原则。泰勒曾提出课程内容编排和组织的三条逻辑规则，即连续性、顺序性、整合性，连续性即直线式地陈述主要课程内容，顺序性即强调后面内容要以前面内容为基础，整合性即课程内容横向联系。本书基于新时代教育

[①] 黄甫全. 课程与教学论［M］. 北京：高等教育出版社，2002：252.

[②] 钟启泉，汪霞，王文静. 课程与教学论［M］. 上海：华东师范大学出版社，2008：68.

评价改革"五育并举"的时代背景和要求，按照连续性和整合性的原则，分别梳理德育、智育、体育、美育、劳育的第二课堂课程内容，再进行整合。

课程实施是课程改革的关键。课程实施是把课程内容通过教学活动付诸实践的过程，是实现课程目标的基本途径，课程实施的焦点在于教学活动中发生改革的程度和影响课程实施的那些因素①。课程实施的主体是学生、教师、学校。课程实施的关键在于教学活动层面的改革，课程改革的核心就是教学活动改革。课程实施过程中存在基本取向，如美国课程学者辛德、波林和扎木沃特（J. Snyder，F. Bolin，K. Zumwalt）将其归纳为"忠诚取向""相互调适取向""课程创生取向"。其中，课程创生模式认为课程即实践，把课程实施看成教师和学生在课堂情境中共同合作、创造新的教育经验的过程。本书为了凸显课程实施的教学活动重点，重点构建一种契约性协同教学模式并开展大学第二课堂的课程实施。

课程评价是教育评价的重要组成部分，是根据一定的课程目标，运用一定的科学手段，通过收集、整理、分析、信息、资料，对课程实施的结果等做出判断。由此可见，课程评价是依据一定的标准即课程目标进行评价，课程评价需要借助一定的方法和途径，课程评价的焦点在于课程实施的结果。进行课程评价需要采用一定的实施策略，一般包含制定科学的课程评价指标体系、根据评价对象选择合适的评价主体、综合运用多种评价方法等。课程评价的概念是一个历史的变化的过程，经历了课程评价即考试、课程评价即教学评价、课程评价即价值判断②。例如，施良方认为，课程评价是研究课程价值的过程，是由判断课程在改进学生学习方面的价值的活动构成的③。面向未来的课程评价要转变过度关注知识学习结果的倾向，加强对学生学习过程和核心素养的关注。④ 基于以上理念，源于课程含义的多样性，不同学者对课程评价理解的侧重点也不同，本书主要把课程评价，理解为对课程实施效果的评价，即课程内容实施于学生产生的效果。课程评价的方法主要有以考试为主的测量评价和以描述为主的质性评价，两种方式的结合是课程评价的基本走向。本书基于大学第二课堂课程的特殊性，选择通过建立"第二课堂成绩单"制度对大学第二课堂课程进行综合评价，特别是通过设置"第二课堂成绩单"学分，推动学生由被动转向主动参与大学第二课堂课程，从而实现评价不是诊断而是促进学生发展的目的。这也契合了"现代课程评价更加倾向于通过评价促进人的全面发展，注重评价的过程性和多元化"的理念。

① 李定仁，徐继存. 课程论研究二十年：1979~1999 ［M］. 北京：人民教育出版社，2004：91.
② 张俊列. 中国课程评价研究40年：历程、主题与展望 ［J］. 课程·教材·教法，2018（10）：59-66.
③ 施良方. 课程理论——课程的基础、原理与问题 ［M］. 北京：教育科学出版社，1996：149.
④ 杨志成. 面向未来：课程与教学的挑战与变革 ［J］. 课程·教材·教法，2021（2）：19-25.

第二章　成长和收获：大学第二课堂的课程目标

第一节　大学第二课堂课程目标的研究取向

大学生学习投入是学业成功的重要预测变量，大学生学习投入是过去 20 多年国内外高等教育研究领域的一个研究热点①。其中，学生参与理论（Student Involvement）是 20 世纪 80 年代亚历山大·阿斯汀（Alexander W. Astin）在"学生投入""努力质量"等研究成果以及对大学生大规模追踪研究的基础上提出的大学生成长和收获理论。该理论的主要观点是大学生在大学的"场域"② 中投入大量的时间和精力以及入学前的资本状态即"投入"，在大学"环境"即大学的教育供给，最终"产出"知识、技能、行为、价值观等，即投入（Input）—环境（Environment）—产出（Output）模型（I-E-O 模型）。阿斯汀的"学生参与理论"强调"学生非课堂的投入"即第二课堂的投入，本书把学生参与第二课堂视为大学生参与的重要内容。另外，芬兰赫尔辛基大学教授于里尔·

---

① 郭建鹏，刘公园，杨凌燕．大学生学习投入的影响机制与模型——基于 311 所本科高等学校的学情调查［J］．教育研究，2021（8）：104-115.

② 按照法国社会学家和哲学家皮埃尔·布迪厄（Pierre Bourdieu）的社会实践理论，人的所有行动都是在一定的位置关系构成的"场域"中受到"惯习"的牵引而利用资本进行竞技的表现。按照此理论，大学生在大学的学习生活场域内积极参与第二课堂活动可以看作一种资本的积累过程，学生的行为具有布迪厄的资本变化的特征。布迪厄理论中的资本一般包含经济资本、文化资本、社会资本，经济资本如大学生拥有的金钱可用于缴纳学费、开展社交等，文化资本如学生掌握的专业知识、文化修养等，社会资本如学生拥有的人际关系网络以及社交能力等。由此可见，大学生在大学的"学习参与"特别是参与第二课堂活动即是一种资本的转换和资本的累积过程，其中渗透着资本的流动和变化，这也更加凸显了第二课堂促进大学生进行资本累积的作用。

恩格斯托姆从 1987 年开始对拓展性学习（Expansive Learning）进行了全面深入的研究和建构，其在时间、空间、伦理三个维度上对学习进行了重新建构。其中，伦理维度上的观点认为，学习不仅仅是知识和技能的增长，更应该是对人的发展以及社会改造的影响。① 自从学生参与理论创立之后，关于大学生参与的研究不断掀起高潮，中国大学生学习与发展的研究也不断走向深入②。学习和学习参与不仅仅指向第一课堂，囊括第一课堂之外的第二课堂逐步得到应有的重视。

大学第二课堂是一个广阔的天地，内容丰富，功能多样，组织灵活，历史上曾出现过与第一课堂"从属论""主次论""并重论"等不同的声音，但不同的时代第二课堂具有不同的价值。在个体全面发展、发展素质教育、多元智力理论、全人教育等理念的理论框架下，无论是通识教育、博雅教育、书院制改革等都可谓是以上理念理论的实践探索，而这些实践探索都离不开第二课堂的参与实践。第二课堂在经历了 20 世纪 80 年代的"繁荣"之后，新时代党的教育方针重新确立了德、智、体、美、劳全面发展的"五育并举、五育融合"的人才培养要求，第二课堂必然会在人才培养中发挥更大的作用。但第二课堂究竟能够给大学生带来怎样的学业成绩？大学生参与第二课堂能够得到什么成长和收获呢？这是我们研究新时代大学第二课堂必须要回答的问题，即大学第二课堂的价值何在？

大学最根本的使命是帮助学生成长成才，培养卓越的社会公民。然而，目前我们的大学教育过多地关注学生专业知识体系的系统化，容易忽视大学生能力的培养，特别是忽视其情感和社会交往能力的塑造。威尔逊（Wilson E. K.）认为，大学生在高校的学习成果有 70% 以上来源于课堂教学以外即第二课堂的经历③。美国理查德·莱特（Richard J. Light）曾经历时十年完成了《穿过金色光阴的哈佛人：哈佛大学生成功访谈录》一书，其中一项调查结果令人惊奇：他以为最重要的、最令人难忘的学术活动是在教室内进行的，而课外活动只是一种有益且适度的补充。但证据表明，真实情况恰恰相反。课堂外的学习特别是在宿舍以及课外活动（比如艺术活动）中发生的学习行为，对学生来说至关重要。统计数字显示，所有对学生产生深远影响的重要的具体事件，有五分之四发生在课堂外。④ 另外，学生

① 魏戈．人如何学习——解读恩格斯托姆的《拓展性学习研究》[J]．北京大学教育评论，2017，15（3）：169-181.

② 尹弘飚，史练，杨柳．中国大学生学习与发展研究（2015—2019）：主题、方法与评论 [J]．华东师范大学学报（教育科学版），2020，38（9）：179-199.

③ Wilson E. K. The Entering Student: Attributes and Agents of Change [M]. Chicago: Aldine, 1966.

④ ［美］莱特．穿过金色光阴的哈佛人：哈佛大学生成功访谈录 [M]．范玮，译．北京：中国轻工业出版社，2002：8-9.

参与课外活动越多，对大学生活的满意度越高。该书作者得出这样的结论是基于对 1600 名学生的深度访谈，其中，该书作者本人亲自访谈了 400 名学生。北京大学原校长林建华曾经为美国哥伦比亚大学肯·贝恩（Ken Bain）的著作《如何成为卓越的大学生》写过中文序言，此书曾获得 2021 年度哈佛大学"教育与社会"好书奖。该书作者通过深入访谈几十位卓有成就的大学毕业生，通过一个个鲜活的人生故事，叙述卓越大学生的成长经历。其中，深刻地阐释了自由教育对大学生成长的重大意义，自由教育能够为他们提供机会享受更丰富多彩的人生，他们利用大学的经历广泛参加各种活动、刺激大脑的发展[1]。第二课堂能够带给学生怎样的收获，在绪论综述中已陈述了部分研究成果，但没有国内质性的访谈研究。西方的大学生发展理论多是采用质性访谈的实证研究方法，如佩里的认知发展理论和阿瑟·齐克瑞的同一性发展理论。深度访谈是学生发展或参与理论建构的重要方式方法，深度访谈更能够呈现生动具体的大学生生活成长经历，深度访谈通过鲜活的大学生活故事和访谈回答，能够更真切地展示大学第二课堂课程的现实状态和价值所在。

第二节 大学第二课堂课程目标的研究设计

目前，大学生参与第二课堂成长和收获的质性研究在国内尚属空白。针对大学生参与第二课堂成长和收获的问题，本书采用深入访谈的质性研究方法来收集资料，主要是因为以访谈的方式获得的数据更具有价值。问卷调查是让学生选择一个问题通过数字的形式作答的一个有效工具，但其作为一种标准化的调查方法难以确保信息的真实性和准确性。相反，访谈数据比一个概括性的统计数据更富有意义和价值，更能够解释清楚访谈对象对问题的看法，个体的自我陈述和汇报更具价值和可行性。正如质的研究认为，生活本身就是杂乱无章、丰富多彩的，质的研究本身的一个目的就是追求复杂、多样、模糊性，过于清晰、确定、单一的描述和解释往往容易使质的研究者产生怀疑[2]。鉴于以上考虑，本书采用质性访谈法取向，即研究的目的是生成理论，该理论来源于访谈经验资料，通过资料

---

① ［美］肯·贝恩. 如何成为卓越的大学生 ［M］. 孙晓云，郑芳芳，译. 北京：北京大学出版社，2015：217–238.

② 陈向明. 质的研究方法与社会科学研究 ［M］. 北京：教育科学出版社，2000：4.

的收集和分析被发现的理论，通过数据资料的收集和编码分析而被发现的理论①。

在访谈对象的选取上，本书采取目的性抽样，从笔者熟悉的第二课堂开展经验比较丰富的高校当中选取了 25 所高校，并且在每所高校根据方便原则选择参与第二课堂比较多、收获比较丰富的部分学生作为访谈对象，初始共进行了 80 名学生的访谈（见表 2-1）。访谈主要在 2021 年 3~7 月进行，主要集中在大学生参与第二课堂的成长和收获，鼓励受访人进行细致的描述和案例分析。本书所有访谈都是对受访者本人或者受委托访谈员进行面对面或微信视频访谈②，在征得参与者同意的情况下，本书对访谈内容进行了录音，每个受访者的访谈持续时间一般为 30~60 分钟。本书对所有录音资料进行了全面的整理和输出，对访谈文本进行了分析，为保证分析文本的质量，最终选择 40 份访谈的文本进行了分析（见表 2-1）。

表 2-1 初始访谈及选取分析的样本情况

序号	学校名称	初始访谈数量	分析样本数量
1	安徽工业大学	6	4
2	滨州职业学院	3	0
3	东华大学	2	2
4	哈尔滨理工大学	2	2
4	河北地质大学	1	1
6	河北工业大学	4	4
7	河北建材职业技术学院	3	2
8	黑龙江八一农垦大学	7	3
9	吉林大学	5	5
10	济南大学	2	0
11	江苏大学	2	0
12	江西环境工程职业学院	2	1
13	昆明冶金高等专科学校	2	0

---

① 陈向明. 扎根理论在中国教育研究中的运用探索［J］. 北京大学教育评论，2015，13（1）：2-15+188.

② 这种广度的访谈方法有利于提升研究的表面效度，由多名访谈人员对多名访谈对象进行访谈，分别提出同样的问题，如果编码的结果内容一致，就表明该研究具有较高的表面效度，这就是由不同访谈员完成同一项工作的最大益处。该观点具体参见美国知名统计学家理查德·莱特（Richard L. Light）在《穿过金色光阴的哈佛人：哈佛大学生成功访谈录》中对访谈的优点的论述。

续表

序号	学校名称	初始访谈数量	分析样本数量
14	兰州大学	2	2
15	辽宁科技大学	2	1
16	聊城大学	2	1
17	青岛理工大学	1	1
18	琼台师范学院	3	1
19	曲阜师范大学	3	2
20	山东财经大学	3	1
21	潍坊学院	2	0
22	烟台大学	2	1
23	云南民族大学	3	1
24	中国石油大学	4	2
25	山东工商学院	12	3
合计		80	40

在文本分析阶段，本书借鉴扎根理论方法，经过开放性编码、主轴性编码、选择性编码三个阶段。本书基于编码需要进行"概念化、类属化、寻找核心类属、建构理论"等操作，并借助 Nvivo 12 分析软件和手工编码等方式，将选取的代表性访谈材料以 Word 文本格式导入到 Nvivo 12 软件中，对访谈文本进行了系统记录编码等系列操作。结合个人经验，本书将所观察到的与本书研究主题相关的访谈语句选中后，选择新建节点进行细致编码并进行主题归类。开放式编码阶段，因为口头语言过多，"以访谈对象用语为主"把收集的数据重新打乱，并将它们赋予新的概念，然后再以新的方式将它们重新组合起来。本书对语义重复、交叉和模糊的语句进行了剔除，对有效语句进行了分析，经编码和抽象后形成相对独立的"主题类"编码概念，并对其进行初步分类。主题归纳阶段，本书对上面宏观的开放性编码中各种类型的范畴进一步精练、调整、分类，将具有相同或相似含义的部分合并，并对各范畴之间的内在联系加以梳理。本书依据各要素的实际含义、内部联系、结构等方面对编码进行抽象提取，最终通过逐级编码形成了八个维度的收获主题。Nvivo 12 软件辅助编码操作界面及访谈资料编码示例如图 2-1 和表 2-2 所示。

图 2-1 Nvivo 12 软件辅助编码操作界面

表 2-2 访谈资料编码示例

原始资料节选（AHGD）	开放性编码	主轴性编码	选择性编码
我们学校的第二课堂主要涵盖思想政治素养、社会责任担当、实践实习能力、创新创业能力、精英成长履历、文体素质拓展等板块，活动丰富多彩（A1）；我对学校第二课堂非常满意，我参加过各类文体活动、技能竞赛、志愿公益、社会实践等方面的活动，比如班歌比赛、挑战杯系列讲座培训、植树等，第二课堂活动收获很多（A2）；参与第二课堂活动之后可以获得相应的学分（A3）；在活动组织者的精心策划与安排下，参加第二课堂会使我们的心情愉悦，大家会很开心（A4）；由于学校的第二课堂活动非常丰富，大家可以选择适合自己的时间参加感兴趣的活动，因此不会耽误学习；相反，正是由于丰富多彩的第二课堂活动（A5）（A6）（A7），让大家在学习之余能得到充分的放松，对于陶冶情操，缓解学习压力，进而促进第一课堂的学习，具有非常有益的效果（A8）；希望大家都能积极地参加到第二课堂活动中来，在这里你将会收获很多，信心大增、锻炼很多，成长很多（A9）	A1：丰富多彩	B1：内容丰富	C1：第二课堂认知度
	A2：收获丰富	B2：专业精神	C2：技能拓展与提升
	A3：获得第二课堂学分	B3：学分化	C3：第二课堂认知度
	A4：愉悦心情	B4：心理心情状态	C4：心理与自我效能
	A5：丰富多彩	B5：内容丰富	C5：第二课堂认知度
	A6：互动交流较多	B6：人际互动	C6：人际互动与社会化
	A7：提升专业认知	B7：专业理解和深化	C7：学术与认知能力
	A8：情操素养提升	B8：道德发展	C8：态度和价值观
	A9：自信心增强	B9：自我效能感	C9：心理与自我效能

为深入挖掘成长和收获主题的深度，本书对成长和收获高频关键词进行了频次统计（见表2-3）①。高频词可以反映本书主题的访谈对象所关注的热点。通过Nvivo 12分析工具对所有访谈文本进行高频关键词的分析，从表2-2中获知所选取的40篇访谈记录中出现的关键词频次，频次出现较高的关键词依次是活动、课堂、学习、学校、丰富等。从表2-3中的高频关键词"实践"可以看出，大部分大学生主要关注的是第二课堂提供的活动（课程）是否能够推动自身的成长，以及第二课堂活动（课程）是否包含相关实践环节。关键词"能力"体现出的是大学生对第二课堂所能培养的技能以及能力等方面的重视程度。创新意识和创新能力是大学生核心素养的核心，它是人的综合能力的外在表现，它是以深厚的中华传统文化底蕴、高度综合化的知识体系以及个性化的思想和崇高的精神境界为基础的。高频词"创新"凸显出了大学生对第二课堂所倡导与培养的创新精神的重视。高频词"收获"表明学生感受到了第二课堂带来的成长。

表2-3　高频关键词

高频词	频次	高频词	频次
活动	723	丰富	125
课堂	711	学生	124
第二	679	非常	117
参与	326	实践	111
参加	254	方面	109
学习	236	同学	108
学校	205	过程	108
一些	164	学院	107
觉得	150	收获	103
能力	139	快乐	94
认为	134	大学	91

---

　　① 质性研究采用最多的"非概率抽样"方式是"目的性抽样"，即按照研究目的抽取能够为研究问题提供最大量信息的研究对象（陈向明，2000）。基于目的性抽样原则，由于本书中的访谈对象和最终随机选取的分析文本对象是从特定人群目标即参与第二课堂活动比较多的人群中选取，不是随机抽样，因此频次统计不能进行统计学意义上的检验。

续表

高频词	频次	高频词	频次
促进	89	知识	65
创新	87	很多	61
比较	87	心情	61
工作	82	提升	60
未来	81	创业	57
社会	81	生活	57
组织	81	可能	56
时间	71	能够	56
比赛	71	发展	55
得到	70	大赛	53
满意	70	提高	53
影响	69	竞赛	53
专业	68	锻炼	53

第三节　大学第二课堂课程目标的维度呈现

本书选择的 40 份访谈记录资料文本总共报告了 438 次主题收获，人均报告次数为 11 次。为进一步挖掘大学生参与第二课堂成长和收获主题的深度，本书对报告具有该成长和收获的编码再次进行了频次统计①。本书将 438 次收获编码归纳为 8 个成长和收获主题（见图 2-2）。

---

①　本书中频次的统计采用相对保守的计算原则，避免过多计算某些编码的次数和权重，在一个访谈记录中，受访者多次提到某"词语"性质的成长和收获，该编码只计算一次。本书没有对参与第二课堂成长和收获的编码的人次进行统计，主要是基于以上原则，大部分收获主题频次即是人次数。成长和收获主题存在编码子类型的情况下，收获主题频次数和人次数存在一定差别，统计意义不大。另外，本书不是随机抽样，研究中的频次统计不能进行统计学意义上的检验（郭卉等，2015）。一般认为，有一个学生报告参与第二课堂课程获得某方面的成长和收获即为存在事实。

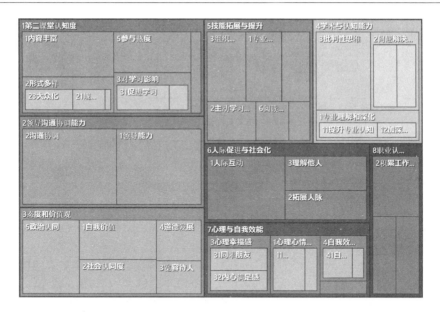

图 2-2 Nvivo 12 按编码参考点数聚合数据

其中，第二课堂认知度是学生对第二课堂的总体印象，不属于主要成长和收获的内容，但大学生对第二课堂的认知度代表了认可度，本书将其纳入了报告范围，报告词频为 70 次，占到了收获总数的 16.00%（该部分将在课程内容部分详细分析）；领导沟通协调能力、态度和价值观、技能拓展与提升、学术与认知能力四个方面词频分别占主题总数的 15.10%、14.80%、12.10%、12.10%；此外，人际促进与社会化、心理与自我效能、职业认知与规划分别占总数的 11.60%、11.00%、7.30%（见表 2-4）。下文将对收获和成长主题的内容进行具体分析。七个方面的成长和收获即大学生参与第二课堂课程的价值所在，提升这七个方面的能力也是大学第二课堂课程的目标。鉴于大学生参与第二课堂课程的价值与目标具有一致性，本书以大学生参与第二课堂课程价值的表述代表课程目标的维度。

表 2-4 大学生参与第二课堂成长和收获主题统计

收获主题	频次	言论百分比（%）
第二课堂认知度	70	16.00
领导沟通协调能力	66	15.10
态度和价值观	65	14.80

续表

收获主题	频次	言论百分比（%）
学术与认知能力	53	12.10
技能拓展与提升	53	12.10
人际促进与社会化	51	11.60
心理与自我效能	48	11.00
职业认知与规划	32	7.30
合计	438	100.00

一、领导沟通协调能力

大学生作为"发展中"的人，其具有一定的可塑性和对社会职场的期待性，未来大学生职场职位的不确定性导致高校人才培养的通用性考虑。领导沟通协调能力就是其中重要的通用性能力，需要将其纳入大学生能力建构范畴。大学生参与第二课堂收获"领导沟通协调能力"的总体报告词频为 66 次，占总体报告频次的 15.10%。其中，领导能力报告频次为 31 次，占该主题言论百分比为 46.97%。沟通协调能力报告频次为 35 次，占该主题言论百分比为 53.03%（见表 2-5）。

表 2-5 "领导沟通协调能力"主题统计

编码	频次	言论百分比（%）
领导能力	31	46.97
沟通协调	35	53.03
合计	66	100.00

除了受到家族文化资本、高中时期学生干部锻炼等因素的影响，大学生可以通过第二课堂等途径提升领导力水平。本书通过对访谈对象报告的情况进行分析，发现大学生担任学生干部是一种参与第二课堂的重要形式，大学生通过参与团体组织、社团管理、参与科研、志愿服务等都可以锻炼提升领导能力。大部分访谈对象具有大学学生干部的经历，因此，其领导能力的报告频次达到 50% 左右。"从数学建模比赛中收获数学建模的能力，也提高了我的领导力。因为我们小组主要是我负责来沟通协调安排任务，然后也提升了我自己的团队合作能力，就跟大家都分工明确，然后又不会让一个人承担太多的工作，就是说三个人一起把这个比赛做好，把论文写好，然后其他的社会工作经历带给我

的总的来说就是提升了我自己的执行力，然后还有策划能力。执行力就是在部长，或者说是主任安排任务的时候立刻执行，然后也会不断地从活动中吸取一定的经验。（DHQ 同学①）"

大学生沟通与协调能力是与他人进行有效沟通和交流的能力，内含信息识别、判断、解决问题等能力。有实证研究表明，大学生沟通能力是一项重要的学业成就，有学生干部经历的学生"沟通能力"明显优于非学生干部②。谢爱磊等的研究也表明，农村籍大学生在文化资本匮乏的状况下表现出在精英场域的适应问题，在参与半官方学生组织方面表现出不自信、认为没那么重要、遭遇能力和技术的门槛及面试门槛③。

"参与第二课堂，能让我从一个不同的角度去观察自己，比如说在一些活动当中，我能够发现自己的一些优点和一些缺点，能够在跟小伙伴们的沟通和协作过程中更好地学会怎么样去与人打交道，怎么高效地处理问题，如何去分工合作完成一件内容很多、工作量很大的活动。（QSDW 同学）"

二、态度与价值观

高等教育的目标不仅包括使学生掌握专业知识和技能，而且包括使他们学会如何适应新环境，如何在新环境中具有不断学习、创新和自我发展的能力。这就要求大学生具有较高的道德文化素质、健康的心理和强健的体魄等。第二课堂所构建的合理的活动内容，能提高学生参与社会实践的主动性和积极性，让他们在具体活动中提升自身素质、进行自我审视和树立价值观等，其中态度和价值观就是重要的发展内容。本书对"态度与价值观"进行了主题统计，结果如表 2-6 所示。"态度与价值观"主题的总体频次为 65 次，言论百分比为 14.80%。因此，大学生参与第二课堂收获"态度和价值观"是重要的内容。本书根据报告情况将此主题细分为自我价值、社会认同度、宽容待人、道德发展、政治认同等维度，各维度占该主题言论百分比分别为 23.08%、20.00%、10.77%、13.84%、32.31%（见表 2-6）。

学生提到自我价值的频次占比达 23.08%，由此可见第二课堂能够提升大学生的自我价值感知。例如："通过参与第二课堂，培养了我的演讲、写作技巧，提高了口语交际乃至人际交往的能力。""参与第二课堂，能让我从不同的角度

---

① 为遵循研究的伦理性，本书隐去被访谈人学校和真实姓名，以学校和姓名的字母组合代替。

② 李宪印，杨娜，刘钟毓. 大学生学业成就的构成因素及其实证研究——以地方普通高等学校为例 [J]. 教育研究，2016（10）：78-86.

③ 谢爱磊，洪岩璧，匡欢，等. "寒门贵子"：文化资本匮乏与精英场域适应——基于"985"高校农村籍大学生的追踪研究 [J]. 北京大学教育评论，2018（4）：45-64+185.

去观察自己，比如说，在一些活动当中我能够发现自己的一些优点和缺点。"
"大学生志愿服务西部计划的活动能够帮助我们树立正确的价值观，然后选择一
条正确的道路，就是不会说是误入歧途。（YNMDL 同学）""参加第二课堂磨炼
了我的意志，增强了体质，培养我坚韧不拔的毅力和恒心，积极向上的生活方
式，传递给每一个大学生青春活力。（QFSDC 同学）"

对于仅专业课程优秀的学生，他们也会由此看到自己能力的局限，这会促使
他们积极通过第二课堂的参与得到多方面的锻炼与提高。例如："首先就是要选
择自己真正感兴趣的东西，无论是发自内心的喜欢，还是说通过此类竞赛或者活
动可以提高自己。（SDCDW 同学）"在时政形势讲座、社会实践以及志愿服务
活动中，学生能够达成道德的发展和政治认同能力的提升，甚至提升与人和谐相
处、宽以待人的能力。"我在第二课堂中，学会了如何与人相处、与人合作、与
人共同生活，第二课堂也引导我转变自我为中心的观念，让我学会了宽容和理
解。（HGDL 同学）"

表 2-6 "态度与价值观" 主题统计

编码	频次	言论百分比（%）
自我价值	15	23.08
社会认同度	13	20.00
宽容待人	7	10.77
道德发展	9	13.84
政治认同	21	32.31
合计	65	100.00

三、学术与认知能力

大学生参与第二课堂报告的"学术与认知能力"成长和收获主题的总体频
次为 53 次，言论百分比为 12.10%。该主题主要包含专业理解和深化、问题解决
能力、批判性思维三个方面。其中批判性思维、问题解决能力、专业理解和深化
分别占"学术与认知能力"收获总数的 37.74%、33.96%、28.30%（见表 2-7）。
大学生参与第二课堂收获"学术和认知能力"的课程主要是指参与大学生创新
训练计划、科技创新、学科竞赛、教师科研参与等。从 53 次的总结报告频次上
来看，总体数量不高。从访谈资料来看，谈到此类收获的多是吉林大学、中国石
油大学（华东）的学生，可见科技创新、学科竞赛、科研参与类第二课堂在高
校仍属于"精英类"第二课堂课程，参与者主要是学习成绩相对比较优秀的学
生或者名牌大学、学术科研氛围比较浓厚的学校的学生。

表2-7　"学术与认知能力"主题统计

编码和子类别	频次	言论百分比（%）
1. 专业理解和深化	15	28.30
1.1 提升专业认知	9	16.98
1.2 加深专业理解	6	11.32
2. 问题解决能力	18	33.96
2.1 协同作战	8	15.09
2.2 信息整合	10	18.87
3. 批判性思维	20	37.74
合计	53	100.00

　　大学生的学习认知能力主要是指在学习过程中进行信息加工、理解、提取并灵活运用知识和技能解决实际问题的能力。大学生通过参加学术科技类第二课堂课程能够提升对专业课程及相关科研的深度理解和深化研究，促进深度学习。"有人觉得鱼和熊掌不可兼得。但我觉得在一定条件下，鱼和熊掌是可以兼得的。以学科竞赛为例，我们平常上课学习的专业基础课，可以在竞赛中得到应用，学科竞赛提升了大家的动手实践能力，在专业课书本上学习到的东西又运用到比赛中，运用专业技能来巩固专业课的学习，这是一个相互促进、相互融合的关系。（AGDJ 同学）"

　　科技创新、学科竞赛、科研参与类第二课堂课程本质上是一种高阶层的学习活动，是一种能使学生思维方式和思维能力显著提升的活动，能够显著提升学生发现问题、解决问题的能力，进而提升包含思维水平和认知水平在内的批判性思维能力，从而促进学生的研究能力。"国创项目和学生工作的经历都对我的求学或者说就业起到了非常大的促进作用。它是一个量化的结果，我有很多成果或者说有很多成熟的经历，让我更能匹配这个岗位或者匹配这个学业的项目。另外，我觉得更大的影响体现在我的心态上，我变得更加成熟，分析问题的角度会和他人不一样。（JDZ 同学）"

　　除此之外，学生参与科技创新、科研参与类第二课堂课程还能够带来同辈之间、师生之间等有效的互动和社交行为，在提升科研或者学习自我效能感的同时，一定程度上能够提升人际交往和社会交往能力，特别是在师生互动方面具有显著的影响。有研究表明，科研参与对学校的满意度的影响甚微①。有实证研究

---

　　① 李湘萍. 大学生科研参与与学生发展——来自中国案例高校的实证研究 ［J］. 北京大学教育评论，2015，13（1）：129-147+191.

也表明，"优秀学生"通过科研参与，能够显著提升专业与学术、表达与社交、文化与社会、信息与研究等技能，表明科研参与经历对"优秀学生"具有显著的发展效应[①]。"我觉得我收获最多的就是情感和成长，交到了很多志同道合的朋友，学有所获，行有共鸣，总结是非常恰当的，我在心态上和自己的成长上都会有一个非常大的收获。（JDZS 同学）"

由此，大学生"学术与认知能力"可以通过科技创新、学科竞赛、科研参与类第二课堂课程得到提升，这些课程具有显著的"叠加效应"，此类第二课堂课程是培养优秀拔尖学生的重要途径和方式。

四、技能拓展与提升

大学生参与第二课堂"技能拓展与提升"收获的主题词汇频次为 53 次，言论占比为 12.10%。学生报告的参与第二课堂"技能拓展与提升"包含 6 个方面的能力，即专业精神、主动学习能力、组织能力、写作能力、信息检索能力、阅读能力，其中各个方面言论频次占比分别为 22.64%、16.98%、24.53%、16.98%、7.55%、11.32%（见表 2-8）。

表 2-8 "技能拓展与提升"主题统计

编码	频次	言论百分比（%）
专业精神	12	22.64
主动学习能力	9	16.98
组织能力	13	24.53
写作能力	9	16.98
信息检索能力	4	7.55
阅读能力	6	11.32
合计	53	100.00

有 22.64% 的同学提到了参与第二课堂能提升专业精神，有 16.98% 的同学提到了参与第二课堂能提升主动学习能力。由此可知，大学第二课堂和第一课堂之间有一种紧密相连的关系，大学生在参与第二课堂的过程中，需要利用第一课堂专业知识来指导第二课堂。"在参加这些竞赛的过程中，我会自学很多高年级的专业课程以及许多专业的化工软件，并且扩展了很多的专业知识，夯实了自己的

---

① 吕林海．"拔尖计划"本科生的"学习参与"及其发展效应研究——基于全国 12 所"拔尖计划"高校的问卷调查 [J]．教育发展研究，2020，40（Z1）：26-38．

基础，而且在参加竞赛的时候，要思考如何在很多作品中脱颖而出，这就需要我们的创新能力，包括摸索一个新供应的过程，也锻炼了我分析与解决复杂问题的能力。这些在我的学习过程中都是非常重要的能力。（HGDW 同学）""我认为参与第二课堂首先丰富了我的专业知识，提升了掌握专业知识的能力，它也提高了我的小组合作能力，我在这么多次小组合作中收获了很多友谊。其次是第二课堂活动，有时需要我们去进行实地调研，或者是文献查阅等，这促使我积极主动地学习，开阔了我的眼界。最后，第二课堂，它丰富和充实了我的大学生活，也使我从中提升了自信心。（JDL 同学）"

大约有 24.53% 的同学提到组织能力的提升，主要是参与第二课堂课程的学生能够锻炼参与项目以及组织任务的能力。"我觉得参与第二课堂，收获还是蛮多的。比如说，首先增强了组织能力，因为在第二课堂，要去对接老师，要去现场举办活动，我在组织能力上得到了一个提升。（QTSFG 同学）""通过参与一些活动，了解这些活动的流程和组织形式，最终通过学习，自己也可以参与组织、设计这种活动。"

除了学习组织技能，参与第二课堂的学生面对多种任务的组合，同时也要安排好自身的时间与任务安排，做到统筹兼顾。"我将自己所学的专业理论知识应用到实践的过程中去；在完成各项工作的同时，我锻炼了未雨绸缪、遇事不惊、冷静分析、调理应对的能力。（QSDD 同学）"

关于参与第二课堂技能拓展与提升还提到了信息检索、阅读能力以及文稿书写能力等，第二课堂是一个实践的课堂，需要参与者在参与课程之前做好充足的准备，这就需要其具备一定的信息检索和阅读能力，在活动举办的过程中，也需要做一些文稿的记录以及后续的文字工作，文稿书写以及文稿编辑能力也就得到了提升。

五、人际促进与社会化

大学生社会化理论提出者约翰·魏德曼（John C. Weidman）认为，大学不是一个独立封闭系统体系，大学生的发展受到多重因素的影响，其中非认知因素对大学生的社会化影响最大[①]。大学生社会化是对社会价值观的内化，主要是情感和认知的内化。大学生社会化是一个人际交往、自我内化和学习的过程，是大学生完全将自己融入大学生活的过程。大学生社会化受到"最近他者"和"重要他者"两个重要因素的影响，"重要他者"主要指对大学生互动的深度、频率等进行评估的角度，"最近他者"主要指对大学生互动的时间和空间进行评估的角

---

① 谷贤林. 大学生发展理论［J］. 比较教育研究，2015（8）：26-31.

度。因此，大学生社会化主要是依靠大学内部的群体互动进行，师生互动、生生互动是大学人际关系的主体。人际促进与社会化是紧密相连和互动提升的两个范畴。大学生的人际促进①主要是指大学生在校园场域内表现出的促进师生、生生团结协作，创造积极、愉快人际关系的一种行为能力。通过对 40 名访谈对象的访谈资料分析，"人际促进与社会化"三个要素人际互动、拓展人脉、理解他人的词频在该主题占比分别为 49.02%、23.53%、27.45%（见表 2-9）。

表 2-9 "人际促进与社会化"主题统计

编码	频次	言论百分比（%）
人际互动	25	49.02
拓展人脉	12	23.53
理解他人	14	27.45
合计	51	100.00

通过总体分析可以看出，人际促进与社会化总体报告频次为 51 次，占总频次的比例为 11.60%。因此，参与第二课堂对大学生的人际促进和社会化的总体促进作用是巨大的，大学生参与第二课堂过程中能够显著增强其人际交往能力。其中，人际互动是重要的收获要素，人际互动报告频次为 25 次，频次占比为 49.02%。大学生在参与第二课堂的过程中，人际互动是基本的媒介要素。以学生参与学术科研或者竞赛项目为例，在参与的过程中，学生会跟教师和学生同时产生互动的行为。此过程中，有利于学生与导师建立有效的合作互动关系，帮助学生建立身份认同，显著提升师生互动和生生互动的频率。这种人际互动也契合了雅斯贝尔斯关于教育本质的论述，即"教育是人的灵魂的教育，而非理智知识和认识的堆积"②。如同"一棵树摇动一棵树，一朵云推动一朵云，一个灵魂唤醒另一个灵魂"般诗意的描述那样，第二课堂是师生、生生互动的重要平台。"当我和团队成员一起攻克难题，一起解决问题的时候，这其实是对我们能力的提升，而这种能力通常是课堂里学不到的。此外，学生工作也给我带来了一个很大的提升，在学生组织的工作经历，我觉得让我更多地明白了，利他的重要性。就是在和同学一起为学校、为其他同学服务的同时，我觉得我们每个人都获得了

---

① 李宪印，杨娜，刘钟毓. 大学生学业成就的构成因素及其实证研究——以地方普通高等学校为例 [J]. 教育研究，2016（10）：78-86.

② [德] 卡尔·雅斯贝尔斯. 什么是教育 [M]. 邹进，译. 北京：生活·读书·新知三联书店，1991：4.

一种精神上的成长，看问题的眼光变得更加长远而不是只纠结于自己的得失，会从一个更加全面的角度思考这些问题，也会让我们得到成长。（JDZSS 同学）"

大学生参与第二课堂能够扩大校内外的社交圈，拓展人脉，积累社会资本，其中拓展人脉报告频次为 12 次，频次占比为 23.53%。可见，大学生普遍认识到参与第二课堂能够扩大大学生活的时间和空间，扩大人际交往的范围。"在乒乓球明星杯中，我认识了许多一起打球的朋友，直到现在，只要有空闲时间，我们都会一起约着去打球。另外作为活动的负责人之一，在一次次活动举办中，我也学会了如何和别人合作交流，也体会到了大家一起辛苦却又收获满满的感动。（YNMZL 同学）"

理解他人能力是大学生参与第二课堂的重要收获，报告频次为 14 次，频次占比为 27.45%。大学生在参与第二课堂的过程中，摆脱了单打独斗，理解他人、尊重他人是促进人际关系的重要支点，这种思维方式也将转化为可迁移技能，内化为大学生工作场景中的具体行动。"在团队学术探索的过程中，人员的分工和总结是很重要的，组织这个终稿的时候，它会出现意见主旨不相同的情况，负责人需要具备这个安排能力和组织能力，最后需要充分考虑大家的意见，但如果不管这些安排得不好的话就会出现问题，这个大概就是实践上的收获吧。（JDH 同学）"

六、心理与自我效能

大学生所处的年龄阶段正好契合心理学家埃里克森心理发展理论的 19~25 岁的"亲密对孤独"阶段，也正处于马斯洛需求层次理论中寻求"归属与爱"和"尊重的需要"阶段。大学阶段的心理建构和自我效能感的建立与大学第二课堂紧密相连。自我效能理论是美国斯坦福大学心理学家阿尔伯特·班杜拉（Albert Bandura）提出的关于个体在特定情境中是否有能力去完成某个行为的期望，主要包括结果预期和效能预期，该理论认为，成功的经验会显著提高个体的自我效能感，失败的经验会降低个体的自我效能感，成功会使个体建立起相对稳定的自我效能感。大学生在参与第二课堂的过程中，寻找到亲密的关系，在参与过程中体会到被尊重的需要以及成功的经验，从而提升自我效能感。由此可见，大学生在参与第二课堂的过程中，心理与自我效能收获是重要的内容。综合分析发现，心理与自我效能主题词汇频次为 48 次（见表 2-10）。

表 2-10　"心理与自我效能"主题统计

编码和子类别	频次	言论百分比（%）
1. 心理心情状态	15	31.25

续表

编码和子类别	频次	言论百分比（%）
1.1 愉悦心情	11	22.92
1.2 紧张激动	4	8.33
2. 压力缓解	3	6.25
3. 心理幸福感	19	39.58
3.1 同辈朋友	10	20.83
3.2 内心满足感	9	18.75
4. 自我效能感	11	22.92
4.1 自信心增强	8	16.67
4.2 成就感	3	6.25
合计	48	100.00

在本书的访谈中，多数同学表示参与第二课堂能够产生愉悦、快乐的心情。心理心情状态的词汇频次为 15 次，该主题内言论占比为 31.25%，主要由愉悦心情和消极心理状态"紧张激动"两个内容因素构成。"正是由于丰富多彩的第二课堂活动，让大家在学习之余能得到充分的放松，对于陶冶情操，缓解学习压力，进而促进第一课堂的学习，具有非常有益的效果。（AGDW 同学）""情感上得到了比较开心、比较快乐的体验，然后还有就是自我价值的一种体现吧，不管是做志愿活动还是去参加体育类的竞技活动，我觉得都是自我价值的一种展现方式。（LDP 同学）""在参与第二课堂时，我觉得我的心情是既激动又紧张的，激动在于得到了挑战自己的机会，那紧张肯定是对各项竞赛结果的一种期待吧。（JDL 同学）"

压力缓解的词汇频次相对较少，仅为 3 次，该主题内言论占比为 6.25%。第二课堂能够较好地缓解大学生的学习压力以及生活压力。"第二课堂活动对我的学习起了促进作用，参加第二课堂活动也是减轻学习压力的一种方法，适当地参加活动，不仅有益于身心健康，也能够提升我们的学习效率，让我们做事能够更加事半功倍。（JDT 同学）"心理幸福感的词汇频次为 19 次，该主题内言论占比为 39.58%，主要由同辈朋友和内心满足感两个内容因素构成。"学术科技活动锻炼我的学习能力，体育和文化艺术活动增强我的文艺修养，实践活动锻炼我的组织能力，当然收获最多的是做志愿者的幸福感和成就感。（HGDH 同学）"自我效能感的词汇频次为 11 次，该主题内言论占比为 22.92%，主要由自信心增强和成就感两个内容因素构成。"参与第二课堂，我觉得我的自信心有很大的变化，刚开始，我是一个比较内向的人，比较自闭，不喜欢在人前讲话。但是经过三年的时间，特别是在参与第二课堂过程中得到很大的锻炼。我的上台讲话能力也有很大的提升，还有就是因为参加的活动比较多，一些思考的方式发生很大的变化。对我来说，这个第二课堂，是我的一个'垫脚石'，没有成为我的一个'绊脚石'，把我的目光放长远的话，其实就是现在提升的这些能力对我未来一定有帮助和作用，就像刚才我讲到的自信心，还有上台讲话的能力，还有思考问题的一些角度。（SDGSW 同学）"

2020 年，新冠疫情期间，豆瓣网成立了一个名为"985 废物小组"的网络自组织，短时间内聚集了十余万国内一流高校的大学生。有文章分析，这部分学业、生活、求职暂时"失意"的学生在大学生活方面存在以下问题，"校园生活方面，组员的主要问题是人际交往狭窄、交际能力不足，难以融入官方（如学生会、党团组织）和半官方学生组织（各类兴趣社团、公益组织等），造成了校园生活中的社会成就不足，心理失衡。"① 由此可见，通过第二课堂提升大学生的校园文化活动参与度，是提升大学生心理健康水平和自我效能感的重要途径。

七、职业认知与规划

访谈对象报告的参与第二课堂收获"职业认知与规划"的总体报告频次为 32 次，占总频次的比例为 7.30%。该主题主要包含启发工作方向、积累工作阅历、培养工作技能三个方面，该主题言论百分比分别为 28.13%、43.75%、28.13%（见表 2-11）。

表 2-11　"职业认知与规划"主题统计

编码	频次	言论百分比（%）
启发工作方向	9	28.13
积累工作阅历	14	43.75
培养工作技能	9	28.13
合计	32	100.00

在大学生参与第二课堂课程的过程中，对于尚未进入工作岗位的大学生来说帮助很大，可以帮助他们更好地认清自己的职业方向。"收获的话，首先是我自己获得了一些成长，我进入了一个课题组，去了解了科研到底是什么样子的。我

① 魏杰，黄皓明，桑志芹．"985 废物"的集体失意及其超越——疫情危机下困境精英大学生的"废"心理审视［J］．中国青年研究，2021（4）：76-84.

们会有很多的同学在低年级的时候只是说不知道自己以后到底要不要从事科研，不知道科技创新是什么样子的，能不能做出原创性的成果等。第二课堂活动，就让我了解了这方面的东西，我觉得这就是对我最大的帮助，就是它为我们明确了我以后的生活可能是怎么样的，这样的生活适不适合我。这就是我最大的收获。（JDZ 同学）""参与第二课堂对未来的影响，一个是职业探索，就是看自己适不适合做学术或者自己在跨学科的这个学术上是不是有学术潜质；学生工作的话，就看一下你有没有将来做这个公务员的潜质。（JDH 同学）"

除了积累工作阅历，还能帮助学生启发工作方向。"还有收获就是在社会实践等方面，可以帮助我明确我未来的就业到底是选择从事新媒体行业还是从事公务员类似的行业，我觉得这个也是比较有帮助的一点。（SDGSL 同学）""还有考研与就业该怎么选择的讲座，让我在大一就有了更明确的方向。我目前的打算是考研，暂时不考虑就业；还有数字背景下的创新创业，我通过大数据的分析，了解到现代化的创新创业方面需要大学生具备的一些素质和要求。"

缺乏掌握工作技能的学生表示："我觉得影响是受益终生的，因为很多活动都是在教我们一些技能，促进思想方面的成长，参加这些活动之后，我们能把这个活动所学到的知识，应用到实际生活当中。比如说，之前参加过一个防灾减灾的活动，那个宣讲员就在台上向我们演示灭火器怎么用，我觉得以后如果发生这样的事情，我们也能像她那样会使用灭火器，对生活有更多的帮助。（QFSDW 同学）"

第四节　大学第二课堂课程目标的总结认知

一、参与第二课堂是自我塑造的教育需求

通过访谈资料分析可以看出，大学生参与第二课堂更多的是大学生的自主选择行为，具有很强的自主性。可以认为，大学生参与第二课堂课程是个体寻找"自我塑造"机会的过程。为大学生"自我塑造"提供服务是高等教育的一项重要职能。[①] 大学生积极参与第二课堂课程表现出了一种积极主动的倾向性，是在探索性的寻找自我成长、自学成才的路径和方式，目的在于丰富自己的经历，提升自我的综合素质，在充满各种可能的大学生活中"寻找自我"。积极主动寻找

---

① 西蒙·马金森，王晓娜. 作为学生自我塑造的高等教育［J］. 教育研究，2020（1）：86-97.

"自我塑造"机会的同学具有相对较高的成就动机，更能够实现自我目标以及最终获得较好的就业满意度。因此，在大学阶段，第二课堂课程高参与度的学生更具有主动性和成就动机，更能够对学校产生认同感，更能够在社会职场中获得成功。学生主动地"自我塑造"本身就是一种教育能动性的追求，主动参与第二课堂课程也契合布迪厄（Bourdieu P.）社会资本和文化资本积累的理念。从这种意义上讲，高校应该更多地关注学生能动性"自我塑造"的真实需求，切实满足大学生能动性"自我塑造"与第二课堂课程方面的诉求，提升人才培养质量。

二、大学第二课堂是"高影响力"的教育

本书通过对大学生参与第二课堂课程成长和收获的主题进行归纳和分析，认为大学生参与第二课堂课程可以显著提升大学生的学业成就，是一种具有"高影响力"的教育活动课程。通过参与第二课堂课程，大学生可以获得领导沟通能力、人际促进和社会化、技能拓展与提升、心理与自我效能、学术与认知能力、职业认知与规划、态度和价值观7个维度的收获，本书将7个方面的收获归纳为认知和技能收获，过程和方法的收获，情感、态度和价值观三个方面的收获（见图2-3），最终指向全面发展的学生。这正好契合了课程教学"三维目标"，也契合"大学生学习结果包括能力、情感、认知三个维度"[1]。本书对7个收获主题频次的统计分析，进一步显示了大学第二课堂课程的价值所在。大学学业成就是多维度的，并非专业课程专业技能单方面。正如有学者将大学教育隐喻为"森林"而非单棵"树木"的简单集成那样，大学教育是一个多维度的教育生态系统。本书认为，大学对学生影响的因素是十分复杂的，大学第一课堂与丰富的第二课堂课程经历在不同程度上影响和塑造着大学生的各种能力，很难区分和取舍。第二课堂是一种高影响力的教育活动课程，高校需要构建学生发展的"支持"[2]体系，构建"支持性育人环境"。研究发现，大学生参与第二课堂课程的效能是十分显著的，能够显著拓展第一课堂课程的内容边界，能够关注与现实世界相关的生活世界，更能够帮助大学生更好地面对未来生活，大学第二课堂是一种"高影响力"的教育活动课程。

① 郭建鹏，刘公园，杨凌燕. 大学生学习投入的影响机制与模型——基于311所本科高等学校的学情调查［J］. 教育研究，2021（8）：104-115.

② "支持"是桑德福（Sanford）提出的学生发生发展变化的第三个前提条件，他认为，满足"挑战、应对变化准备、支持"三个条件，学生就可能发生成长的变化。其中，挑战主要是指学生进入大学后面临环境的变化而产生的"失衡感"或者新环境需求适应的问题，应对变化准备主要是学生的心境及面对选择如何选择，支持主要是对外部环境即大学应该提供学生发展的有效条件。资料来源：Sanford N. Where College Fail：A Study of the Student as a Person［M］. San Francisco：Jossey-Bass，1968.

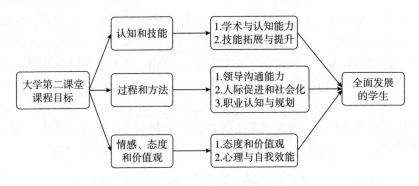

图 2-3　大学第二课堂课程目标理论框架

三、大学第二课堂是具有生活价值的教育

一个值得注意的问题是，任何一项教育活动对于个体的影响往往是多方面的，全然不是理论分析中单一的样态。"参加舞蹈活动和音乐活动也能够让我有机会与他人交流和活动，并且拥有了合作能力、有效倾听的能力和领导能力。这些能力在任何组织中都是必需的，无论合唱队、舞蹈团还是非营利性艺术组织，我充分利用自己所学到的东西，将其运用于商业机构、学校以及我涉足的所有机构中。"① 上面是戴维·珀金斯（David N. Perkins）在其著作《为未知而教，为未来而学》中提供的案例。该案例是一个学生参与第二课堂收获感受的分享，这种分享说明一项第二课堂活动课程对这个学生个体的价值是超越活动本身的，已拓展到未来生活、工作的方面或者已经上升到个人行为层面，称为对个体生活有用的可迁移知识和技能。本书中访谈学生的收获和感受也是如此，参加大学第二课堂课程的收获都是多方面的，并且这些收获大多是指向未来生活的。从此种意义上讲，大学第二课堂课程不仅是面向未来生活世界而具有生活价值的教育，更是以面向未来智慧的视角开展的教育。

四、第二课堂参与度体现了融入大学的程度

大学是面向未来社会和职场最近的教育阶段，也具有"为未来而学"的特点，"哪些知识值得学习与哪些知识最有价值"仍是一个需要深度思考的问题。大学第二课堂能够实现从知识到智慧的转变，是一种有生活价值的教育或学习。参与第二课堂的程度体现了大学生"融入"大学的深度和广度，能够显著提升

---

① ［美］戴维·珀金斯. 为未知而教，为未来而学 [M]. 杨彦捷，译. 杭州：浙江人民出版社，2015：7.

大学的幸福感和参与感。积极参与第二课堂课程是大学生融入大学学术和社交系统、融入大学生活的主要途径和方式，能够帮助大学生很好地与同学、老师进行互动，也能够帮助大学生为未来生活做好基础的准备。大学生越能够融入大学校园产生归属感和认同感，就越会增强参与第二课堂课程的积极性。最新的实证研究也证明，大学生的通用能力受到互动学习、课外学习和学术科研学习投入的正向影响①。高校应充分重视大学第二课堂环境对学生发展的重要影响，增加财政等资源在大学生第二课堂中的支出，开发多样性（德、智、体、美、劳五方面）的第二课堂课程，为大学生发展创造机会和条件，打造第二课堂和第一课堂课程相融合的社会化的学习场景，帮助大学生更好地成长和发展。

---

① 郭建鹏，刘公园，杨凌燕．大学生学习投入的影响机制与模型——基于311所本科高等学校的学情调查［J］．教育研究，2021（8）：104-115．

第三章　五育+财商：大学第二课堂的课程内容

　　课程内容是课程体系的主体和关键要素。源于大学第二课堂课程体系由"无序"走向"有序"的迫切性，本部分是研究的重中之重。"五育并举"① 德育、智育、体育、美育、劳育所对应指涉的必然是育德、育智、育体、育美、育劳的目标导向。德智体美劳全面发展的理念是一种"五育并举、五育平等"的教育观，每一种"育"都需要通过第二课堂课程和第一课堂课程来进行。《深化新时代教育评价改革总体方案》把"学生"作为教育评价改革的五大主体之一和重要抓手。方案明确提出，要"改革学生评价，促进德智体美劳全面发展"，明确要求"树立科学成才观念，创新德智体美劳过程性评价办法，完善综合素质评价体系，引导大学生积极增强综合素质"②。由此可见，新时代大学生科学的成才观必然是"五育并举"的全面发展成才观。大学第二课堂课程内容的框架应该包括"五育并举"的课程内容。鉴于"将教育分为德育、智育、体育等各方面的体系和方法，并不代表真实的人和真实的教育发展模型，这只是为了认识的方便对教育进行的肢解"③ 的理念和思考，本书创新性地把大学第二课堂课程解构为德、智、体、美、劳、五个方面。这样划分的目的在于：一是凸显"五育并举"的理念，确保第二课堂课程内容的全面性；二是凸显每部分的独特性和清晰度；三是便于在解构的基础上再对第二课堂课程内容进行全面的分类重构。

---

　　① 在教育实践中，德育、智育、体育、美育、劳育每一种教育中似乎都包含着其他教育形式，如德育中包含智育、体育、美育、劳育，五种类型的教育在现实中是分割不开的，是相互包含和融合发展的关系。"五育融合"发展理念更符合人的全面发展的需求，"五育融合"可视为"五育并举"教育发展的高级阶段。本书采用"五育并举"的说法主要是为了符合新时代教育评价标准的现实需要。

　　② 2020年10月，中共中央、国务院印发了《深化新时代教育评价改革总体方案》，该方案总体的指导思想可以概括为：遵循教育发展规律，发展素质教育，树立科学的教育发展观、人才成才观，培养德智体美劳全面发展的人才。

　　③ 杜作润. 智慧与智育漫话［J］. 复旦教育论坛，2007（5）：16-21.

大学第二课堂课程内容是实现课程目标的重要载体，其质量的好坏和准确性直接决定了课程目标能否顺利实现。课程内容选择是一个价值判断的过程，一般会依据社会发展和学生发展需求以及课程的目标和课程本身的性质做出选择①。课程内容选择的过程包含确定课程内容的内涵性质、课程理论实践经验、课程的价值目标、确定课程的内容等基本环节②。依据以上原则和环节，本书按照课程的内涵与特性、理论与实践、价值与内容进行大学第二课堂课程内容的介绍。

第一节　大学第二课堂德育课程

意大利诗人但丁曾言："道德常常能填补智慧的缺陷，但智慧却永远填补不了道德的空白。"教育神经科学研究发现"道德脑"的存在以及道德可教性、可学性、可发展性，更为以道德教育为主体的德育提供了科学的理论依据和教育实践的可行性③。《深化新时代教育评价改革总体方案》对德育的基本要求是："坚持以德为先，引导学生养成良好思想道德、心理素质和行为习惯，传承红色基因，增强'四个自信'，立志听党话、跟党走，立志扎根人民、奉献国家。"根据大学生的身心特点，设定科学的大学德育目标，引导大学生养成良好的思想道德品质、心理素质、行为习惯，成为新时代大学德育的重要任务，也是新时代大学德育的行动旨归。

一、大学第二课堂德育课程的内涵与特性

（一）大学第二课堂德育课程的内涵

德育不等于道德教育。《说文解字》释义，"德"为"外得于人，内得于己"，即对内注重个人身心的内在修养，对外正确处理与他人他物的关系。"育"为"养子使作善也"，即培养孩子，使之从善。"德育"即培养孩子，使之提升内在修养，学会正确处理与他人他物的关系。1906年，王国维在《论教育之宗旨》一文中提到德育，此后中国开始正式使用"德育"一词。近现代以来，德育的概念随着时代发展在不断变化。鲁洁、王逢贤的《德育新论》一书认为，德育是教育者根据一定社会和受教育者的需要，遵循道德生成的规律，采用言

---

① 李允. 课程与教学论［M］. 北京：北京大学出版社，2015：63-65.
② 左菊，孙泽文. 课程内容选择：取向、依据及其环节［J］. 教育与职业，2012（12）：135-137.
③ 江琦，侯敏，等. 教育神经科学视野中的道德教育创新［M］. 北京：教育科学出版社，2016：4-5.

教、身传等有效手段，通过内化和外化，发展受教育者的思想、政治、法制和道德几方面素质的教育过程。班华认为，德育即育德，也就是有意识地实现社会思想道德的个体内化，或者说有目的地促进个体思想品德社会化。当前，对"德育"范畴的理解与界定分为两种观点，一种是狭义上的德育，特指道德品质，我们称之为"小德育"①；另一种是对政治、思想、道德、法律和心理教育的统称，我们称之为"大德育"①。由此可见，传统观点认为，狭义的德育是指道德品质教育，广义的德育包含政治教育、思想教育、道德教育、心理教育、法制教育。具体实践中，德育涉及的内容词汇主要有思想、道德、伦理、政治、法制、精神、心理、人生观、世界观、价值观、日常规范、礼仪、劳动、军训、志愿服务、社会实践等②，德育外延随着时代的发展在不断地扩大和膨胀，德育概念逐渐泛化，甚至出现"某项活动无法归属智、体、美、劳等范畴，就归于德育范畴的现象"③。长期以来，德育概念存在广义与狭义混乱以及逻辑纰漏等问题④，导致德育内容成为"教育大箩筐"、德育实践效果差等问题。这种理论和实践的后果导致了德育的社会认同感极差，德育既无学术认同也无业务实践认同。正如"漫无边际的德育概念潜意识的隐藏着对德育范畴的多维诠释，使人们扩大了德育的应指和能指，造成了德育功能的居高不下，'德育神话'与低质低效德育实践处于紧张的矛盾中"⑤。凡此种种，德育概念的内涵与外延以及实践长期处于无序和混乱之中。在我们没有明晰德育的概念内涵、外延等之前，把德育广泛实践的做法无异于弃逻辑起点而寻求真理，最终结果只能是无功而返以致迷茫，正如麦金太尔所言"我们拥有概念体系的残片，道德的假象，我们的理论和实践两方面都必将丧失理解力"⑥。

"德育是教育者根据社会向人们提出的思想言行规范，对受教育者提出要求，受教育者选择、消化、吸收、实践、转化这些要求，形成个人品德的过程。德育

---

① 长期以来，大学德育出现了"德育智育化"的问题，大学德育等同于专业课程教学，德育等同于思想政治课教育，大学德育被简单化。2013 年 1 月 25 日，《光明日报》刊发的《高校德育岂能简单化》一文也深刻地阐释了高校德育简单化的几种现象：德育智育化，忽视大学生思想政治判断力、道德情感体验、道德人格、道德实践的培养，大学德育机制缺乏全员育人格局等。2016 年 5 月 17 日，《人民日报》刊发的《促进高校道德教育生活化》提出了高校德育理念生活化、目标生活化、过程生活化、内容生活化、方法生活化。正是由于存在大学"德育智育化"的问题，本书探索研究如何强化大学第二课堂德育范畴以促进德育"生活化"。

② 唐爱民. 道德教育范畴论 [M]. 北京：北京师范大学出版社，2012：106.

③ 檀传宝. 信仰教育与道德教育 [M]. 北京：教育科学出版社，1999：121.

④ 孙玲，唐爱民. 试论"广义狭义式"德育概念界定的逻辑纰漏 [J]. 当代教育科学，2013（15）：10-12.

⑤ 唐爱民. 道德教育范畴论 [M]. 北京：北京师范大学出版社，2012：109.

⑥ ［美］A. 麦金太尔. 德性之后 [M]. 龚群，等译. 北京：中国社会科学出版社，1995：19.

的外延包含政治思想、世界观、道德教育。"① 德育的"德"是相对于"智育、体育、美育"的"智、体、美"而言的，德育的本质在于"育德"即培养人的品德②。凡此种种，德育的概念大体都没有突破"大德育"的论述逻辑。德育概念的界定确实是一个繁杂的事情，正如涂尔干所言"德性是多样的，即使一个人只关注其中最重要的德性，每一种德性都只是得到部分的开发，把精力如此分散到多样的广阔区域，则必然会毁坏这一事业"③。有学者在全面分析传统的德育概念广义与狭义逻辑纰漏及危害的基础上提出，传统广义狭义德育概念的界定是一种现象的罗列，而德育概念是要回答"德育是什么的问题"而非"德育包含什么的问题"。"德育是教育者依据教育对象的品德生成规律，将社会道德规范内化为教育对象品德并引导其外化为道德实践，以实现道德人格建构和道德境界提升的教育活动。简言之，德育就是培养学生道德品质的教育。"④ 全面分析此概念需要特别把握的是，道德教育是德育的根本和核心。道德教育是德育的本体范畴，是德育的逻辑起点。"德育即思想、政治和品德教育，它体现教育的社会性与阶级性，是学校教育的重要组成部分。它与智育、体育、美育和劳育等相互联系，彼此渗透，密切协调，共同育人。德育内容根据德育目标和教育对象思想政治品德发展的一般规律而确定，并随着社会发展进程而充实调整。"⑤ 受传统文化和"大德育"社会惯性思维的影响，现实的德育实践不可能将思想教育、政治教育等置于德育范畴之外，"学校德育目标和任务是国家从其政治目的出发而制定的，甚至某一阶段的国家政治目的会代替学校具体的道德教育目标"⑥。此种情况下，就需要坚持道德教育是德育之根本和核心的观念，德育围绕道德教育开展，把"大德育"根植于道德教育之上，即用道德教育来统摄其他成分的德育活动⑦。唯此，德育才能坚守本体属性，才有可能达成学术理性和实践现实的统一。

综上所述，结合第二课堂概念的内涵，本书中的大学第二课堂德育课程主要是指高校教育者依据大学生的品德生成规律，将社会道德规范内化为大学生品德并引导其外化为道德实践，以实现大学生道德人格建构和道德境界提升的除第一

① 李道仁. 德育本质问题的探讨 [J]. 华中师范大学学报（人文社会科学版），1982（6）：105-110.

② 胡厚福. 关于德育本质几个问题的初步探讨 [J]. 北京师范大学学报，1991（6）：21-28.

③ [法] 涂尔干. 道德教育 [M]. 陈光金，等译. 上海：上海人民出版社，2001：23.

④ 唐爱民. 道德教育范畴论 [M]. 北京：北京师范大学出版社，2012：118-119.

⑤ 中华人民共和国国家教育委员会. 中国普通高等学校德育大纲 [Z]. 1995.

⑥ 陆有铨，戚万学. 关于我国道德教育的几点思考 [J]. 华东师范大学学报（教育科学版），1990（2）：11-19.

⑦ 唐爱民. 道德教育范畴论 [M]. 北京：北京师范大学出版社，2012：120.

课堂之外的教育活动。简言之，大学第二课堂德育课程就是培养大学生道德品质的除第一课堂之外的教育活动课程的总称。

(二) 大学第二课堂德育课程的实践活动性

实践活动性是大学第二课堂德育课程的首要特性，这是由德育的主体内容道德教育的实践性本体特征决定的。"道德的生活性和自足性构成了学校道德教育的生活德育和实践德育的两个基本原则。"① 实践活动是个体道德形成和发展的基础，个体的道德发展只有在实践活动中才能够得以形成、确立。道德教育的过程可以分为道德认知、道德情感、道德行为三个阶段，第一课堂专业课程教学如马克思主义基本理论、毛泽东思想概论等课程将社会主义基本理论的概念"灌输"给学生，"道德规则和道德知识的传授必然成为道德教育的一部分，道德知识的掌握有助于道德判断和道德推理能力的形成和发展"②，这些基本的道德认知初衷在于让学生形成正确的世界观和价值观。学生掌握的道德认知只有在活动、实践中，才能够加深对道德规则、道德知识的理解。学生在活动、实践的过程中与他者产生协作和交往，在这个过程中逐步产生道德情感，形成道德判断，"没有合作、没有交往，个体就不能产生真正的责任意识，个体也无法履行自己的责任和义务"③。在此过程中，学生个体也会获得其他道德认知和道德情感，学生个体通过自己的道德认知和道德情感，形成了道德的评价判断能力，进而践行道德行动，进而进行道德判断的修正与提升，最终内化为道德品质。在这个过程中，单纯的第一课堂道德规矩和道德规则等道德认知的讲授和讲解是徒劳无功的。因此，道德认知和道德实践相结合在学生个体的道德教育中至关重要，正如"道德教育从根本上是实践的，实践性是道德教育课程区别于其他课程的主要特征"④。活动道德教育模式是一种第二课堂德育的教育模式，其基本理念和思路跟第二课堂德育课程教育模式是一致的。活动道德教育模式⑤的总体设计思路认为，活动是人类世界一切交往的基础和产物，活动是个体道德发展、发生的根本动力，社会交往和社会互动性质的活动作为活动道德教育模式的活动范畴，体现了活动的"社会性"。因此，活动道德教育模式认为道德教育是社会性的，社会性必然关联着实践、活动、交往等内容。活动道德教育模式以实践道德生活为目标，以活动课程为主导构建道德教育课程体系。"实践性是道德教育课程区别于其他课程特别是智育类课程的根本特性，必须注意学生的主体性原则、贯彻学生

---

① 戚万学. 留得岁寒风骨在——记陆有铨先生的学术人生 [J]. 教育研究, 2020 (2): 151–159.
② 戚万学. 走出道德教育的两难境地 [J]. 教育研究与实验, 1991 (4): 11–16.
③ 陈泽河, 戚万学. 试论活动的道德教育意义 [J]. 中国教育学刊, 1995 (3): 10–12.
④ 戚万学. 活动课程: 道德教育的主导性课程 [J]. 课程·教材·教法, 2003 (8): 42–47.
⑤ 戚万学. 活动道德教育模式的理论构想 [J]. 教育研究, 1996 (6): 69–76.

兴趣性原则、贯彻民主性原则、贯彻人道主义原则、坚持实践活动原则等"①，此种课程观与本书所倡导的第二课堂德育观具有内在的一致性，特别是契合了第二课堂的自主选择、兴趣性、民主性、互动性等特点。德育在根本上是实践的，鉴于本书把道德教育视为德育的核心理念，把实践活动性这个道德教育和第二课堂德育的共性作为第二课堂德育课程的首要特性。

二、大学第二课堂德育课程的理论与实践

（一）大学第二课堂德育课程建设的理论支撑

1. 道德心理四成分行为模型与第二课堂

美国心理学家雷斯特（J. Rest）于 20 世纪 80 年代提出了道德行为发生模型或称为道德四成分模型。该模型认为，道德是价值观的一种体现，并将个体道德分为解释情境、做出判断、道德抉择、行动实践四个步骤。解释情境是指个体面临道德情境时，需要动员情感力量进行判断和评估，进而对下一步采取的行为做出评估。做出道德判断是指个体在解释情境后，抉择不同的行为策略，进而做出最终符合道德准则的判断过程。道德抉择是指个体根据其内在的价值观体系坚定地做出道德判断，进而将道德情境解释和道德抉择付诸行动的行为。道德行动实践是指个体进行道德实践的过程，这个过程需要个体脑力、体力的充分准备。四成分即为四步骤，但四个步骤并不是严格按照既定的逻辑顺序进行的。该模型理论综合地考虑知、情、意、行等各种心理成分和活动，有助于从心理结构的角度进行道德教育课程的构建。该理论为大学第二课堂德育课程提供了道德需要实践的过程指导，即提供了道德实践的必要性。

2. 涂尔干道德教育社会化理论与第二课堂

当代"道德教育之父"法国社会学家埃米尔·涂尔干（Emile Durkheim）的道德社会化理论认为，"社会决定个人的存在"②，道德教育的本质在于其社会性，其目的在于社会的功用，社会是涂尔干建立唯理道德教育的根本出发点。道德教育的产生是因为社会需要，道德乃是社会需要的产物，社会是道德存在的根基，没有社会，道德便没有存在的必要和可能。道德教育的目的是为社会服务的，个体是社会的产物，个体存在于社会之中，需要按照社会的道德规范、道德准则进行"公民化"以在社会上生存和发展，道德是社会文化的产物。学校是社会的一种功能机构，按照社会需求进行道德教育，这也是学校进行道德教育的根本目的所在。因此，道德教育在一定意义上是个体社会化的需要。涂尔干的道

---

① 戚万学. 道德教育的实践目的论［J］. 山东师范大学学报（社会科学版），2001（1）：12-17.

② 戚万学. 冲突与整合——20 世纪西方道德教育理论［M］. 济南：山东教育出版社，1995：85.

德教育社会化理论强调"灌输式"的道德教育方式，即道德应该由教师强加给学生。道德教育社会化理论的根基主要是行为主义心理学即"刺激—反应"模式以及洛克的教育"白板说"，彰显了道德的可教性和批判了宗教神学"道德天赋观"。"道德并不是一个可以由规则体系界定的现象，它属于生活的范畴，它是一套行为规则、一套实践律令，它是在特定的社会历史条件下发展起来的。"① 据此，涂尔干的社会化道德教育理论强调的是道德教育的内容性，它把道德教育内容分为纪律、社会依附和自律三部分内容。涂尔干还认为，学科性课程如历史、地理、生物等自然科学有利于学生更好地理解人类社会的各领域，能够赋予学生精确的观念和良好的理智习惯。因此，自然学科也是道德教育的重要途径。涂尔干理论对课程建设最大的启示就是，道德教育（德育）是在国家、社会的名义下进行的，学校需要强化纪律精神，需要一种权威的力量来约束人的行为。该理论亦强调了道德的实践性和社会化，与大学第二课堂课程具有耦合性。

3. 杜威经验主义道德教育理论与第二课堂

约翰·杜威（John Dewey）的"经验"在其教育理念中是一个核心概念，"经验"在杜威的道德教育理论中也是重要的支撑。杜威认为：道德的过程是经验由坏变好的过程，是经验的不断成长和发展，道德的过程和教育的过程是完全一致的②。他认为，"经验"在个体的道德成长中具有重要的作用，道德是个体经验成长和发展的结果，是个体在生活实践中逐步发展起来的认知而非是"灌输"的结果。其经验主义道德教育理论的核心在于，道德是学生适应环境而产生经验的结果，道德与环境和经验紧密相连。这与大学第二课堂课程提供的"全环境"育人环境紧密相关。杜威从实用主义的角度出发，坚持"学校即社会"的观点，倡导学生道德教育和道德认知可以通过学校生活来进行，实现学校道德教育与社会的相统一。杜威倡导道德教育的方法重点是让学生通过探究和讨论的方法来解决问题促进道德成长，让学生在"道德两难"（Dilemma）问题中思考和讨论，进而形成道德判断力和社会合作精神。参与社会生活的理念把学校视为社会生活的一部分看待，杜威倡导要让学生参与社会生活，在参与社会生活、合作的氛围中形成道德判断，"凡是能有效发展学生参与社会生活能力的教育都是道德教育"③，学校不能只是传授知识，而是要从促进道德"经验"成长的角度开展道德教育。采用恐吓、惩罚、奖励等方式方法开展道德教育的效果是十分有限

① Durkheim Emile. Essays on Morals and Education ［M］. London：Routledge and Kegan Paul，1979：34.

② 戚万学. 杜威道德教育理论初探［J］. 山东师范大学学报（社会科学版），1988（2）：41-45.

③ ［美］约翰·杜威. 民主主义与教育（英文版）［M］. 纽约，1916：418.

的。杜威的经验主义道德教育理论强调让学生参与社会生活（学校即社会生活，学校即社会关系的集合），认为学生只有在社会生活中感受真实的道德情景，在活动交往中形成道德经验，进行道德判断和道德理智的思考，才是道德教育的最有效形式。大学第二课堂课程是学生学校社会生活的主要内容，占据了大学阶段大部分时间。第二课堂课程在大学生道德经验的养成过程和实践中十分重要。

4. 认知神经科学"道德脑"理论与第二课堂

教育神经科学通过对"道德脑"的研究进一步丰富了道德观念、道德判断、道德情绪、道德人格以及公平、合作、利他、攻击、身体等与脑的关系，为道德教育及课程建设提供了可实践的脑科学依据。相关的研究表明，道德活动在人类大脑中对应着相关的区域，道德活动在大脑相关区域既需要认知推理进行加工，也需要情绪的参与。大脑的背外侧前额叶皮层（Dorsolateral Prefrontal Cortex，DLPFC）是"道德脑"的认知中枢，具体负责道德推理和道德判断。腹内侧前额叶皮层（Ventromedial Prefrontal Cortex，VMPFC）对应人类的亲社会情绪的产生和发展，主导道德情绪，是进行道德判断的关键脑区，不仅与道德情绪相关，也是调节道德选择和道德行为的重要中枢。教育神经科学"道德脑"理论启示我们，大脑的可塑性是长期存在的，要掌握好大脑教育的敏感期和可塑性之间的关系，要重视经验在道德教育中的作用即要让大脑接受一定刺激以形成经验。其中，道德观念是人们对社会中各种人和事存在的一系列是非对错的观点和看法，包含道德知识、道德观点、道德信念等。道德观念受到社会政治经济文化的深度影响，道德观念影响道德行为。将道德知识等内化的过程即道德内化，一般由认知结构、同化顺应和元认知三者相互作用产生。道德知识等内化为道德观念的过程是德育的重要内容，德育要遵从道德内化的科学规律进行，避免不尊重学生主体的灌输式德育和"无道德的德育"。"德育工作的根本目的在于让个体主动进行自我道德教育，内化相应的行为规范，而不是一味地通过外在的规范、准则约束自身行为。"[1] 在道德判断过程中道德情绪起到了重要作用，甚至是决定性作用。个体在道德情感和辩证理性思维的相互作用下，才能做出合适的道德判断，形成真正的品德。因此，德育的内容应该生活化，形式应该多样化，促进学生掌握情感丰富的道德知识[2]。道德情绪与道德判断、道德行为相互关联，道德情绪对道德认知和道德行为具

---

[1] 江琦，侯敏．教育神经科学视野中的道德教育创新［M］．北京：教育科学出版社，2016：48-49．

[2] 道德情绪在德育中的重要作用更加强调德育通过第二课堂开展的重要性，德育第二课堂活动的开展能够很好地结合德育内容生活化、形式多样化的需求，从而提升学生参与的积极性，促进学生的道德反思，提升德育的体验性内化水平，避免德育陷入空洞的说教。

有调节作用，道德情绪调节能力应然是德育的重要内容。因此，德育教学需要结合实践，以情动人，情理交融。道德人格即道德品质是一种人格特征。这就为德育第二课堂课程开发提供了结合点。当个体将自我人格动机与情感系统进行整合并理解其价值进行自我概念的建构时，自我便逐步道德化了①。戴蒙的道德人格发展模型认为，道德与人格在青少年以后逐步整合是以"道德自我"道德术语为依据的。科尔比与戴蒙对道德榜样的研究中发现，道德榜样就是道德与自我的极度融合。伯格曼的道德榜样综合发展模型将道德同一性作为成人道德理解的动机和责任判断，以形成道德行为。纳瓦斯基于三重道德理论（安全道德、卷入道德、想象道德）提出了伦理教育体系，即建立良好的师生关系、创造良好的班级氛围、在课堂内外教授伦理技能、培养学生的自省和自律能力、回到社会②。基于神经科学的道德人格的培养路径主要有：榜样示范法、社会实践法、环境熏陶法、自我修养法等。这些路径方法正是大学第二课堂课程实施的主要教学方法。

5. 道德教育认知发展理论与第二课堂

劳伦斯·柯尔伯格（Lawrence Kohlberg）的道德教育理论体系在美国以及世界产生了重要影响，其道德教育认知发展方法在道德教育领域引发了"柯氏潮流"。该理论认为，教育领域存在着在文化上具有普遍性的基本道德价值并表现为连续性的发展过程，道德教育就是传授这些基本的道德价值，并促进个体道德的发展。人类的基本道德价值能够适应每一种文化并且发展阶段是相同的，分为前道德水平、习俗道德水平、自我道德水平这三个水平以及六个阶段，最终的阶段是个体形成良心原则的道德。个体道德按照发展顺序自然发展，这种发展不是通过灌输能够解决的，而是通过教育让个体以一种自然的顺序向前发展道德。据此，柯尔伯格的道德教育重视的是道德形式的教育，而非道德的内容，侧重的是道德形式的发展阶段教育。柯尔伯格早期反对具体道德规则的教授，而是主张道德原则的教学。柯尔伯格认为，学校道德教育的目的主要包含两个方面：一是促进学生道德判断能力的发展，二是促进学生道德行为的培养，并提出了著名的"道德讨论法"和"公正团体法"两个道德教育的方法。道德讨论法（Moral Discussion Approach）即新苏格拉底法，主要是引导学生针对道德两难问题进行讨论，引发认知冲突，进而促进积极的道德思维和

---

① 布拉斯的观点认为，道德与自我、道德与同一性是两个相对独立的系统，道德与人格整合成为道德人格，具体的整合方式为，个体首先通过某种方式意识到其行为的责任，再运用道德理解来消除影响行为的因素，当个体内在的道德认知引发一定的外在道德行为并意识到自我义务感时，道德与人格便整合了。

② 江琦，侯敏等．教育神经科学视野中的道德教育创新［M］．北京：教育科学出版社，2016：123-124.

道德判断的发展。柯尔伯格从方法、内容、步骤等方面提出了具体的道德讨论法的实施体系，最终得出道德讨论法能够有效促进道德判断的发展的观点。公正团体法（The Just Community Approach）是柯尔伯格根据涂尔干道德教育社会化理论和以色列集体农庄道德教育模式修正自己的道德教育理念而产生的。公正团体是一个充满民主的道德氛围的群体以及由大家共同管理的群体，大家集体协作、共同负责，通过共同商讨、民主投票决定集体的行为规范。"公正团体法"是柯尔伯格课程观尤其是隐性课程观在内容和形式上的深化①，其认为道德教育课程可以通过两个途径②进行，一是通过学科课程把道德教育融入其中，但道德教育不是以知识的形式呈现，而是以"价值"讨论的形式呈现；二是通过隐性课程（第二课堂课程的部分）即学校环境、师生互动，道德主要是一个行动问题，学生获得的大量价值观不是通过正规课程而是通过"隐性课程"，甚至超过正规课程。柯尔伯格道德教育认知发展理论倡导的"道德讨论法"和"公正团体法"等教学方法正是大学第二课堂课程实施所应积极借鉴的方法。

（二）美国大学第二课堂德育课程实践③

美国高校中没有德育或者思想政治教育类的称谓。美国高校类似此类教育一般称之为"公民教育"或"政治社会化教育"，而实施这些教育一般通过博雅教育、自由教育、通识教育等途径和方式实现（通识教育、自由教育、博雅教育的理念在本书理论基础部分已经陈述）。在自由教育等相关理念的实践中，美国高校教育涉及德育相关的内容主要有大学生个体诚信（Personal Intergrity）、社会责任（Social Responsibilty）、公民责任（Civic Responsibility）、政治参与（Constructive Political Engagement）④，具体表现在要求大学生力争卓越、培养大学生个体诚信和学术诚信、社区贡献、认真对待他人观点、发展伦理道德推理和行动能力。美国人的道德观本质在于"道德自由"即每个人应该形成自己的道德判断能力，"教师不应该向学生传授或者灌输道德问题的权威答案，而是帮助学生形成自己的道德判断"⑤。据此，美国大学通过各种方式提高大学生思考和解决道德问题、实施道德行为、形成道德价值观的能力。例如，在认知—结构主义的德

---

① 戚万学. 冲突与整合——20世纪西方道德教育理论［M］. 济南：山东教育出版社，1995：401.

② 此种理论从理论意义上讲，当下我们正在进行的"课程思政"建设，也是源于柯尔伯格的"公正团体法"课程观，第二课堂教学更是一种区别于第一课堂学科课程的隐性课程的重要形式，高校在德育过程中充分发挥第二课堂的作用，具有重要的理论基础和实践空间。

③ 本书鉴于美国在大学生全面发展和第二课堂课程方面的经验，德育、智育、体育、美育、劳育每一部分统一选取了美国大学第二课堂课程实践作为参考。

④ 郭强. 当代美国高校德育研究［M］. 上海：同济大学出版社，2014：129.

⑤ ［美］德雷克·博克. 回归大学之道［M］. 侯定凯，等译. 上海：华东师范大学出版社，2012：101-102.

育理论模式下，美国高校采用的道德教育方法主要是在本书前文理论基础上陈述的柯尔伯格的"公正团体法"和"社会道德讨论法"。在自由教育理念统摄下，美国高校德育具有知识维度、能力维度、责任维度、应用维度四个特征，让学生在平等交流的对话过程中即"觉悟启蒙"来学习掌握有关道德行为的课程内容。其中，美国很多高校将大学德育课程与社区服务项目（实际就是第二课堂课程）相结合，"数十项研究发现，美国大学将社区服务项目引入德育课程对学生道德发展产生了积极影响，学校德育资源与校外资源的整合构建了高校德育需要的道德内容和环境"①。总之，美国大学德育值得借鉴的主要核心点为，避免强制性道德灌输、重视全方位德育资源的整合，特别是在德育资源整合方面具有重要的实践经验。正如杜威所言"凡是能阐明社会构造的事实，凡是能增加社会资源能力的培养，都是道德"②，因此，美国高校德育实践中一切能有效发展大学生参与社会生活的能力及增强社会资源能力的教育都列入了我国高校德育的实践范畴。美国高校进行德育资源整合的路径主要有：一是通识教育课程涵盖德育内容。所有的通识教育都涵盖了德育的内容。例如，美国法律规定每个大学生要修读至少一门美国历史课，因为历史课程被认为有助于大学生培养公民意识和提升公民素质。二是专业课程渗透德育。美国专业课程积极渗透德育内容，每一门专业课程都要渗透课程的历史和传统、涉及的社会和经济问题、涉及的道德伦理问题，从而促进了美国高校德育目标的实现。例如，商业伦理课程教学方法上，美国大学通常采用案例教学、故事教学、成长日志、角色扮演、讲座等手段进行③。三是服务学习（志愿服务）实践性德育课程④。美国高校的服务学习以培养好公民为教育目的，美国大学服务学习的形式为：学校内的同伴辅导、幼儿学业辅导及生活帮助、校园垃圾清扫及垃圾分类等，社区的服务学习有福利院或养老院帮扶、特殊儿童学校帮扶、医院及博物馆的志愿服务、环境保护行动、交通志愿服务活动等。参与学习服务活动能够使学生变得更有责任心并可能上升为道德品质，进而对政治和道德产生更深刻的理解。美国高校德育的主要经验在于把德育教育放在第二课堂课程实践中，并与第一课堂课程相互融合协同作用。

① 郭强．当代美国高校德育研究［M］．上海：同济大学出版社，2014：175．
② ［美］约翰·杜威．学校与社会·明日之学校［M］．赵祥麟，等译．北京：人民教育出版社，2005：158．
③ 郭强．当代美国高校德育研究［M］．上海：同济大学出版社，2014：193．
④ 美国服务学习实践性德育课程类似于我国大学的志愿服务活动，志愿服务活动本身就是第二课堂的重要内容，因此，鉴于志愿服务活动对个人道德实践的提升功能，本书把志愿服务活动列为德育第二课堂的内容范畴。

三、大学第二课堂德育课程的价值与内容①

本书前文对德育内涵范畴、实践特性以及德育相关理论和实践的阐释和解读，对大学第二课堂德育课程的实施具有基础性的指导意义。第二课堂是一门课程，大学第二课堂德育课程的价值和内容与大学德育课程的目标和内容是基本一致的。

（一）大学第二课堂德育课程价值

大学第二课堂德育课程价值来源于大学德育的课程价值。大学德育的价值是开展德育工作的逻辑起点，其科学性、思想性以及社会适应性直接决定了大学德育开展的成效。大学德育价值的引导要考虑的是国家的政治目的和国家意志，大学德育是社会主义意识形态建设的重要载体，必须与党和国家的方针政策保持高度一致，同时还必须同国家和人民的利益保持一致。大学德育的价值是随着国家经济社会发展变化而变化的，具有显著的政治属性和时代特征，不同历史时期的社会状态决定了不同的大学德育目标。从"又红又专""以德为先""德育为首"的"坚定的政治信仰和正确的政治方向"到新时代"德智体美劳全面发展"的"传承红色基因，增强'四个自信'，立志听党话、跟党走，立志扎根人民、奉献国家"，都体现了国家对大学生德育的政治要求。

1. 政治方向引领

邓小平曾言"学校应该永远把坚定正确的政治方向放在第一位"②。在我国，大学德育以思想政治教育为主体，这也意味着，思想政治教育成为道德教育的主体内容。正如上文所言"学校德育目标和任务是国家从其政治目的出发而制定的，甚至某一阶段的国家政治目的会代替学校具体的道德教育目标"。因此，大学德育的"政治性"是根本属性，政治方向引领是大学德育课程的首要目标。赫尔巴特认为，"道德普遍地被认为是人类的最高目的，因此也是教育的最高目的"③，杜威曾言"使道德的目的在一切教学中，无论什么课题，处于普遍的和统治的地位"④，道德的形成和发展总是与政治相联系的，并总是为政治服务的。

---

① 大学第二课堂课程体系的构建一般包含课程目标、课程内容、课程实施以及课程的评价，鉴于第二课堂课程实施及评价的共性，本书将在后文单独论述大学第二课堂课程实施的教学模式、第二课堂课程的教学评价。因此，本书在论述大学第二课堂课程体系中的德育、智育、体育、美育、劳育部分，重点论述课程实施的目标及课程实施的内容。

② 邓小平. 邓小平文选（第一卷）[M]. 北京：人民教育出版社，1989：101.

③ 张焕庭. 西方资产阶级教育论著选 [M]. 北京：人民教育出版社，1979：260.

④ 杜威. 教育上的道德原理 [A]. 杜威教育论著选. 上海：华东师范大学出版社，1981：98.

"对社会主义思想体系的任何轻视和任何脱离，都意味着资产阶级思想的加强"①，同样的道理，我们社会主义国家的大学思想政治教育如果脱离社会主义轨道，反社会主义的思潮必然趁虚而入，侵蚀思想，腐败国体，甚至亡党亡国。在新时代信息条件下，大学生接收信息的渠道和方式是广泛的、丰富的，这必然增强我们德育工作的紧迫感和责任感。高校始终要把政治引领放在教育特别是德育工作的首位，坚持以马克思主义为指导，构建思想政治工作体系，创新教育教学方式，积极推动习近平新时代中国特色社会主义思想进大学生的头脑，加强政治方向的鲜明性教育，强化爱国主义教育，把政治信仰和政治方向播撒进大学生的心灵，保证社会主义大学教育的坚定政治方向正确，确保我们培养的社会主义建设者和接班人的政治认同和政治信仰。

2. 道德人格塑造

大学德育课程的价值除了上面发挥"政治方向引领"的作用外，无外乎培养具有国民公德②的社会公民，使大学生能够具备一定的道德修养和道德人格以能够在社会上生存和发展。道德人格是一种道德品质更是一种人格特征，人格具有相对的稳定性。大学生阶段是道德人格发展的关键时期，掌握与自己相处和学会自律是大学生道德人格发展的任务。学会自律是为了认同和内化社会道德规范和价值的最高原则，而不是顺从和迫于压力的屈服。由此可见，道德人格塑造的关键在于通过认知—情感加工模式进行整合内化为稳定的状态。社会主义核心价值观培育、集体主义培养、爱国情怀培育、价值观念塑造、遵守法律法规、健康的心理素质都属于道德人格塑造的层面。因此，本书把道德教育的最终稳定形态即道德人格的塑造作为大学第二课堂德育课程价值的一个维度，这个维度与第二课堂有着天然的内在契合性。道德人格的塑造方法主要有建立良好的师生关系、营造良好的班级氛围、学生自省、社会检验等途径，具体可通过榜样示范法、社会实践法、环境熏陶法、自我修养法等方式进行③。这些方法和途径都可以通过第二课堂课程实现。

（二）大学第二课堂德育课程内容

大学德育是学校教育的重要组成部分。长期以来，大学德育的内容一般包含政治、思想、道德和心理教育等各方面，或者说"大德育"理念下的德育主要

---

① ［苏］列宁. 列宁全集（第五卷）［M］. 中共中央马克思恩格斯列宁斯大林著作编译局，译. 北京：人民出版社，1986：352.

② 20世纪50年代，"爱祖国、爱人民、爱劳动、爱科学、爱护公共财物"成为中华人民共和国全体公民的国民公德，由人民政协《共同纲领》第42条规定。

③ 江琦，侯敏，等. 教育神经科学视野中的道德教育创新［M］. 北京：教育科学出版社，2016：105-127.

包含政治教育、思想教育、道德品质教育。顾明远教授认为，中国德育在于形成受教育者一定的思想品德的教育，一般包含思想教育、政治教育、道德教育①。由于历史传统的原因，大学德育一般也会称为"思想政治教育"②。鉴于思想政治教育的国家的政治性和时代性特征，近年来，《中共中央　国务院关于新时代加强和改进思想政治工作的意见》《高校思想政治工作质量提升工程实施纲要》《教育部等八部门关于加快构建高校思想政治工作体系的意见》《高等学校课程思政建设指导纲要》等一系列加强思想政治教育工作文件的出台，大学思想政治教育工作上升到前所未有的新高度。大学思想政治教育的内容也逐步明确和清晰化，总之，思想教育、政治教育、道德教育、法制教育、心理健康教育等一起构成了大学德育即思想政治教育的主体内容。

1. "思想政治理论课"第二课堂课程

康德曾言"头上的星星，心中的道德"，意指秩序规范是社会秩序建设的基石，"一个没有信仰的民族、政党、国家是非常危险的，也是很难在思想精神上凝聚在一起共同发展的"③。制度的最大贡献在于帮助社会建立共识，减少不确定性，制度也是政治意识落实的逻辑起点。从制度层面进行思想政治课程顶层设计，有助于保持思想政治课程的"政治属性"。从 1998 年开始，中央批准的"两课"方案即"98 方案"，2005 年《中共中央宣传部　教育部关于进一步加强和改进高等学校思想政治理论课的意见》提出的思想政治课建设"05 方案"，一段时期内，大学思想教育和政治教育主要通过"两课"的形式进行。"两课"④，即马克思主义理论课程和思想品德课程。按照教育部 2018 年《新时代高校思想政治理论课教学工作基本要求》，2019 年中共中央办公厅、国务院办公厅《关于深化新时代学校思想政治理论课改革创新的若干意见》以及 2020 年教育部《新时代学校思想政治理论课改革创新实施方案》有关要求，在保持原来"两课"课程相对稳定的基础上，思想政治理论课主要包含"马克思主义基本原理概论（3 学分）""毛泽东思想和中国特色社会主义理论体系概论（5 学分）""中国近现代史纲要（3 学分）""思想道德修养与法律基础（3 学分）""形势与政策（2 学分）""习近平新时代中国特色社会主义思想概论（学分按有关要求执

---

① 顾明远. 教育大辞典 [M]. 上海：上海教育出版社，1986：249.

② 徐文良. 高等教育德育的历史回顾与新世纪展望 [J]. 中国高教研究，2003（4）：11-15.

③ 卓新平. 重视当代中国的信仰理解 [N]. 社会科学报（第六版），2012-04-12（06）.

④ 1998 年，中共中央宣传部和教育部颁布的《关于普通高校两课设置的规定及其实施工作的意见》规定了"两课"内容，其中，思想品德课包含思想道德修养、法律基础、形式与政策，马克思主义理论课包含马克思主义哲学、马克思主义政治经济学、毛泽东思想概论、邓小平理论概论、当代世界经济与政治等，"两课"内容基本得以定型。

行）"，并逐步开始试点进入课程体系。其中，要从总体的课程学分中拿出 2 个学分作为思想政治理论实践教学。相关的制度文件对每门课程的内容进行了相对严格的限定，由此可见，新一轮的思想政治理论课建设被提升到最高的国家意识形态。例如，"马克思主义基本理论"规定了课程内容为："主要讲授反映马克思主义世界观和方法论的最基本的原理，帮助学生深刻领会、准确把握马克思主义的根本性质和整体特征，学习掌握贯穿其中的马克思主义立场观点方法，提升运用马克思主义基本原理分析世界的能力，增强对人类社会发展规律、特别是中国特色　社会主义发展规律的认识和把握，树立共产主义远大理想和中国特色社会主义共同理想。"① 国家相关职能部门从国家意识形态治理和"全民共识政治"的角度对思想政治理论的内容进行界定，认为其是保证大学生政治方向正确的必然选择。课程内容是固定的，但教学组织形式是活的。按照道德教育的相关理论，政治理论的内化需要经过从"知"到"行"的阶段，更需要第二课堂课程多样化教学方法的参与。"德育工作绝不能是单纯的说教，既有两课的主阵地，又有丰富多彩的第二课堂。"② 本书下面将陈述思想政治理论课以第二课堂课程方式实施的一个典型例子。

××大学思想政治理论教学团队将第二课堂课程理念引入思想政治理论课堂，改变传统思政课"灌输"式课堂教学组织形式，将第二课堂有机融入思政课堂，创造了"基于体验的思政课五步教学法"③，让学生在思政课堂上进入角色，积极参与课堂教学，取得了良好的教学效果。该团队采用的第二课堂教学形式有"课堂微训练、校园微活动、社会微实践"④ 三种形式，最终形成了"新思想·微实践"思政课教学新模式。该模式主要理念就是改变原来思政理论课枯燥无味，学生参与感不强，效果差的现实，实现"让学习在实践中发生、让实践从课堂上开始"的良好效果。该课程模式以课程主题的形式进行，每个主题分为理论讲解、实践目标、课堂微训练、校园微活动、社会微体验、师生微悦读等模块进行。课堂微训练主要是在教室开展小活动，配合理论讲解部分的第二课堂活动，目的是引导学生以主体身份参与教学过程。校园微活动是在学校校园内以第二课堂形式开展起来的校园实践活动，目的是引导学生基于身边的环境和资源开始实践行动。社会微体验主要是在学校周边或学校所处的社区、城市开展第二课堂实践活动，目的在于引导学生走出教室、走出校园，在可触及的社会领域开展实践

---

① 参见 2020 年 12 月中共中央宣传部、教育部颁发的《新时代学校思想政治理论课改革创新实施方案》。

② 梁柱. 坚持德育与智育的辩证统一 [J]. 中国高等教育，2000（5）：9-10.

③ 参见《中国青年报》刊发的文章《山东工商学院思政课：理论有温度　课堂有新意》。

④ 吴现波. 高校思想政治理论课微实践教程 [M]. 北京：中国言实出版社，2021：9.

活动。该课堂教学模式还采用了社会调研、行动引导、作品设计、情景模拟、人物访谈、故事分享等第二课堂教学方法，让学生真正在实践中深刻理解思政课理论的内涵，生成道德情感，感悟思政课的魅力和内涵以及传达的德育思想。该课程模式实现了学生参与度广、学生反思深度、学习成果显性化显而易见的教学实效，实现了思政理论课内容的亲和力和形式的时尚性有机结合，是思想政治理论课第一课堂与第二课堂协同育人的典范，课程受到广大青年学生的欢迎，同学们说："这样的课，让我们忙并快乐着！"

2. "课程思政"第二课堂课程

"课程思政"是一种全方位整合教育资源进行德育的途径，正如"所谓道德，潜在地包括我们的一切，所谓德行，就是一个人通过人生一切职务中和别人的交往，使自己充分地、适当地成为他所能形成的人"①。因此，"课程思政"就是调动一切能够有效发展大学生德育的资源进行开发的尝试，正如上面美国高校通过专业课程渗透进行德育，每一门专业课程都要渗透课程的历史和传统、涉及社会和经济问题、涉及道德伦理问题，从而促进了美国高校德育目标的实现。我国的"课程思政"建设也是在国家政治制度的推动下，以国家意志的形式推动进行的。2020年，教育部印发了《高等学校课程思政建设指导纲要》，全面推进课程思政建设，把思想政治教育融入知识传授的专业教育中，发挥好每门课程的育人作用，解决好专业教育和思政教育"两张皮"问题，解决好专业教师只"教"不"育"人的问题，整合一切资源塑造大学生正确的世界观、人生观、价值观。具体而言，"课程思政"是要深入挖掘每门课程的思政教育元素，潜移默化地渗透到学生的思想意识、行为举止中，从而实现"立德树人"的根本任务。如何实施或者挖掘专业教育中的思政元素以何种形式开展教学是"课程思政"教学的关键，没有好的"思政"教育功能，课程教学就没有"灵魂"，迷失"方向"，以何种教育途径开展"课程思政"更直接决定了育人效果。"课程思政"为第二课堂德育提供了广阔的实践空间，"要综合运用第一课堂和第二课堂，组织开展'中国政法实务大讲堂''新闻实务大讲堂'等系列讲堂，深入开展'青年红色筑梦之旅''百万师生大实践'等社会实践、志愿服务、实习实训活动，不断拓展课程思政建设方法途径。"②

3. 公民道德教育第二课堂课程

公民道德教育是大学德育，即道德教育的本体内容。公民社会（Civil Society）是一个政治概念也是一个社会概念，主要是指围绕共同的利益、目的、价值

---

① ［美］约翰·杜威. 民主主义与教育［M］. 王承绪，译. 北京：人民教育出版社，1990：374-375.

② 参见2020年5月教育部印发的《高等学校课程思政建设指导纲要》。

上的非强制性的行为集体。公民社会需要的公民教育，公民教育在于培养公民的公民意识和社会责任感以维护公民社会的稳定和发展。任何社会都存在培育道德共识的必要性，这种共识在性质上必然是道德的，从内容上是规范的，从本质上是政治的。社会如果缺少道德共识，将会成为没有凝聚力和不稳定的离散社会。因此，公民道德教育是大学德育的重要内容，其涵盖的内容是庞杂的、多样的、变化的，主要包含社会主义核心价值观教育、集体主义教育、爱国主义教育、法制法规教育、优秀传统文化教育、"四史教育"等。公民道德教育多采用第二课堂的形式开展，包含针对公民道德教育内容开展的社会实践和志愿服务活动、升国旗教育活动、开学和毕业典礼、重大纪念日活动、主题党团日活动、英模榜样事迹报告等，还有例如针对公民道德教育内容的视频网络大赛、新媒体博文征文比赛等。

4. 心理健康教育第二课堂课程

从字源学上看，"德"字主体部分即右半部分为"直""心"，古代写作"悳"，意指一个人心地性情的真实面目。从德育角度出发，"德"包含了心理因素和伦理因素，"德"与人的性格、情绪存在一定的相关性。第一个维度，最新的教育神经科学研究表明，"情绪某些方面依赖认知，认知的某些方面依赖情绪"①，"认知和情绪共同影响个体的道德判断过程"②，道德观念的内化需要心理同化和顺应的加工过程，道德判断包含了情绪驱动的过程，道德情绪在道德判断和道德行为中发挥调节作用，道德人格的形成需要遵循个体差异性和个体心理发展规律。凡此种种，道德教育过程中心理机制的参与和调节具有重要的作用。第二个维度即政策维度，《高校思想政治工作质量提升工程实施纲要》把心理健康育人提升作为思想政治工作的重要内容，《深化新时代教育评价改革总体方案》把"引导学生养成良好的心理素质"作为德育评价的重要内容。从以上两个维度来看，心理健康教育德育的范畴有其现实需求性③。因此，本书把心理健康教育纳入高校德育的内容范畴，心理健康教育主要包含心理健康课程教育、心理调适能力培养等，心理的健康发展是大学生全面发展的重要内容。高校心理健康教育第二课堂课程丰富多彩，而且很多心理健康教育课程都是通过第二课堂的形式

---

① ［澳］约翰·G. 吉克. 教育神经科学在课堂［M］. 周加仙，译. 上海：上海教育出版社，2020：113.

② 江琦，侯敏，等. 教育神经科学视野中的道德教育创新［M］. 北京：教育科学出版社，2016：8.

③ 学者唐爱民在《心理教育≠道德教育：一种德育学辩护》（河北师范大学学报（教育科学版）2005 年第 3 期）中从目标指向、理论依据、运行机制以及工作方式等方面论述了心理教育为何不能纳入德育范畴，这有其合理性，但也存在一定的论述漏洞，作者把心理教育等同于心理咨询，心理咨询与心理教育的内容还存在一定的差异。心理教育主要是帮助学生调节心理状态，培养健康的生活态度。心理咨询主要是针对存在心理问题的学生进行引导，以帮助问题学生走出心理困境。良好的心理健康状态能够影响学生的情绪状态，能够对德育起到促进作用。

开展的，如大学心理健康教育活动月、"5·25"心理健康文化节、团体心理辅导活动、心理情景剧大赛、心理手抄报大赛、心理微视频大赛、心理健康读书沙龙、心理趣味运动会等。

第二节　大学第二课堂智育课程

夸美纽斯（Comenius J. A.）泛智论提倡"把一切知识传授给一切人"，这种教学观是"实质教育"的启蒙。"以教学为中心"中所指涉的教学主要是智育的内容，智育是大学教育内容的核心，智育在德育的统摄之下①，占据了大学教育的大部分时间和空间资源，"在我们的教育中，包括实践着的教育中和理论的或书本里的教育中，智育在事实上往往是重头戏，学生大部分时间都安排在了智育"②。智育过程是教育机构教育者通过课堂教学和课外活动③等多种途径将人类的知识、技能和智能向受教育者个体转化的过程。④ 传统的教育是以德育为根本培养人的心智的教育，随着夸美纽斯大教学论、班级授课制度以及斯宾塞"德育""智育""体育"等教育分类概念的出现，智育逐渐从"德性教育"中分化出来。智育的显现主要是由于科学的兴起，科学知识教学逐步成为重要的教学内容。随着人类社会的发展，智育的内容也在逐步变化并依然在时空上占据学校教育的核心。智育以第一课堂为主的教学方式也在逐步发生变化，第二课堂在智育中发挥越来越重要的作用。

一、大学第二课堂智育课程的内涵与特性

（一）大学第二课堂智育课程的内涵

斯宾塞的论文《智育》（*Intellecthal*）以及其提出的"智育、德育、体育三育并举"暗含了科学在教育中的地位，凸显了智育的教育价值⑤。19 世纪 80 年

---

① 关于"智育"与"德育"的排序以及谁是第一的问题，学术界曾展开过广泛的讨论。学术界曾出现过"智育第一"的主张，但大部分学者认为，重视智育和"智育第一"是不同的概念，教育具有一定的政治属性，必须始终把德育放在首位，智育过程中渗透了德育的成分，新时代课程思政就是很好的体现，要始终毫不动摇地坚持"德育第一"的教育思想。

② 杜作润. 智慧与智育漫话［J］. 复旦教育论坛，2007（5）：16-21.

③ 结合本书理论基础部分的陈述以及分析，此处的课外活动即第二课堂。

④ 李虎林，胡德海. 我国智育研究综述［J］. 上海教育科研，2005（6）：8-11.

⑤ 张小丽. "德育""智育""体育"概念在近代中国的形成考论［J］. 教育学报，2015（6）：107-114.

代，斯宾塞的教育思想即"智育、德育、体育三育并举"在日本得到广泛的认同。日本的教育经验和观点传到中国并被中国政府官员广泛接受，1902年，张之洞在其《筹定学堂规模次第兴办折》中提到"考日本教育总义，以德育、智育、体育为三大端"①，因此，从20世纪初开始，"智育、德育、体育"三育思想已在我国得到传播。"智育"是伴随着现代科学教育制度的兴起以及知识教学主体凸显而出现的概念。教育学界，关于"智育"的概念代表性说法主要有以下几种：苏联教育家苏霍姆林斯基认为，智育是帮助学生获取知识、发展认知和创造能力、培养脑力劳动的兴趣并养成脑力劳动技能，并将科学知识运用于实践的兴趣和要求②。顾明远在《教育大辞典》一书中界定"智育"为智力教育，即使受教育者掌握系统的科学文化知识与技能、发展智力的教育③。"智育是培养学生智慧能力的教育，主要向学生传授科学文化知识、培养学生技能、发展学生智力。"④"智育"是以系统的科学知识和技能武装学生，发展学生智力的教育⑤。综合以上概念分析可以得出，智育的内容一般包含知识、技能和智力三部分。其中，按照现代认知心理学的研究，本书把知识分为陈述性知识和程序性知识，程序性知识又分为对外的程序性知识以及对内调控的策略性知识。技能即个体习得程序性知识后按照相关的程序去行动。"智育"概念中的"智力"不是指个体遗传获得的而是后天习得的能力，智力的形成过程是个体掌握结构化的陈述性知识，陈述性知识经过一定的反复练习达成技能，智力就是在遇到新的问题时应用认知策略的能力。可见，发展智力可理解为帮助学生掌握广泛的科学文化知识，掌握应用规则办事的技能，在此基础上运用认知策略解决问题的能力。因此，智育在本书中一般认为是掌握系统化、结构化的陈述性知识，训练习得操作性、程序性的技能，培养分析问题和解决问题的能力。由上可见，大学生掌握一定的知识并不代表了智育目标的实现即大学智育的目标并非单纯的知识教学。智育目标的达成更多的在于技能和分析解决问题能力的获得，第二课堂智育课程在技能和分析解决问题能力的培养方面具有更大的优势。教育学者李政涛在《教育常识》中论述，知识教学内容应该生活化，知识的教授并不局限于课堂教学。结合第二课堂概念，大学第二课堂智育课程是高校教育者依据大学生的智育知识、技能和智力发展内容，运用第二课堂的教育途径方式，达成智育目标的活动。

---

① 陈元晖. 中国近代教育史资料汇编［M］.上海：上海教育出版社，2007.

② ［苏］穆欣. 智育的奥秘——苏霍姆林斯基论智育［M］.刘文华，杨进发，陈会昌，译.太原：山西人民出版社，1988.

③ 顾明远. 教育大辞典［M］.上海：上海教育出版社，1986：48-63.

④ 皮连生. 智育心理学［M］.北京：人民教育出版社，2008：2-3.

⑤ 南京师范大学教育系. 教育学［M］.北京：人民教育出版社，2005：189-190.

（二）大学第二课堂智育课程的迭代性

康德认为，人类知识的来源可以通过先验、经验和理性三种途径获得，其中经验和理性是知识的普遍来源，经验是生产生活经验的总结，具有时效性的特征，理性则是经验之上的经验即纯粹理论。康德的名著《纯粹理性批判》旨在论证纯粹的理性知识无法替代经验知识，经验知识和理性知识共同推动人类文明的进步①。据此，教育应该把基于经验和理性的知识作为智育的首要内容。鉴于经验和理性知识的累积性和时效性等特点，学校的智育应该具有迭代性，即智育内容应该包含当下的经验和理性（并不排斥既往的经验和理性），这种观点也符合知识变迁的理论。人类经历了三次工业革命，现在已经进入第四次工业革命时代，即以信息技术为基础的人工智能时代，这个时代的知识变迁已成为不争的事实。"信息化时代知识因载体和传播方式的变化导致知识发生五大变化：知识变成动态的知识流动、知识呈现方式具象化、非系统化结构化知识变多、知识碎片化成为新常态、人工智能加速知识生产的速度。"② 知识教学是智育的重点，知识的变迁必然改变智育的观念。课堂教学建构意义上的知识教学将会逐步减少，即班级授课制的优势逐步淡化，甚至出现"新智育观主张突破单纯的班级授课制藩篱，带领学生们到课堂外学习，到网络上冲浪，掌握自主学习、合作学习、探究式学习、数字化学习技能"③。因此，在新时代，要首先认识到智育之知识教学内容的变化以及知识教学的式微趋势。智育已迭代进入 2.0 时代，传统的班级授课制以传授知识为主的第一课堂逐渐式微，第二课堂智育课程在大学教育中逐步凸显。

二、大学第二课堂智育课程的理论与实践

（一）大学第二课堂智育课程建设的理论支撑

1. "教育心智塔"理论与第二课堂

中国教育三十人论坛成员、南京师范大学项贤明教授提出了著名的"教育心智塔"模型④，该理论认为，从横向上分析，智育概念具有三种不同的解读。一是智育作为一种教育活动。智育是一种向受教育者传授知识和发展智力的教育活动，在学校里面主要表现为知识教学活动。二是智育作为学生全面发展的一个方面。即指德育、智育、体育、美育、劳育五育教育中的一个方面，强调受教育者通过智育活动获得知识和智力的发展。三是智育作为教育活动的

---

① 胡之骐. 学校教育应该教授什么知识 [J]. 今日教育，2021 (4)：18-20.
② 王竹立. 信息时代教育变革的底层逻辑与顶层设计 [J]. 今日教育，2020 (Z1)：78-83.
③ 王竹立. 知识变迁与新智育 [J]. 今日教育，2021 (4)：14-17.
④ 项贤明. "智育"概念的理论解析与实践反思 [J]. 课程·教材·教法，2021 (5)：40-46.

一个维度。这是项贤明在其《泛教育论》中提出的任何完整的教育都包含生命、知识、道德、审美四个维度。其中，生命是基础，知识和道德是两翼，审美是受教育者自我实现的状态。按照该理论的观点，任何教育活动都包含德育、智育、体育、美育的维度，如智育活动必然包含德育、体育、美育的内容维度，体育包含德育、智育、美育的内容维度。按照该理论分析智育，如果只重视了智育的知识维度，必然会导致"有知识没文化"以及"高分低能"现象的产生。智育如何避免陷入上述的困境，智育第二课堂课程与第一课堂相互配合协同是重要的解决方案。

在上述智育概念分析的基础上，借用皮亚杰的同化和顺应理论，项贤明把同化和顺应的过程分为常识、知识、智慧、精神四个层级。其中，常识即基本的知识和技能，知识即系统化的理性知识（可以理解为康德理性知识），智慧层级的教育实现将前面的常识和知识转化为认识世界和改造世界的能力，精神层级能够实现个体以自己的思想原则认识事物的规律。智育作为一种教育活动，如果只是达到常识和知识的层面，这种智育是不完美的，需要发挥第二课堂课程的功能作用才能达到完美。智育的最终目的不是让学生掌握更多的知识，而是实现学生精神世界的富足和发展。

2. 非智力因素理论与第二课堂

非智力因素（Non-Intellectual Factors）即非认知因素（Noncognitive Factors），有观点认为，非智力因素首创者是美国学者亚历山大（Alexander W. P.），在此基础上，韦克斯勒（Wechsler D.）于 1943 年提出了"智力中的非智力因素"[1]。1983 年 2 月 11 日，《光明日报》发表了燕国材的《应重视非智力因素的培养》一文，自此，非智力因素在中国学术界引发了热烈讨论[2]。燕国材定义非智力因素（Non-Intellectual Factors）的内涵为"在改造客观世界的过程中，人的意向活动逐步形成起来的一系列稳定的心理特点或因素"[3]。简言之，非智力因素主要是指个体进行活动时智力因素（一般包含观察力、记忆力、想象力、思维力、注意力等）以外的全部心理因素的总称，主要包含动机、兴趣、情感、意志、性格五要素。研究表明，在智育的过程中，非智力因素能够促进智力的发展，智力活动能够促进非智力因素的开发，二者相互促进、相互影响。按照非智

---

① 林崇德. 智力活动中的非智力因素 [J]. 华东师范大学学报（教育科学版），1992（4）：65-72.

② 有观点认为，非智力因素理论来源于 1935 年美国心理学家亚历山大（W. P. Alexander）发表的《抽象智力与具体智力》，但据学者燕国材论证，亚历山大提出的是"非智力特性"（Non-intellectual elements）而非"非智力因素"（Non-intellectual factors）。非智力因素概念是燕国材本人基于智力因素提出的，未受西方学者及理论的影响。

③ 燕国材. 非智力因素与教育改革 [J]. 课程·教材·教法，2014，34（7）：3-9.

力因素理论的观点，学习过程是智力因素和非智力因素共同作用的结果，非智力因素在智力学习的过程中具有转化学习动机、帮助确立学习目标、维持调节强化学习等作用①。另有学者②认为，非智力因素由个性倾向性、情绪和意志、气质性格与认知方式三种成分组成，非智力因素属于心理因素，与智力因素相互影响，非智力因素只有与智力因素一起才能在智力活动中发挥作用。凡此种种，不一而论。所有非智力因素的理论都认为，进行智育开发智力，不可不关注非智力因素。非智力因素理论启示我们，学习特别是智力学习不能忽视非智力因素的参与和培养，"非智力因素不仅是教育的一个手段，更是教育的目标"③。此种意义上讲，智育第二课堂更能够培养学生的非智力（非认知）因素。有实证研究④也表明，非智力因素是影响大学生学习的动力之源，通过社会实践、公益活动等第二课堂能够锻炼学生沟通、责任等非智力因素的发展。国家最高科学技术奖获得者只所以能够取得的巨大成就，除了智力因素，非智力因素起到了很重要的作用，研究表明，他们具有强烈的动机、广泛的兴趣、顽强的意志、积极的情绪、独特的性格等⑤。

（二）美国大学第二课堂智育课程实践

在美国，大学生在高校期间的就读经验即学生发展质量成为评价高等教育质量的重要视角，关于大学生发展的研究成为研究热点。美国全人教育理念对传统教育只重视知识传授和技能培养的倾向进行了批评，认为不能仅依靠浓缩化的"课程"实现学生发展，而是应让学生在与环境全面的交往中实现发展，大学生课外经验（第二课堂）被看作重要的人才培养的重要方式⑥。美国高校重视对大学生的学术学习指导，并建立了完备的"诊疗型"和"发展型"指导模式，共同推进学生的发展。批判性思维是一种认知能力，属于智育的范畴。重视批判性思维的培养是美国高校重要的教育目标，也是智育第一课堂的延伸和发展，批判性思维培养主要通过第二课堂课程进行，并形成了独立型、融合型、综合型三种不同的批判性课程设计模式。其中，独立型即开设批判性思维的单独课程，通过

①　燕国材. 一种新的学习理论的探索——关于智力与非智力因素结合论的学习理论的几点看法 [J]. 教育评论，1986（6）：24-30.

②　申继亮. 论智力活动中的非智力因素 [J]. 北京师范大学学报，1990（1）：24-29.

③　郝德永，周武军. 关于"非智力因素"几个有争议问题的探讨 [J]. 华东师范大学学报（教育科学版），1993（1）：57-62.

④　张慧，钟蓉戎，陈劲. 荣誉学院学习优秀生非智力因素特征分析——以浙江大学竺可桢学院为例 [J]. 高等工程教育研究，2011（5）：144-147.

⑤　李祖超，李蔚然，王天娥. 国家最高科学技术奖获得者非智力因素分析 [J]. 教育研究，2015，36（10）：78-89.

⑥　马佳妮，周作宇. 美国大学生课外经验研究评述 [J]. 现代大学教育，2014（5）：38-43.

专题研讨的课程形式进行；融合型即在学科教学过程中融入渗透批判性思维训练；综合型即通过第一课堂传授批判性思维理论知识，再通过第二课堂训练学生的批判思维能力。美国斯坦福大学把批判性思维的课程《有效思考》纳入通识教育课程，致力于学生学术研究和学生发展两个目标①。课程以团队教学的形式开展，学校一般选聘科研能力强的并参与国家科研项目的教师担任学生教学助理，教师以学生为中心开展丰富的第二课堂课程，主要是学术讲座、专题研讨会、个性化学业辅导。创新创业教育也是美国高校人才培养的重要形式。创新创业俱乐部是美国高校进行大学生创新创业教育的重要第二课堂载体和平台，麻省理工学院、斯坦福商学院、百森商学院等创业型大学都有创新创业性俱乐部，这些俱乐部坚持"做中学、学中创"的原则，重视俱乐部活动与第一课堂专业学科的结合和交融，成为知识运用实战的重要平台。例如，麻省理工学院创业俱乐部的"每周会议"和"本科生研讨会"就是第二课堂与第一课堂课程互动的典型，并且这两个项目都是具有学分性质的第二课堂课程，活动会有推荐书籍和论文，指导教师会参与其中指导实地参观等环节。美国高校创新创业教育方式还有第二课堂课程的方式，即在教室之外开展创业论坛、创业沙龙、创业演讲、创业计划大赛等活动②，其中创业计划大赛是美国高校创业教育的主要活动，设置了创新创业的各类竞赛，让学生在参与竞赛中提升创业实践技能。据统计，美国50家高新技术公司中近一半孵化于麻省理工学院的创业计划大赛项目③。

三、大学第二课堂智育课程的价值与内容

传统的"智育"一般以"第一课堂"替代，相关的教育学著作中也很少把"智育"作为相对独立的部分进行论述，因而关于"智育"的研究文献也相对较少。智育课程价值是"教学化"的，课程目标一般分为三个维度，即知识与技能、过程与方法、情感态度与价值观。虽然课程价值、教学价值、教育价值存在一定差异，但三者紧密相连，互不分割。智育作为分类教育中一个类型，其课程价值必然不同于德育、体育、美育、劳育。

（一）大学第二课堂智育课程的价值

1. 学习的迁移和能力提升

对待知识的价值观决定了我们教育的行动方向。斯宾塞提出的"什么知识最

① 刘学东，袁靖宇．美国大学生批判性思维能力培养研究——以斯坦福大学为例［J］．高教探索，2018（9）：44-50.

② 周海涛，董志霞．美国大学生创业支持政策及其启示［J］．高等教育研究，2014，35（6）：100-104.

③ 邓汉慧，刘帆，赵纹纹．美国创业教育的兴起发展与挑战［J］．中国青年研究，2007（9）：10-15.

有价值"是一个传统的课程问题，也是一个"教学"和"教育"问题，知识与教学、教育永远是行进中的教育。学校学科知识的显著特点就是学科化，学科化意味着知识的结构化，结构化的知识对大学生而言是一种有用的结构化知识即陈述性知识。获得一定的陈述性知识是智育课程的第一目标，"知识的发展与传递是教育的根本任务"①，但这主要是智育第一课堂的作用。智育第二课堂的主要目标在于实现陈述性知识的转化，形成技能和智力。著名的"永恒的分歧"，即苏格拉底（Socrates）和爱苏格拉底（Isocrates）分歧的例子在每个时代都在上演。爱苏格拉底创立的学校主要传授青年人演讲、辩论以及政治生活相关学科，这些对当时雅典青年人走向成功最有价值的知识，而苏格拉底却把主要精力用在培养青年人提出疑问上。两种学校的结果是爱苏格拉底的学生在政治和军事上表现优秀，而苏格拉底的学生反而在政治上不顺利。由此可见，社会判断"什么知识最有价值"的标准是"怎么做"的知识，交际、思考、推理、问题解决等知识是适用于一切用途的技能知识。长久以来，有一种评价学校教育的标准是让学生回忆学生阶段学过的内容，即"当一个人把在学校学到的知识忘掉，剩下的就是教育"②的提法。很多大学里面学过的知识在学生毕业以后的工作生活中是默默地而不是明确地发挥其功能，这正是波拉尼所言的"缄默知识"。能力的培养或者知识的内化主要在实践活动中进行，间接经验或知识的作用仅仅是基础性前提，知识作用的发挥也需要多种能力的协助，知识和能力是一个问题的两个方面，存在一定的分界。此外，知识以符号的形式表现出来，而能力只能在实践活动中表现出来。"知识的领会能够促进能力的发展，能力的发展加深对知识的领会和理解"③，知识转化为能力需要实践活动的参与。按照苏联加里培林的观点，智力的形成与实践活动紧密相连，智力动作来源于实践动作，实践动作的内化需要一些阶段④。知识通过第二课堂的教学可以转化为学生的意象和概念想象即程序性知识和智慧能力，这种知识能够实现可迁移，以适应社会生活的方方面面，"这就是有教养的心智形式"⑤。大学智育课程的目标是在传授学科知识的基础上，培养学生的各种能力，提升解决实际问题的能力，"高等教育阶段，能力对于知识扩展的影响远远大于知识扩展对于智能发展的作用"⑥。例如，某大学生掌握了很多数学公式和定理，但如果不能把其转化为运算能力，只能说该大学生

① Taylor A. J. On Scheffler's Conditions of Konwledge [J]. Educational Theory，1970，20（2）：164-176.
② ［美］波特．教育心理辨歧［M］．孟宪承，等译．上海：华东师范大学出版社，2010：26.
③ 陈汉良．关于"智育教育的着眼点"[J]．教学与管理，1986（5）：34-37+47.
④ 瞿葆奎．智育［M］．北京：人民教育出版社，1993：324-329.
⑤ 瞿葆奎．智育［M］．北京：人民教育出版社，1993：206.
⑥ 瞿葆奎．智育［M］．北京：人民教育出版社，1993：484.

的教育是不成功的。大学第二课堂智育课程目标主要在于实现知识的转化、提升、进阶，实现学科知识由陈述性转向程序性和智力化，实现能力的提升。此种意义上讲，大学第二课堂似乎实现的是"形式教育"所倡导的知识的价值在于训练的材料，学习的迁移或能力的提升是心灵官能得到训练自动产生的结果。

2. 非智力因素能力的培养

在个体的智慧行为中，智力因素受到非智力因素的制约，非智力因素是智力结构中的动力维度，主要包含个体的兴趣、需要、动机、情绪、意志等，"如果一个人没有情感，他就不能学习，感情激发着学习过程，并且通过强行抑制或消除不成功的反应来引导学习"①。有学者②甚至把非智力因素当成重要的能力因素。例如，对于演员来说，情感体验的深度、速度都是其完成工作的重要能力因素，如果不具备这些情感等非智力因素就不能胜任演员工作。"培养心理能力不能替代掌握知识，如果心理能力可以培养的话，最好的培养途径是掌握与该任务有关的知识，思维之心只能寓于知识之体之中（the soul of thought can exist only in a body of konwledge）。"③ 学生是在掌握知识的过程中形成各种能力的，其中包含非智力因素能力。智力因素与非智力因素的关系是协同互动的关系，智力因素是智力活动的行动者，非智力因素是智力活动的调节者。因此，非智力因素能力的提升应是智育的重要内容。大学生的知识储备特点以及学习的自主性和灵活性等特点决定了非智力因素在智育中的重要性，大学生学习更需要兴趣、需要、动机、情绪、意志等非智力因素的参与。大学第二课堂的特点更能够契合非智力因素能力的提升和开发，二者相得益彰。因此，非智力因素能力的开发与培养是大学第二课堂智育课程价值的重要体现。

（二）大学第二课堂智育课程的内容

1. 学科竞赛

经历了 20 世纪 80 年代的萌芽发展以及 21 世纪近十年的蓬勃发展，学科竞赛已发展成为高校创新人才培养的主要载体。学科竞赛的"溢出效应"已改变了高校课程的变革方向和文化价值的转变。"学科竞赛是学生利用所学的科学文化知识针对一定的学术问题在一定的时空内通过一定的方式方法模式进行分析、构思、尝试，解决问题的活动。"④ 学科竞赛是弥补第一课堂在人才培养方面的缺陷而产生的智育第二课堂，已成为高校人才培养能力提升的重要载体和有效手

---

① 瞿葆奎. 智育［M］. 北京：人民教育出版社，1993：341.
② 瞿葆奎. 智育［M］. 北京：人民教育出版社，1993：334.
③ 瞿葆奎. 智育［M］. 北京：人民教育出版社，1993：51.
④ 陆国栋，魏志渊，毛一平，等. 基于主题、时间、空间和模式分类的学科竞赛研究与实践［J］. 中国大学教学，2012（10）：74-76.

段。学科竞赛作为高校第一课堂的有效补充和延伸，需要学生运用一门或者多门专业课程知识，解决现实生活中或者创新性的问题。学生在参与学科竞赛的过程中，能够实现陈述性知识的运用，在解决竞赛问题的过程中生成程序性知识和策略性知识，收获智慧，生成精神。"学科竞赛是一种利用已掌握的知识，探索新事物，获得新知识、新领域，对智力和能力都具有挑战的智育活动。"① 通过参加学科竞赛，学生的就业竞争力和就业质量显著提升，毕业生适应快，学习和动手能力强，团队合作精神强等方面得到用人单位的高度认可②。大学生在学科竞赛的舞台上尽显运用知识解决问题和改变世界的热情和能力，尽显团队合作精神和奋斗精神，显著增强了智育的育人效果，实现了大学生全面综合发展。总之，学科竞赛在高校人才培养和学生智育能力提升双重效应下日益凸显其重要价值，学科竞赛已然成为高校创新人才培养和人才培养质量提升主导性第二课堂。近年来，中国高等教育学会定期公布全国普通高校学科竞赛排行榜，公布教育部认可的最具含金量、最具参赛价值的赛事。

2. 创新创业比赛

创新创业比赛也是学科竞赛的一种形式，是学科竞赛的主流赛事。"大众创业、万众创新"作为一种社会意识形态教育场域引发的效应表现在高校人才培养中的主要表现是创新创业比赛的兴起。创新创业比赛是第二课堂智育课程的重要内容，其内在逻辑在于学生知识教学能获得知识的综合运用，重点在于帮助学生运用知识，以形成技能和智慧，达到创新的目的。创新创业比赛第二课堂是一套课程实施体系，其包含学科教学、创新创业知识教学、讲座、培训、经验分享以及相关社团的成立，完全打破第一课堂和第二课堂的界限，实现协同互动。目前，高校普遍重视创新创业类比赛，把其作为学生创新创业能力提升以及综合素质拓展的重要载体。据统计，国内各级创新创业类比赛有二百余种，全国层面比较重要的创新创业类大赛有中国"互联网+"大学生创新创业大赛、"挑战杯"全国大学生课外学术作品竞赛、"挑战杯"中国大学生创业计划大赛等赛事。其中，中国"互联网+"大学生创新创业大赛因组织方的权威性和覆盖面，已成为目前创新创业类级别最高、规模最大、影响力最强的赛事。"挑战杯"全国大学生课外学术作品竞赛已有 30 余年的历史，被称为大学生科技创新的"奥林匹克"盛会，30 余年的大赛促进了高校人才培养模式的变革，推动了第一课堂和第二

---

① 王琦. 研究性教学视角下的大学生学科竞赛问题研究 [D]. 兰州：西北大学，2014.

② 王宇静，曹海敏. 新形势下学科竞赛驱动的高等教育创新人才培养模式——以工程管理专业为例 [J]. 教育理论与实践，2021（18）：13-15.

课堂的有机融合，成为培养青年科学精神的第二课堂①。

3. 研究性学习

研究性学习主要是通过教师的教学科研与学生的学习相结合的方式，让大学生运用所学知识参与到科研工作中来，以发现问题、解决问题、研究成果为基本路径。研究性学习具有主体性、合作性、研究性、创新性等特征。主体性主要体现在研究性学习突破了第一课堂的时空限制，主要在第二课堂完成，学生在研究性学习过程中具有很强的主动性，能够体现主体学习的价值；合作性主要是指研究性学习一般需要在教师的指导下进行，有些学习项目需要学生之间的团队合作甚至是跨学科团队的合作；研究性是指研究性学习不仅需要掌握丰富的学科知识，更需要综合能力的运用，需要以研究的态度进行探究；创新性是指研究性学习的目标在于运用知识进行创造性的研究，以问题为导向，实现创新性地解决问题。研究性学习能够很好地实现大学智育的目标任务，收获能力和非智力因素能力的提升。目前，大学研究性学习的形式主要有学生参与科研课题、参加讲座论坛、发表学术论文、专利发明以及大学生创新训练计划项目等。

第三节　大学第二课堂体育课程

体育是全面发展教育中的重要内容，体育是大学立德树人教育的物化，著名体育教育家马约翰曾言，"体育是培养健全人格的最好工具"②。毛泽东曾在《新青年》发文《体育之研究》③，阐明其对体育的见解，认为"体育一道，配德育和智育，而德智皆寄于体，无体是无德智也"④。中国封建社会统治阶级"重文轻武"导致"国力羸弱"而被称为"东亚病夫"，毛泽东研究体育的目的在于发扬尚武之风气，增强民族体质，准备抵御侵略，以挽救国家民族的危机⑤，更是为了改变当时学校教育弱化体育的现实。2018年9月，习近平在全国教育大会讲话中提出，"要树立健康第一的教育理念，开齐开足体育课，帮助学生在体育锻炼中享受乐趣、增强体质、健全人格、锤炼意志"。《深化新时代教育评价改革总体方案》对强化体育评价的要求是："把国家学生体质健康标准要求作为教育

---

① 秦涛，范煜．"挑战杯"竞赛历程回顾和发展思考［J］．青年发展论坛，2020，30（4）：48-55.

② 王俊奇，董立涛．马约翰的大学体育教育思想［J］．体育文化导刊，2002（1）：41-42.

③ 毛泽东当时在《新青年》发表《体育之研究》用的是笔名"二十八画生"。

④ 《新青年》第三卷第2号，1917年4月1日。

⑤ 谷世权．读体育之研究［N］．体育报，1979-10-24.

教学的重要内容，引导学生养成良好的锻炼习惯和健康生活方式，锤炼坚强意志，培养合作精神。探索在高等教育所有阶段开设体育课程。"体育是教育中的重要一环，于国家、民族、社会、个体意义重大。而学校体育在新时代已突破了传统的单纯的体育第一课堂课程模式，体育教育教学改革已进行了大量相关的第二课堂课程实践。

一、大学第二课堂体育课程的内涵与特性

体育起源于劳动，是与社会生产力和生产关系的发展紧密联系在一起的。原始社会时期，狩猎、奔跑、攀登等劳动形态的体育是人类生存的基本需要，这些劳动形态的体育提升了人类的生存能力。"氏族公社时期，人类除了在生产中受教育之外，还在游戏、经济、舞蹈、唱歌、记事符号中受教育"①。随着奴隶社会、封建社会的发展，乐舞、狩猎、兵器操练等体育形态不断出现，中国也出现了养生派的体育锻炼方法，如《内经》《剑道》等。到了现代社会，体操竞技、运动会各种项目广泛兴起，体育的概念逐步形成和发展。

（一）大学第二课堂体育课程的内涵

体育的本质在于对身体的教育即所谓的身体教化。洛克在《教育漫话》中有言，"健康之精神寓于健康之身体"，体育作为教育的重要组成部分历来得到中西方教育家的认可。1828年，英国教育家托马斯·阿诺德开办了一所橄榄球学校，把体育运动带入了学校课程体系，标志着现代学校体育教育的兴起。②1844年，都柏林大学举行了第一届田径运动会，1857年，剑桥大学成立了田径协会并举行了第一届大学生锦标赛。1881年，美国把体育列入学校课程，篮球、排球等因室内体育课而发展起来。1879年，哈佛大学开设了第一门体育选修课。大约在20世纪初，通过国外的教会学校，体育课程开始进入我国，上海青年会开始开展体训队体育训练，主要目的在于训练选手参加各种运动竞赛。1923年，我国颁布的《新学制课程标准纲要》把学校的"体操科"更改为"体育科"，标志着我国军事国民体育退出历史舞台，学校体育的概念和内涵都发生很大的变化，即学校体育废除兵操，转向以游戏、球类、体操、田径为主要教学内容。其中，课外体育活动、课间操、运动竞赛以及运动队等第二课堂体育活动也逐步活跃起来。"体育是人类为增强体质、肌体机能、肌体活动技能技巧而进行的有目的、有计划、有步骤的社会性、群体性身体训练活动。"③ 长期以来，体育第一

---

① 毛礼锐，瞿菊农，邵鹤亭. 中国古代教育史［M］. 北京：人民教育出版社，1997：14.
② 熊斗寅. 现代体育与体育现代化问题初探［J］. 北京体育学院学报，1980（1）：4-15.
③ 孙金亮. 浅谈体育概念与体育科学的属性［J］. 体育科学，1983（1）：1-5.

课堂课程在学校体育中发挥了主导作用,第一课堂主要是动作示范和讲解的教学方式,但随着时代的发展,学校体育教师与学生数量之间的差距、体育教学的时间空间限制导致第一课堂体育课无法满足大学体育教育的需求,第一课堂体育教学的局限性日益显现。第二课堂体育活动逐步成为大学体育教育的重要途径和方式方法,也显著增强了体育的趣味性和灵活性,逐步与第一课堂体育教学融合发展。有研究将"大学体育第二课堂"定义为:"在一定的指导下,以增进学生身心健康、培养运动参与兴趣,提高运动技能和丰富业余文化生活为目的而组织实施的形式多样的体育活动。"① 高校体育逐步形成了第一课堂体育课程教授体育基本理论知识与技能以及基本运动技能、科学锻炼技巧,第二课堂体育课程以体育竞赛、体育社团、群众性体育活动为主,有目的有计划地强化第一课堂体育,强调知识和技能协同的育人模式。因此,本书把大学第二课堂体育课程定义为:为实现高校体育育人目标,有目的、有计划、有组织开展的,除第一课堂体育教学以外的,以体育竞赛、体育社团、群众性体育活动为主要内容的体育活动。

(二)大学第二课堂体育课程的本体性

所谓大学第二课堂体育课程的本体性主要是指从学校体育诞生开始就具有第二课堂的本体属性,学校非常重视第二课堂体育课程建设。"体育教学不仅是课内的事情,更应该重视课外体育教学的组织,培养大学生可持续发展体育能力。"② 我们也可以从世界学校体育的历史沿革和变迁中一探究竟。希腊时期,教育目的是使公民获得身体、心理两方面的发展,体操是教育的重要部分,对青少年的体育训练包含游戏、运动以及音乐和军事训练。亚里士多德主张把青少年训练的重点放在游戏和身体活动上。在英国,学校体育课程始终以形式多样的运动和组织化的竞赛为主体,侧重休闲和游戏式运动。在美国,学校体育课程肇始于大学,美国首先引入体操团体活动,学校体育受英国的影响,主要以户外游戏活动为主。美国大学校内体育活动计划是包含在教学计划内的,校内体育活动是为第一课堂必修课传授的竞赛和运动项目提供的竞争机会,并且一般在课余时间举行。通过梳理我国百年大学体育文化历史我们可以发现,我国学校体育课程在形式上表现为"课外—课内—课内外相结合"的发展趋势③。

在大学体育教学实践中,第二课堂体育课程与第一课堂体育课程一直共存。例如,天津大学建立了"课内课外一体化"体育教学模式,重视课内体育教学

---

① 王守力,包希哲."四位一体"学校体育理念下大学体育第二课堂的构建研究 [J]. 体育科技文献通报,2021(8):77-80.

② 汤春华,刘合群. 大学体育社会化与体育俱乐部教学模式 [J]. 高等教育研究,2001(3):81-83.

③ 王秀强. 中国百年大学体育文化的传承与发展战略研究 [D]. 上海:上海交通大学,2018.

向课外体育活动的延伸；上海交通大学构建了大学生群众体育俱乐部，实现了课内体育向课外体育的转变；清华大学特别重视大学体育第二课堂教育，通过"第一堂体育课"要求全部学生树立"三个一"的"小目标"，即学会一个运动项目、参加一个体育协会、每学期至少参加一次体育竞赛；清华大学在"育人至上，体魄与人格并重"体育教育理念的指引下，把"清华的操场就是清华的课堂"① 内化为一种大学第二课堂体育文化。大学体育需要统筹好第一课堂与第二课堂的关系，第一课堂主要负责传授体育理论和意识以及示范技能方法等，第二课堂体育的主要目标是达到"练习"的效果以及体育习惯的养成，巩固第一课堂体育教学效果，如果缺乏第二课堂体育的锻炼必然会影响体育目标的实现，"终身体育"的理念和实践都无从谈起。学校体育从诞生到发展都离不开第二课堂，因此大学体育第二课堂课程的这种本体属性是与生俱来的，其体育迁移价值也决定了这种"第二课堂"属性在未来的大学体育实践中更具时间和空间优势。

二、大学第二课堂体育课程的理论与实践

（一）大学第二课堂体育课程建设的理论支撑

1. 体质教育思想与第二课堂

20 世纪 80 年代，中国正处于改革开放初期，受到日本体制教育思想以及苏联"体育基础知识、体育基本技能、体育基本技术"的"三基"体育思想的影响，中国学校体育在理论和实践中逐步形成了体质教育的思想。体质教育思想是从生物体育观的立场出发，通过运动负荷的方式对学生进行身体教化，把增强学生体质作为学校体育的逻辑起点和价值归宿。在学校体育的实践过程中，体质教育思想主要衍生出真义体育观、运动技能教育观、技术健身教学观等理论。真义体育观的主要观点是，体育与德育、智育、美育的区别在于"种差"属性即"体"，"体"是"体育"的本体属性即"真义"，因此，体育的根本在于"增强体质，完善身体"，而不能将体育异化为"竞技和娱乐"。运动技能教育观把学校体育教学的主要目标指向体育知识和运动技能传授，提高运动技能技术水平是学校体育的逻辑起点和终点，而学生体质增强是通过"课外体育活动"（第二课堂体育课程）实现的。技术健身教学观认为，学校体育应该以传授运动技术为主，进而达到强健体魄的目的。

2. 体育教育思想与第二课堂

体育教育思想主要是受到"德智体美劳全面发展"思想的影响，把体育作

---

① 刘静民，刘波．全方位大学体育教育的实践——清华大学经验介绍 [J]．体育学刊，2017 (4)：68-71．

为教育的重要部分，以教育的原则和目标对体育进行顶层设计。体育教育思想主要是通过身体对学生进行全面的教育，目的在于增强学生体质，促进健康，促进学生全面发展。体育素质教育观认为，体育不仅是单一的身体教育，学生在体育活动过程中，在增强体质的同时，还充满了竞争与合作、成功与失败、毅力和坚持、高兴与痛苦等各种体验和收获，本然地培养了学生的人格品质、心理素养，这些都是体育教育的教育功能体现。有学者提出了"运动参与、身体健康、运动技能、心理与社会健康"四维的体育目标①，充分体现了体育的育人价值，也契合了新时代"五育融合"的思想。体育素养观即体育能力观认为，学校体育的目标在于培养学生的体育知识、体育意识、基本活动能力、运动能力以及从事身体锻炼、体育欣赏和娱乐的能力等体育素养，这些都需要体育第二课堂课程的参与。

3. 运动教育思想与第二课堂

运动教育思想主要源于体育运动带给人的价值，特别是"运动改造大脑"等理念的出现，运动不仅可以强健体魄，还能改造心智，让人更快乐、更幸福。教育神经科学研究认为，体育运动能够影响大脑皮质结构改变和功能重组、神经发生细胞、分子水平运动等脑的可塑性和功能性，体育运动还能够促进脑的终身发展②。运动教育思想的主要观点认为，学生要在体育运动中体验生命，增强体质，释放激情，唤醒健康、快乐的生命状态，在运动中收获成长和快乐。其中，运动本体观认为，体育运动是现代社会人类的一种生活方式，既是身体的也是生命生活性的，是生命生活的本体需求。运动本体观将体育运动上升为生命体验、生活快乐的高度进行阐释，对学校体育文化建设特别是第二课堂体育建设提出了"诗意、激情、活力与情感"的生命价值需求。快乐体育观认为，学校体育要把学生的需求、兴趣放在重要位置，尊重学生的主体性，让学生在体育运动中得到自由的张扬和淋漓的表达，在体育运动中体验乐趣，收获身体和心理的快乐，达到喜欢体育、擅长体育、体验体育与收获体育的目的。

4. 终身体育思想与第二课堂

最新教育神经科学研究认为，体育运动影响大脑可塑性和功能性是终身性的，体育运动对成年以及老年的大脑可塑性仍然有作用③。终身体育思想是学校体育的革命性、带动性理念，其主要是指人的一生都要把体育运动和体育锻炼贯彻其中，养成固定和良好的锻炼习惯，融入生命和生活，提升生命和生活质量。学校体育对社会体育的示范带动作用至关重要，大学阶段是奠定终身体育思想的最关键时期。今日校园的主体必将是未来社会的主体，正如"抓好了学校体育，

---

① 季浏. 论面向学生的中国体育与健康新课程［J］. 体育科学，2013（11）：28-36+74.

②③ 陈爱国. 教育神经科学视野中的体育教育创新［M］. 北京：教育科学出版社，2016：6-12.

就抓好了全体人的体育"。美国学者皮尔顿（B. C. Pelton）总结的大学体育目标中包含了"培养未来生活中进行持续锻炼的正确态度和习惯"。2014 年，教育部印发的《高等学校体育工作基本标准》中提出"大学体育前四个学期开设体育必修课，后四个学期免修体育课"，这在一定意义上导致了部分高校体育课程的连续性被破坏。新时代高校体育评价中提出了"探索在高等教育所有阶段开设体育课程"，大学阶段，正是学生心理和行为习惯定型的关键阶段，体育习惯的养成至关重要，体育应贯穿大学四年。近年来，部分高校也探索"四年一贯制"的体育教育模式，帮助大学生形成体育锻炼的连续性，使大学生通过大学四年的体育，具备基本的体育文化素养，养成独立自觉的终身体育锻炼习惯。贯彻终身体育思想，大学体育必须把体育的关注点放到学生终身体育锻炼技能和习惯的养成，必须重视体育第一课堂与第二课堂的协同互动，更要重视第二课堂体育活动课程对终身体育习惯的养成性作用，重视体育的整体性构建和连续性对接，把"终身锻炼的意识、技能和习惯"等终身体育思想与行动内化为大学生的一种生活方式。

（二）美国大学第二课堂体育课程实践

美国大学把体育作为教育的重要组成部分。20 世纪初，美国就把体育纳入大学体育课程范畴。美国大学体育课程的目标总体上分为：促进终身体育；通过体育获得乐趣增强自我效能感；增强体质与促进健康；达成身心健康；形成体育意识及习得体育技能[①]。例如，斯坦福大学认为体育不仅是教育的内容，体育还是改进生活质量的方式方法，是生活的内容，甚至更改大学体育部门名称为"体育运动娱乐部"。20 世纪初，美国大学课程内容主要聚焦个人项目和健身课程，美国大学生比较喜欢的体育课程是舞蹈、慢跑、网球、壁球、健身课，特别是健身课程在当时美国高校极为流行。彼时的美国大学，把爬山、潜水等第二课堂体育活动作为课程内容，甚至开设体育急救、体育卫生、体育防护等第二课堂体育课程。美国高校重视体育的表现可以概括为以下几点：一是大学体育内容的多样性。美国大学体育内容一般包含体育教育（Physical Education）、竞技运动（Athletics）、消遣娱乐（Recreation），其中体育教育主要是指第一课堂体育课程，竞技运动主要指大学校内外的各种体育竞赛，消遣娱乐主要是指大学里面普通师生的群众性课外体育活动（第二课堂体育活动）。二是大学校内外竞技类比赛活动丰富多彩。美国大学生体育联合会（NCAA）是美国大学体育竞赛的管理机构，美国大学校长普遍高度重视学校体育工作，很多校内外竞技类比赛活动都需要校长亲自领队参加。美国东部的"常青藤联盟"实际上是体育竞技比赛联盟[②]。美

---

① 杨丽华，卢考纯．中美大学体育课程的比较研究［J］．高教探索，1999（4）：80-81.

② 陈希．对美国十所大学体育的考察与思考［J］．清华大学教育研究，1998（3）：116-125.

国大学体育代表队是参加各类校外体育比赛的主要力量，每所大学都有一定数量的体育训练队参加全国、区域以及校际比赛。体育代表队是美国大学体育第二课堂的重要载体，通过竞技体育代表队，美国大学也培养了很多奥运会冠军。校际体育竞赛体系是美国大学第二课堂体育课程的重要形式，也是美国国家体育发展的重要手段。另外，美国麻省理工学院主要通过大学生体育俱乐部的形式开展课外体育锻炼，其体育俱乐部主要有合气道、箭术、羽毛球、赛艇、滑冰、曲棍球、空手道等二十多个①。

三、大学第二课堂体育课程的价值与内容

（一）大学第二课堂体育课程的价值

立德树人是教育的根本任务，大学第二课堂体育课程的上位概念分别是大学体育课堂、体育、教育。例如，清华大学有着重视体育的优良传统，其体育口号经历从"为祖国健康工作五十年"到"无体育，不清华"的转变，逐步形成了"体育的迁移价值"，体育成为立德树人的有效手段。因此，大学第二课堂体育课程应该是落实立德树人根本任务的重要抓手和途径。我国应当借鉴发达国家大学体育发展的经验，解决我国大学生"喜欢体育不喜欢体育课"的现状，亟待强化大学第二课堂体育课程建设，以丰富多彩的体育第二课堂课程激发大学生的体育兴趣。

1. 身体教化与脑发展

"健康第一"是学校体育的重要指导思想，增强学生的体质是学校体育的首要任务，体育的基本过程就是通过身体训练的方式作用于学生身体以达到增强体质的目的。"新时代学校体育的目标是在强健体魄的基础上，终生掌握相关的健康知识和锻炼技能，达成人的全面发展和进步，培养学生健全的人格。"② 马约翰在其《大学与体育》一文中曾阐述"养成健壮之体格为体育教育之首要目的"，大学生需要在大学体育中具备应对未来生活的健壮体格。大学生具备了健壮的体格可以给生活带来快乐，并可以显著提高学习效果和未来工作的能力。美国学者皮尔顿（B. C. Pelton）总结大学体育的目标为：达到和保持高水平的身体素质，学到娱乐活动的足够技能，保持体力和智力活动平衡。综合以上各种思路和观点，着眼于身体的教化是学校体育课程的底层逻辑目标。学生的健康体魄和身体发展都需要通过学生的身体作为着力点，身体是学校体育得以展开的载体和平台。对学生身体的塑造充满着历史上各种体育教育思想，特别是三基体育教育思想、体质教育思想、快乐教育思想、全面教育体育思想、健康第一体育思想、

---

① 钟玮，仇军. MIT 与清华大学体育之比较研究［J］. 高等工程教育研究，2005（2）：91-93.
② 王登峰. 新时代学校体育的整体策略和重点任务［J］. 体育教学，2018（3）：4-6.

终身体育教育思想等，每一种教育思想都内涵身体教化的整体诉求。另外，基于教育神经科学体育与脑的研究成果，运动不仅可以增强体质，还可以改变大脑的结构，运动更可以对大学生的情绪产生影响。体育课程对脑的发展具有重大意义，体育运动能够增强学生脑的发展，特别是基于学生自主选择的大学第二课堂体育更能够激发学生的活力和激情，促进脑的发展应是大学第二课堂体育课程价值的应有之义。

2. 提升生命与生活质量

大学体育是大学教育的一部分，因此大学体育首先具有教育的属性，而"教育本质和教育价值在于提高生命质量和提高生命价值"①。大学体育也应该具备这种教育的价值和育人的使命，这也是学校体育应承载的育人使命。体育含有教育、教养和发展身体多重价值。毛泽东在《体育之研究》中明确指出，体育的根本目的在于"养乎吾生、乐乎吾心而已"。长期以来，体育存在目标的"体质论"和"技能论"，但综合之，通过体育锻炼，达成身体素质的提升，带动精神人格的发展，将体育融入学习生活，形成终身体育的生活方式，铸就一生的健康生活的基础，最终指向学生的全面发展和生命生活质量的提升。体育与教育协同，体育是手段，教育是过程，育人是目的，这是"体育育人"的根本内涵，也是体育提升生命和生活质量的目标旨归。这也契合了习近平总书记在 2018 年全国教育大会讲话中提出的"帮助学生在体育锻炼中享受乐趣、增强体质、健全人格、锤炼意志"的理念。大学第二课堂体育课程作为体育第一课堂的延伸和补充，在提升生命和生活质量方面发挥着重要作用，因大学第二课堂具有自主性、趣味性，体育作为一种生活方式的理念更加明确。

（二）大学第二课堂体育课程的内容

1. 竞技类体育比赛

大学体育竞赛或竞技体育是大学校园文化不可或缺的内容，是大学第二课堂体育课程的主体内容。大学的体育竞赛与"竞技体育"有着类似的内涵和标准，一般是根据一定的"既定规则"和"取胜目标"进行的竞赛性和娱乐性相结合的体育活动，其具有规则性、取胜目标、竞赛性、娱乐性等特点。2020 年 10 月，中共中央办公厅、国务院办公厅印发的《关于全面加强和改进新时代学校体育工作的意见》要求建立校内竞赛、校际联赛、选拔性竞赛为一体的大中小学体育竞赛体系，构建国家、省、市、县四级学校体育竞赛制度和选拔性竞赛（夏令营）制度。例如，清华大学形成了以"马约翰杯"为牛鼻子，以项目竞赛为主线的校运动会、新生运动会、研究生运动会、校园长跑和北京马拉松比赛为载体的竞

---

① 顾明远. 再论教育本质和教育价值观——纪念改革开放 40 周年［J］. 教育研究，2018（5）：4-8.

赛体系。竞技类比赛是大学第二课堂体育课程的重要内容，一般包含田径运动会、篮球比赛、排球比赛、足球比赛、羽毛球比赛、网球比赛、乒乓球比赛、健美操比赛等，各类比赛一般会包含国家、省市、校际等各层面的比赛，各层级的比赛构成了大学第二课堂竞技类体育比赛的内容，每项竞技类比赛背后包含了大量的闲暇时间的付出和努力，这也是第二课堂体育活动的优势和价值所在。

2. 社团类体育俱乐部

体育俱乐部是高校第二课堂体育课程的重要载体，一般可分为两类，一类是以竞技体育的提升运动技能为主的竞技类俱乐部，另一类是以兴趣、娱乐、健身为主的体育生活类俱乐部。由此可见，大学体育俱乐部既是运动健身组织，也是兴趣爱好休闲组织，具有大学体育"后期专项化"发展的功能。大学体育俱乐部能够很好地解决第一课堂体育理论教学与第二课堂体育活动课程脱节的问题，能够很好地激发学生参与体育活动的兴趣。体育俱乐部实现了大学生体育运动从"趣味性"到"自觉性"的转变，达成了"快乐体育"的目的。大学体育俱乐部重视的是兴趣基础上的过程参与，更能够让学生体会到运动的乐趣，更有利于终身体育观念的养成。《关于全面加强和改进新时代学校体育工作的意见》中提出"定期举办学生运动会或体育节，组建体育兴趣小组、社团和俱乐部，推动学生积极参与常规课余训练和体育竞赛"。因此，大学体育俱乐部是大学体育第二课堂的重要发展方向，高校要从俱乐部类型、制度管理、专业指导等方面加强建设，提升大学体育俱乐部的规范性和育人功能。根据兴趣和体育项目，大学第二课堂体育俱乐部可分为田径俱乐部、篮球俱乐部、足球俱乐部、排球俱乐部、羽毛球俱乐部、网球俱乐部、乒乓球俱乐部、健美操俱乐部、武术俱乐部、自行车俱乐部、帆船俱乐部、游泳俱乐部等。

3. 群众性体育活动

大学体育要解决的两个关键问题之一就是通过学校体育让学生养成热爱体育，形成终身运动的习惯[1]，提升大学生对参与体育的主动性，变"强迫体育"为"自觉体育"。要解决上述问题就要大力发展大学体育第二课堂群众性体育活动，营造"健康第一"，"无体育，不大学"的校园群众性体育活动文化氛围。大学校园群众性体育活动属于大众体育的范畴，一定意义上讲，健身跑、太极拳、健美操等都属于群众性体育活动。增加娱乐性体育技能和体育娱乐方式的传授是大学体育教学的重要转向。当下，大学体育第二课堂群众体育活动的形式主要有校园马拉松、"阳光长跑"课外锻炼、健步走、"走向网络、走出宿舍、走向操场"主题群众运动活动等。

---

① 陈希. 对美国十所大学体育的考察与思考 [J]. 清华大学教育研究，1998 (3)：116–125.

第四节　大学第二课堂美育课程

　　教育制度是国家社会意识的反映，通过教育制度的变迁和发展可以一窥教育的历史和脉络。新中国成立初期，美育没有被纳入国家教育政策体系。1957年，毛泽东发表的《关于正确处理人民内部矛盾的问题》提出了"德育、智育、体育"的"三育"教育方针，很长一段时间内，大学美育逐步被淡化。直到1999年，《中共中央国务院关于深化教育改革全面推进素质教育的决定》提出"德育、智育、体育、美育"的"四育并举"的素质教育方针，美育才算重回国家教育方针政策体系并被视为教育的重要组成部分。党的十六大报告中提出"培养德智体美全面发展的社会主义建设者和接班人"。党的十八大报告中提出"把立德树人作为教育的根本任务，培养德智体美全面发展的社会主义建设者和接班人"。党的十九大之后召开的全国教育大会首次提出了"德智体美劳五育并举"的教育方针。《深化新时代教育评价改革总体方案》中提出"改进美育评价，推动高校将公共艺术课程与艺术实践纳入人才培养方案，实行学分制管理，修满学分方可毕业"。《关于全面加强和改进新时代学校美育工作的意见》提出从构建德智体美劳全面培养的教育体系的高度全面加强和改进新时代学校美育工作。由此可见，在新时代百年未有之大变局的时代背景下，美育已不再从属于德育的范畴，美育已成为落实立德树人根本任务和学生全面发展的五大主体内容之一。

一、大学第二课堂美育课程的内涵与特性

　　1999年，美育工作被纳入高等学校实施素质教育的方针政策，高等学校美育的职责是"陶冶情操、提升素养、开发智力、全面发展"。2015年，国务院办公厅《关于全面加强和改进学校美育工作的意见》中将美育定义为"审美教育、情操教育、人格教育"。2017年，全国教育大会提出了"德智体美劳五育并举"的教育方针，并对美育工作提出"坚持以美化人、以文化人、提高学生审美和人文素养"的要求。《国家中长期教育改革和发展规划纲要（2010-2020年）》提出，"加强美育工作，培养学生良好的审美情趣和人文素养"。2019年，教育部《关于切实加强新时代高等学校美育工作的意见》提出，"高校美育要以艺术教育的改革发展为重点"。2020年10月，《关于全面加强和改进新时代学校美育工作的意见》提出，"美育是审美教育、情操教育、心灵教育，也是丰富想象力和培养创新意识的教育，能提升审美素养、陶冶情操、温润心灵、激发创新创造活力"。

（一）大学第二课堂美育课程的内涵

18 世纪，德国美学家席勒在其《美育简史》中提出了"美育"的概念，并强调美育旨在实现人的理性与感性的统一以及保持人的完整性。王国维在其《论教育之宗旨》中提倡"德智体美四育并举"。蔡元培提出"美育是最基础的人生观教育"并倡导"美育救国"思想。从古至今，从西方到东方，美育一直是一个亘古讨论的话题，经历长期的反复讨论和论证。长期以来，美育在高校一直处于"可有可无"的游离状态，进入 21 世纪，美育在高校通过制度逐步得到重视。有学者将 2013 年中共中央《关于全面深化改革若干重大问题的决定》中提出"改进美育，提高学生审美和人文素养"作为当代美育"复兴"的转折点或者起点，并将 20 世纪初美育兴起的前提"新式报纸"和新时代美育复兴的前提"网络媒体"形成对比得出："算法"是新时代美育复兴的媒介前提①。新时代的青年在"算法时代"被称为"Z 世代"即"1995~2009 年出生的青年人"，他们的审美文化和审美素养区别于其他年代的青年人。新时代、新媒体、新青年、新美育已成为当下高校美育工作的关键词。新时代美育的复兴，必然需要考虑把"媒介素养与审美素养"相联系，学生对网络文化、网络作品的审美将是美育不可或缺的内容。美育的场域从学校拓展至课外、家庭和社会，形成"课堂内外相融合、专业与普及相促进、家庭与社会相联系"的美育体系②。美育一般被认为是音乐和美术等艺术教育，新时代，优秀传统文化教育、人文学科、革命文化教育、社会主义优秀文化教育等逐步被纳入美育内容范畴。另外，移动互联网时代的美育更需要注入"创意性元素"，让移动互联网工作中的劳动者在创意中创造价值，实现"创意劳动"，提升审美价值。艺术教育能够激发人的创新思维，改变人的精神风貌和格局境界，艺术教育是学校实施美育的主要内容和途径，但不能把美育简单化为艺术教育，美育侧重的是学生认识美、感受美、创造美的能力。"高校可以通过第二课堂的延伸教育功能实践美育，如高校社团活动、各类比赛营造美育氛围，学校美术馆、博物馆文化场所增强学生美育体验感，学生社会实践践行美育促进德育功能等。"③ 综合而言，大学第二课堂美育课程主要是指在美育第一课堂理论课程之外，开展的以提升审美素养、人文素养和创造美能力为目的的课程，主要包含艺术教育展演、美育艺术实践、美育社团活动等。

---

① 林玮．"算法一代"的诞生：美育复兴的媒介前提 ［J］．教育研究，2021（7）：81-93.

② 李瑞奇．新中国成立 70 年来美育在教育政策中的嬗变研究 ［J］．湖北社会科学，2019（5）：155-161.

③ 王萌．高校美育的逻辑起点、现实困境及突破路径 ［J］．国家教育行政学院学报，2020（12）：68-75+95.

（二）大学第二课堂美育的生活艺术性

马克思曾言"社会的进步是人类追求美的结晶"，人类在追求美的道路上离不开对生活的感受和感悟，正如"一棵树有绿荫之美，一朵花有开合之美"的感悟。朱光潜认为，"人生本来就是一种广义的艺术"[①]，人应该在生活中寻找乐趣，通过审美净化人心，升华真善美的人格，将美与艺术融入生活。习近平总书记也强调美育要"聚焦立德树人，扎根时代生活"。因此，美育应该面向生活和生活世界，生活和艺术的结合，艺术的生活性和生活的艺术性，艺术来源于生活但高于生活。艺术教育是高校美育的主渠道，艺术的最高境界是发现自然之美、生活之美、心灵之美。生活的即生命的，美育的核心是以感性的"直觉力"和创新的"创造力"为逻辑起点和逻辑终点的，艺术活动是在生活直觉中进行创造的过程，艺术审美教育就是激发和提升人的生命力。重视日常生活实践中的立美与审美体验，能够在很大程度上活化和拓展美育的范畴和对教育的理解[②]。美育不全是"高大上"的艺术，更应该是日常学习生活中的"一花一草一木皆是美"，走出第一课堂，生活化的第二课堂美育更能够"潜移默化、润物无声"。大学第二课堂的"兴趣性、自由性以及灵活性"等特性能够帮助学生形成艺术爱好、提升艺术修养，增强学生在生活中发现美、感受美、表现美、鉴赏美、创造美的能力。

二、大学第二课堂美育课程的理论与实践

（一）大学第二课堂美育课程建设的理论支撑

1. 美育神经科学理论[③]与第二课堂

教育神经科学认为，美育具有一定的神经科学基础，聚焦于美育审美素养（审美欣赏、审美表现、审美创造力）的提升和培养，美育的神经科学认为，美育需要经过审美感知神经、信息加工、情感体验中枢、表现技能、生成意象五个阶段，这也符合具身认知理论的学习原理。美育信息的获得是通过人的视觉、听觉、味觉、嗅觉、触觉五种感觉通道进入人的中枢神经系统的大脑皮质，五种感觉在大脑皮层有不同的对应反射和反应区域。例如，视觉反射区域位于枕叶，听觉反射区域位于颞叶。五个感觉区域都提供感知美的通道，并且五条通道是统一协调进行运行的，即人的感觉具有整体性。基于感知美的神经科学原理，在美育

① 朱光潜. 谈美 [M]. 武汉：华中科技大学出版社，2018：103.

② 鞠玉翠. "立美教育"再探 [J]. 教育研究，2018（9）：59-65.

③ 邓佳，黄雪. 美育的神经基础 [J]. 华东师范大学学报（教育科学版），2017（5）：100-108+161；[澳] 约翰·G. 吉克. 教育神经科学在课堂 [M]. 周加仙，译. 上海：上海教育出版社，2020：4.

教学中，可以通过多感官刺激输入学生大脑，以帮助学生感知美的信息，鉴于感知的整体性，应遵循"整体—细节—整体"的教育顺序。另外，人脑感觉系统具有联觉现象，这一特点为美育审美想象力和创造力提供了科学依据。美育信息加工机制是对感知到的美育信息进行编码、存储、加工，借助联想、想象、思维等大脑活动，探索美育的规律和本质。美育的信息加工过程与其他认知加工过程的最大区别是审美认知加工过程中存在情感体验（陈丽君和赵伶俐，2021），这是美感及美育陶冶情操的重要特征，美育过程中要充分发挥情绪的调节作用，并在审美认知和情绪体验的基础上塑造学生的审美价值观。审美表现是在美育审美感知、联想、情感、思维基础上形成的对美的表现愿望，审美表现能力即美育的教育成果，审美表现是由大脑皮质直接掌控的。审美表现的大脑机制提示审美表现技能的外显需要大脑中枢的全面参与，其中特别需要情感的参与，大量审美表现活动如艺术展演、艺术团活动等第二课堂课程能够起到很好的审美创造和表现功能。审美意象是美育最终构建的成果世界，是美育的成果在脑中的主观映像反映。审美意象生成能力是需要培养的，美育中需要通过大规模意向示范、意向转化创作等方式进行训练。

2. 马卡连柯美育思想与第二课堂

安东·谢苗诺维奇·马卡连柯（Антон Семёнович Макаренко）是苏联著名的教育家，其美育思想至今仍有借鉴意义。马卡连柯认为美育就是美学的实践活动，包含"生活美、集体美、行为美、环境美"等内容，并将所有的美分为本质的美和形式上的美两个层次。马卡连柯倡导通过集体进行教育即广泛通过第二课堂的形式开展美育活动，其在《教育过程的组织方法》中提出了17个课外活动小组（8个与实施美育相关），这些美育课外活动小组即类似合唱团、舞蹈团、艺术团的学生社团兴趣组织。在美育校园文化建设方面，马卡连柯倡导要创造美好的校园学习环境，要用审美的态度和价值设计学校建筑和一切设备，甚至可以在学校设置各种具有审美教育效果的展览陈列。在美育校园环境建设方面，马卡连柯非常重视校园环境的整洁和美化，他认为"整洁的校园环境可以美化生活、美化集体，更可以锻炼学生对审美细节的把握"[①]，并且提倡实行严格的校园环境卫生清扫制度。在形象美方面，马卡连柯把符合审美的要求定位为学生形象美的重要标准，要求学生集体配备优美的校服，必须保持"皮鞋亮、头发美、衣服整洁"，但反对学生过度追求奢华。在行为美方面，马卡连柯倡导把学生文明修身和文明行为习惯的养成纳入美育的范畴，学生要按照文明行为要求塑造行为

---

① 葛采.马卡连柯的美育思想和实践［J］.上海师范大学学报（哲学社会科学版），1981（2）：33-35.

美，以行为塑造集体美、环境美。此外，马卡连柯还把军事化的管理定义为"纪律美"，让学生在遵守纪律的军事化管理中养成美好的行为。马卡连柯把"德智体美"四育全面发展视为学生发展之美，并主张大力通过第二课堂课程的形式创造集体之美，让学生在第二课堂活动中表现美、欣赏美、创造美。

3. 蔡元培美育思想与第二课堂

蔡元培是我国民国时期著名的教育家，1917~1927 年其担任北京大学校长，以"教育救国"之思想开拓性地改革大学教学，第一次提出了包含"美感教育"在内的"五育并举"思想，是我国美育首倡者，其美育思想历久弥新。蔡元培认为美育即"审美教育""美感教育"，其作用在于推动人的情感走向高尚，美育是人从"现象世界"走向"实体世界"之世界观的工具，是改造国民的手段。"以美育替代宗教"的学说是蔡元培反对宗教信仰进入学校提出的，具有当时的历史局限性和难以实践性，"超轶政治"的美育是无法替代宗教的①。蔡元培认为美具有普遍性和超脱性，美的普遍性即自然美、形式美的客观存在性，美的这种特性让拥有审美能力的人产生审美愉悦，美的超脱性是指美是超脱现实现象世界的，脱离现实利害关系的。蔡元培把美育分为家庭教育、学校教育、社会教育三个路径，其中学校美育分为专门美育和普通美育，所谓普通美育是指所有学科中都含有美育的元素（类似当下的"学科思政"），"凡是学校所有的课程，都没有与美育无关的"②，学校美育的另一关键思想就是学校的建筑等都要合乎美育的标准，要举行音乐会、展览会、纪念会等活动来普及美育。1920 年，蔡元培在北大任校长时提出，健全人格的培养必须包含体育、智育、德育、美育，四个方面同等重要，不可偏颇。在北大美育实践中，蔡元培亲授《美学》理论课并开展美学课外活动，成立了音乐研究会，从事音乐方面的研究，定期举办音乐会。1918 年，他还成立了画法研究会研究画法，发展美育。后期，画法研究会和书法研究会合并为造型美术研究会并由蔡元培亲自任会长。蔡元培在北大实行美育促进了学生审美能力的提升，他特别注重美育第二课堂课程的开展，北大美育的优良传统得益于蔡元培当年的实践开创。

（二）美国大学第二课堂美育课程实践

美国通过《2000 年目标：美国教育法》把"艺术教育"纳入国家教育目标体系并制定相应的学科标准。大部分美国高校把美育课程作为"通识教育"的核心内容，并开设包含音乐、舞蹈、美术等内容的课程供学生自由选择。由此可见，美国从顶层设计上重视美育。以美国哈佛大学为例，我们可以一窥美国大学

---

① 聂振斌. 蔡元培美学思想研究 [M]. 北京：商务印书馆，2012.
② 蔡元培. 美育实施的方法 [M]. 北京：中华书局，1959：198-199.

的美育课程实践。哈佛大学校长德鲁·福斯特（Drew Gilpin Faust）曾在公开演讲中提到"应该去思考研究型大学中艺术教育应该发挥什么作用？博雅教育中艺术教育发挥什么功能？应该思考艺术教育课程内和课外艺术之间是什么关系？"①著名的哈佛大学通识教育手册"红皮书"是其人才培养的纲领性文件，其中提到"音乐技能训练虽然不属于通识教育范畴，但学生参加管乐团和合唱团收获很大"②。哈佛学生课程选择的核心课程中包含培养学生高尚审美情趣和阐释理解力的文学艺术美育课程（文学、美术和音乐、文化背景三类课程），课程目标是使学生掌握对文学作品的批判理解力。2007 年以后，哈佛大学的新课改修订了通识教育课程内容，"审美阐释理解"是关涉"美育"的课程。该课程目标就是发展学生审美反应力和文化解释能力，该课程实施除了通过传统的课堂之外，还强化第二课堂课程体验，即"参观展览、表演、阅读或者参与上述活动策划，学生还可以参加创造性工作"③。美国哈佛大学美育课程与我们国家的"提升审美素养和文化素养"的美育目标是一致的，其在课程建设方面的经验启发我们，要加强对学生文学阅读和评判能力的培养以及对美育第二课堂课程的重视。

三、大学第二课堂美育课程的价值与内容

（一）大学第二课堂美育课程的价值

1. 引领未来美好生活

美育应然是人类的高层次教育需求，美学大师朱光潜先生曾言，"一个民族在最兴旺的时候，艺术成就必伟大，美育就必发达"④。黄济先生认为美育目的在于"以美育人，全面发展"⑤。新时代，百年未有之大变局背景下，人民群众对美好生活的向往投射到教育上的反映就是"德智体美劳"全面发展。在新时代美育承载的历史使命就是使学生内化人类历史遗留下来的有价值的东西，进一步美化生活并使生活丰富化。美育呼应新时代人民群众对美好生活的向往和需求，满足人民对美好精神生活的更高追求，也必然成为引领美好生活的主力。"美育在解决人的物质生活和精神生活平衡、弥补人的精神空虚方面发挥了重要的中介作用。"⑥新时代，美育复兴的另一个时代背景是全社会走向共同富裕，共同富裕与美好生活紧密相连，美丽中国、美好生活等话语成为日常生活向往的

① 曾繁仁. 美育十五讲［M］. 北京：北京大学出版社，2012：224-225.
② 哈佛委员会. 哈佛通识教育红皮书［M］. 李曼丽，译. 北京：北京大学出版社，2010：209.
③ Roport of the Task Force on General Education［R］. Boston：Harvard University Press，2007.
④ 刘好光. 美育：唤醒和照亮人性之美［N］. 中国教育报，2011-03-07（8）.
⑤ 何齐宗，霍巧莲. 黄济先生美育思想探要［J］. 教育研究，2021（7）：71-80.
⑥ 黄济. 雪泥鸿爪：黄济教育文选［M］. 北京：北京师范大学出版社，2001：180.

词汇代表，聚焦审美、人文修养、艺术欣赏，落脚点就是人民对美好生活的美育涵养。正如论者所言，"新时代美育复兴应以肯定创意劳动、重建社会链接和凝聚审美共识为重要内容，以通向共同富裕美好生活为指向"①。习近平总书记强调，美育要"聚焦立德树人，扎根时代生活"。一言以蔽之，新时代，大学美育要以新媒体、新时代、新生活为依托，要更加注重第二课堂，走进生活世界，重视学生美好心灵的塑造和审美能力提升，为未来美好生活做好准备，更要着眼于增强学生的文化自信②。诚然，"锻造美的灵魂，构建一种美的生活信念，这才是高校美育的深层意义"③。

2. 提升审美和创造力

美育不是知识教学，审美是美育的重要内容和高级形式，培育学生对美的感受力、表现力和创造力，更是"以美育德、以美铸魂"的重要手段。审美是人生活的一种境界，拥有高审美能力的人是一个懂得美、善良和亲和的人，是一个能够感知社会生活之美、懂得与社会和人和谐相处的人，具有审美能力是一个人高情商的表现，也是一个人素质高低的衡量标准。审美能力与人文素养相伴而生，一个人审美能力的提升一般会从文化中汲取历史的、民族的、优秀的传统文化，能够从审美的趣味和角度去感受文化的魅力和内涵。审美的最高状态就是人性的圆满，"审美观是世界观的重要组成部分，它与人生观、价值观同等重要，犹如世界观的三大支柱，一个人的审美观决定了其人生追求和价值选择"④。《关于全面加强和改进新时代学校美育工作的意见》提出要"激发学生文化主体意识，培养具有崇高审美追求、高尚人格修养的高素质人才"，要将美育与其他四育相融合，充分挖掘心灵美、礼乐美、语言美、行为美、科学美、秩序美、健康美、勤劳美、艺术美等丰富的美育资源。提升大学生的审美素养主要是让大学生运用审美知识或者技能解决现实中的审美问题，通过学习或者熏陶养成审美的判断力、表达力、感受力和文化的理解力。美育第二课堂更加关注学生创造力的培养。通过以审美为主体的艺术教育能够提升学生的直觉能力和创造能力，正如康德所言，"艺术创作需要天才，天才的第一特征就是创造"。作为美育主体的艺术本身就是创造力的产物，艺术教育本质上就是创造力教育。以艺术教育为核心

---

① 林玮. "算法一代"的诞生：美育复兴的媒介前提 [J]. 教育研究，2021（7）：81-93.

② 从布迪厄"文化资本"的角度出发，美育的终极本质也在于个体或者国家文化资本的积累，最终促进社会文明程度的提升，促进个体和国家文化自信的提升，对构建文化自信的中国和和谐社会都具有重要意义。

③ 邹火明. 高校美育的深层意义——美育价值的哲学思索 [J]. 华中师范大学学报（哲学社会版），1989（S1）：59-63.

④ 刘好光. 美育：唤醒和照亮人性之美 [N]. 中国教育报，2011-03-07（8）.

的审美体验和创造力提升是美育的重要内容也是主体内容，大学生审美素养和创造力的提升需要通过"美育课程、美育实践活动、校园文化活动、艺术展演"① 即"四位一体"高校美育推进机制，而其中的美育实践活动、校园文化活动、艺术展演等都属于大学第二课堂美育的范畴。因此，提升大学生的审美和创造力是大学第二课堂美育的重要价值所在。

（二）大学第二课堂美育课程的内容

1. 艺术教育展演

艺术教育是美育的主体内容和核心，也是审美教育的主要途径。大学美育文化氛围是大学第二课堂美育建设的应有之义，通过艺术教育展演等活动让大学生展示和提升艺术和审美修养是十分必要的。营造良好的美育校园文化，培育和提升学生对美育文化的理解力，举办艺术展演活动能够显著提升学生审美的表达力。中国美学家叶朗曾言，"多聆听、多欣赏是提高美育的最有效途径"，高校的美育育人环境能够起到潜移默化的教育作用。大学艺术教育展演主要包含各种文艺晚会、各类艺术比赛、书法绘画比赛、高雅艺术进校园、戏曲进校园、中华优秀传统文化成果展、艺术家进校园、美育学术讲座和学术沙龙等。这些第二课堂美育活动除了让学生提升审美能力之外，同时也能够营造良好的美育校园文化，使学生在"润物无声""潜移默化"中感受美、鉴别美、实践美、创造美。

2. 美育艺术实践

美育是实践性和现实性的教育，自然和社会是美育的真正课堂。美育艺术实践主要侧重培养学生审美感知能力。"美育中要强化学生的自我建构和体验式教学，设计艺术工作坊、大学生艺术节、艺术创作志愿服务等丰富多彩的第二课堂课程。"② "学生走进博物馆、科技馆、大自然等现实生活世界，能够激发对历史、文化和生命的敬畏，更能进一步追寻人生的价值与境界。"③ 美育艺术实践第二课堂活动主要是让学生以"实践"的姿态行动在美育的进程中，主要让学生通过走进博物馆、科技馆、美术馆、艺术馆、大自然等方式感受美，通过大合唱、集体舞、课本剧、艺术志愿服务与实践等活动实践美。

3. 美育社团活动

参与美育类社团是美育很好的自我教育方式，能够激发学生的主动性，调动参与美育实践活动的积极性，"参加大学生艺术社团等实践活动，能够培养大学生乐观开朗的性格和与人交往的能力，学会与人和谐相处，同时活跃了校园文化

① 刘江峡. 高校四位一体美育机制的实施路径 [N]. 中国社会科学报，2020-12-21（9）.
② 郭瑾莉. 新时代高等学校美育的改革理路与行动策略 [J]. 中国高等教育，2020（12）：54-56.
③ 马苏薇. 把美育纳入学校人才培养的全过程 [N]. 人民日报，2020-10-28（5）.

氛围，使学生感受到美的感染"①。通过大学生艺术团、话剧团、合唱团、舞蹈协会、书法协会、朗诵协会、诗歌协会、民乐社团、戏曲社团、摄影协会等社团组织建设，让学生在美育中发挥朋辈的教育作用，为大学生艺术修养和审美能力提升搭建舞台，对丰富大学美育校园文化具有至关重要的作用。

4. 经典书籍诵读

传承中华优秀传统文化是高校美育的重要内容，读书是人类走进历史、了解中华优秀传统文化的最好方式。中华优秀传统文化中蕴藏着内生性的丰富的美育资源，参与第二课堂经典诵读课程能让学生养成读书的习惯，在读书中学习中华优秀传统文化，提升大学生的文化修养。学生在中华优秀传统文化经典书籍中可以感受历史和文化，提升文化修养，达到以文化人的教育目的。经典书籍诵读的内容可以包含经典文学作品、经典历史名著、经典小说等，高校可以结合学校学科专业特点和人才培养需求，把每年修读 3~5 本经典书籍作为大学第二课堂美育课程的重要内容。

第五节　大学第二课堂劳育课程

马克思曾言，"只要社会还没围绕'劳动'这个太阳旋转，社会就不能达到均衡状态"，意指劳动在人类社会活动中具有重要意义。新时代，劳育是人民幸福的源泉和生命价值实现的教育，更是美好生活的教育②。劳育承载中国梦③，以 2018 年 9 月全国教育大会为时间节点和标志事件，习近平总书记在报告中指出，"要努力构建德智体美劳全面培养的教育体系，形成更高水平的人才培养体系"。"生产劳动同体育和智育相结合，不仅能提高社会生产，而且是培养全面发展人的唯一方法"④，劳育在新时代得到应有的重视，是马克思"教育与生产劳动相结合"思想在新时代的再次深化。2020 年 3 月，中共中央、国务院颁布的《关于全面加强新时代大中小学劳动教育的意见》指出，"劳动教育是国民教育体系的重要内容，是学生成长的必要途径，具有'树德、增智、强体、育美'的综合育人价值，劳育要与德育、智育、体育、美育相融合，实施劳育重点是在

① 张燕. 大学美育教学模式和教材体系研究 [J]. 高等教育研究，2003（3）：89-91.
② 柳友荣. 新时代高校劳动教育的组织与实施 [J]. 中国高等教育，2020（19）：23-25.
③ 曾天山，顾建军. 劳动教育论 [M]. 北京：教育科学出版社，2020：1.
④ 马克思恩格斯文集（第五卷）[M]. 中共中央马克思恩格斯列宁斯大林著作编译局，译. 北京：人民出版社，2009：557.

系统的文化知识学习之外，有目的、有计划地组织学生参加日常生活劳动、生产劳动和服务性劳动"①。这一文件明确了劳育区别于其他类型教育的独立地位，对新时代学校劳育具体目标、实施方法指明了基本方向，也是对"五育融合"理念的深化认识。2020 年 7 月，教育部印发的《大中小学劳动教育指导纲要（试行）》明确提出，"在必修课程的基础上，要在课外校外活动中安排劳动实践，将劳育与学生的个人生活、校园生活和社会生活有机结合起来"。这在一定意义上明确了劳育要重视以第二课堂为主体开展。2020 年 10 月，《深化新时代教育评价改革总体方案》将加强劳育评价单列出来，要求学生在实践中养成劳动习惯。国家制度形态的文件进一步明确了高校开展劳育的四条路径，即 32 学时独立必修课程、劳育融合进学科专业教育、第二课堂劳动实践、劳育校园文化建设。正如苏霍姆林斯基所言的那样："劳动以外的教育和没有劳动的教育是不存在的，也不可能存在"②，"新世纪，劳育受到重视是为了推动国家创新、实现民族复兴"③，新时代的劳育更具有独特的社会价值，更能凸显劳育与美好生活的关系。

一、大学第二课堂劳育课程的内涵与特性

（一）大学第二课堂劳育课程的内涵

从本质上讲，劳育属于一种教育形态，并行于德育、智育、体育、美育，其教育的内容和目标都是"劳动"，并与其他教育形态互蕴互摄，"高校劳育在一定条件下具有树德、增智、强体、育美的综合价值"④。根据马克思主义关于劳动的论述观点，劳动是生产性的、有目的的、结构复杂性的、社会关联性的活动，劳育应然符合上述活动的特征。从本体论上分析，高校劳育是一种生产性脑力劳动⑤，针对工作场景的专业知识的实践和运用是高校劳育的目标旨归。长期以来，劳育一直从属于德育、智育或者德育和智育的综合体或者学生全面发展的实践教育形式⑥，没有获得独立的主体地位。有学者根据新时代劳育的特征将其界定为："新时代劳育是高等教育人才培养体系的重要组成部分，是对大学生进行系统的劳动思想教育、劳动技能培育与劳动实践锻炼，以提升大学生劳动素养

①④　中共中央，国务院. 关于全面加强新时代大中小学劳动教育的意见［N］. 人民日报，2020-03-27（1）.

②　［苏］苏霍姆林斯基. 教育的艺术［M］. 肖勇，译. 长沙：湖南教育出版社，1983：127.

③　李珂，曲霞.1949 年以来劳动教育在党的教育方针中的历史演变与省思［J］. 教育学报，2018（5）：63-72.

⑤　张海生. 高校劳动教育的意涵. 价值与实践———一种本体论、价值论和方法论的解析［J］. 大学教育科学，2021（1）：53-59.

⑥　曲霞，刘向兵. 新时代高校劳动教育的内涵辨析与体系建构［J］. 中国高教研究，2019（2）：73-77.

的教育过程，引导大学生在劳动创造中追求幸福感、获得创新灵感，培养具有社会责任感、创新精神和实践能力的高级专门人才。"① 这一概念从地位、内容、形态、目标上界定了新时代劳育的内涵，具有一定的代表性。劳动本质上已经是一种教育，它包含手、脑、劳动工作、真实现象四个要素。传统概念上的生产劳动只是劳动的一种形态②，劳动要转化为教育，需要通过时间的"反顾"即海德格尔概念中的"考虑"来实现。

在高校劳育实践层面，我国高校劳育历经百年征程，在不断的探索和实践中逐步走向独立的地位。在百年未有之大变局的时代背景下，新时代劳育面临新的形式和新的内容以及新的挑战。改革开放以前，劳育偏重于政治功能，注重"通过劳动的教育"达成社会功能的发挥。改革开放以后，劳育逐步转向"关于劳动的教育"，即关注劳育让大学生"爱劳动""会劳动""懂劳动"，而新时代的高校劳育把"美丽劳动"作为价值旨归③。《关于全面加强新时代大中小学劳动教育的意见》中指出"劳育决定了社会主义建设者和接班人的劳动精神面貌、价值取向以及技能水平"。劳育是劳动态度、劳动精神、劳动价值观、劳动技能、劳动知识、劳动素养的教育。④ 劳育是教育者以对受教育者实施的劳动体验教育、劳动关系教育、劳动价值观教育为构成的教育体系。⑤ 新时代，劳育的强势回归已不再是原来生成劳育的简单重复，而是立足立德树人根本任务，真正从学生全面发展的视角，结合专业，"要在热爱劳动、勤于劳动的基础上培养更善于劳动的高素质劳动者"⑥。凡此种种，劳育的内涵具有时代特征。新时代的劳育更加凸显学生的科学劳动价值观的养成和创造性劳动能力的培养，新时代劳育从内容、形式和目的上可以理解为"关于劳动的教育"，"通过劳动的教育"，"为了劳动的教育"⑦。一定意义上讲，高校劳育应该在必修课程的基础上，以融入学科专业的劳育课程为主搭建劳育体系。按照目前高校劳育体系整体布局要求，劳育必修课是劳育的第一课堂，主要解决劳动通用知识（劳动法律、劳动安全卫

①　曲霞，刘向兵.新时代高校劳动教育的内涵辨析与体系建构［J］.中国高教研究，2019（2）：73-77.

②　卢晓东，曲霞.大学劳动教育课程框架、特征与实施关键：基于劳动要素的理论视野［J］.中国大学教学，2020（Z1）：8-16.

③　柳友荣.中国共产党百年高校劳动教育实践与探索［J］.中国高等教育，2021（Z3）：18-20.

④　刘向兵.深入贯彻党的十九届五中全会精神　全面推进高校劳动教育［J］.中国高等教育，2020（24）：10-12.

⑤　兰州财经大学劳动教育研究课题组，庞庆明.新时代高校劳动教育体系构建的四重维度［J］.中国高教研究，2021（9）：72-76.

⑥　刘向兵.新时代高校劳动教育的新内涵与新要求——基于习近平关于劳动的重要论述的探析［J］.中国高教研究，2018（11）：17-21.

⑦　刘向兵.新时代高校劳动教育论纲［M］.北京：社会科学文献出版社，2019：49.

生、劳动伦理道德、劳动关系等）以及劳动价值观的传授问题。其他融入学科专业的生产性劳动以及日常生活劳动、服务性劳动都属于第二课堂课程。高校劳育要充分衔接第二课堂，要将学生组织活动的过程变成劳动实践过程①。"劳动是人类特有的实践活动，要充分依靠校内外资源，发挥第二课堂课程内容丰富、形式灵活的优势，积极打造第一、第二课堂深度融合、彼此支撑的劳育育人体系。"② 劳育有利于高校实践育人工作体系的建设，"应重视主题项目设计，打破第一、第二课堂的藩篱，把劳育纳入'第二课堂成绩单'"③。综合以上内容，本书把大学第二课堂劳育课程定义为：以第一课堂即劳动必修课以外的"劳动"为手段，让大学生通过动手、动脑、劳动工作与真实的劳动世界和场景进行连接，并通过时间反思形成一定劳动价值观、劳动情感、劳动技能的教育活动，大学第二课堂劳育课程一般包含日常性生活劳动、服务性志愿劳动、职业性生产劳动、校园劳动文化活动等。

（二）大学第二课堂劳育课程的职业特性

高校劳育是沟通职业、联结社会的载体，指向生活世界。高校开设劳育必修课即第一课堂课程的主要目的和主要任务是传授必要的劳动认知、习惯等劳动知识体系，进而帮助掌握一定的劳动技能，内塑劳动情感、态度和价值观。大学生通过劳育获得的应是包含活性劳动知识、感性劳动知识、理性劳动知识在内的知识整理理论（Holistic Theory of Knowledge）框架下的知识④。因此，劳育不应主要是劳动知识的传授，而是面向真实生活世界和职场的劳动技能和劳动价值观的塑造，这就意味着劳育要以引导学生进行体力劳动、动手实践，这也决定了劳育的职业特性，劳育是以实践活动为核心统领的⑤，应当树立"实践劳育"的意识⑥。何谓劳育的职业特性？劳育与其他各种形态的教育相互渗透，但劳育是最直接指向社会工作世界的教育，培养的是"准社会劳动者"，它综合其他各教育形态的教育成果并将其运用于社会工作世界的实践中，直达工作职业场景。劳动的过程是一个个体主动实践的过程，因此劳育必然是实践性的。这种实践性活动的场域最终面向的是当下或者未来的工作职场。劳育的职场特性要求劳育引导学生超越单纯的劳动"知识传授"，融入个体鲜活的"生活世界"，达到未来能够

① 尹者金. 新时代高校劳动教育的特征与实现 [J]. 江苏高教，2019（11）：85-89.

②④ 刘向兵，赵明霏. 构建新时代高校劳动教育体系的理论逻辑与实践路径——基于知识整体理论的视角 [J]. 中国高教研究，2020（8）：62-66.

③ 尹冬梅. 用劳动教育新要求指引高校实践育人 [J]. 中国高等教育，2021（5）：27-29.

⑤ 毛菊，孟凡丽. 劳动教育：现实困境、本义探寻与教学方案 [J]. 课程·教材·教法，2020（1）：11-16.

⑥ 余宏亮，王刚. 大学劳动教育简论 [J]. 中国教育科学（中英文），2021（2）：100-106+30.

畅游复杂的"职场世界"的目的。高校劳育是直指个体的真实的生活世界和职场世界的教育，具有鲜明的社会性和职业性。[①] 高校劳育的目的是，达成必备的生活技能和劳动技能，养成大学生爱岗敬业的态度和人岗相适的精神以及未来应对复杂劳动环境的劳动品质，引发职业兴趣，规划职业生涯，增强劳动职业素养。有学者认为，"高校劳育的主要价值在于提高大学生的社会适应性，有效缩短大学生个体适应社会岗位的时间周期，拉近大学生校园生活世界与工作世界的距离"[②]。综合来看，高校劳育是面向职场的教育，在时间和空间上具有扩展和延续效应，大学第二课堂劳育课程的开发设计必须直面职场和具体劳动岗位，充分体现为未来工作生活做好准备的职业特性。

二、大学第二课堂劳育课程的理论与实践

（一）大学第二课堂劳育课程建设的理论支撑

1. 苏霍姆林斯基劳育思想与第二课堂

劳育是苏霍姆林斯基教育思想的核心，其继承和发展了马卡连柯和列宁关于教育与生产劳动相结合的思想。他认为，劳育是学生个性和谐全面发展的重要内容，必须与智育、体育、美育、德育并重并相互结合，劳育有助于学生形成良好的品德和行为习惯，更有利于学生发展智力，没有劳动就没有真正的教育，"教育的任务就是让劳动渗透进我们所教育的人的精神生活中去，渗透进集体生活，使其对劳动的热爱成为重要的兴趣"[③]。其劳育思想包含劳育与人发展的互动论。苏霍姆林斯基所指涉的劳动虽含有脑力劳动的成分，但更多指涉的是体力劳动，劳动价值的创造是劳动的首要任务，劳育能够创造更多的社会财富，体现劳动的经济价值，让学生在受教育过程中充分认识劳动创造价值的本质，能够实现学生的满足感进而让劳动成为一种学生的自我需要，树立正确的劳动观，更愿意无私地劳动，为社会贡献力量。苏霍姆林斯基认为，"劳动以外的教育和没有劳动的教育是不存在的，也不可能存在"，他倡导劳育要与智育紧密结合并实现手脑并用，在"劳动中思考"和在"思考中劳动"，重视"创造性劳动"，通过劳动着重发展学生创造性思维。苏霍姆林斯基特别重视第二课堂劳育课程的设计，变换劳动工具、劳动形式和内容，充分发挥学生参与劳动的主动性和积极性。他重视通过劳动培养学生的集体观念和团队合作能力，认为劳动是使集体的思想和情感

① 刘向兵. 深入贯彻党的十九届五中全会精神 全面推进高校劳动教育 [J]. 中国高等教育，2020（24）：10-12.

② 周光礼. 劳动教育高水平人才培养体系的重要一环 [N]. 光明日报，2020-07-28（14）.

③ ［苏］B. A. 苏霍姆林斯基. 帕夫雷什中学 [M]. 赵玮，等译. 北京：教育科学出版社，1999：361.

结合的有效途径，在帕夫雷什中学实践劳育时广泛设置了多种课程，包括电工、园艺、机械、车工、花卉、畜牧、栽培等社团活动（第二课堂课程），并设置了智力活动和劳动创造中心，让学生在其中体验劳动的快乐和收获，让劳动成为学生幸福和快乐的源泉。

2. 陶行知劳育思想与第二课堂

陶行知生活教育思想的精髓是生活即教育、社会即学校、教学做合一，其传承了杜威"教育即生活"的理念。"贯彻劳力上劳心的教育，才能造就在劳力上劳心的人类；也唯有在劳力上劳心的人类，才能征服自然，创造大同社会。"① 这是陶行知手脑并用思想的观点，劳育既要重视双手的锻炼，更要重视脑袋的锻炼。陶行知主张劳育的实践性，劳动是获得真知识的路径，劳育必须在实践活动（第二课堂课程）中才能够获得生命力和发展空间，在做中教，在做中学，把劳育与生活相联结。"生活教育是生活所原有的，生活所需自营，生活所必需的教育"②，陶行知把劳育的场域扩大至生活的场域，极大地丰富了劳育的教育空间。劳育的内容即生活需要的教育内容，正如"人生需要面包，我们就教授面包教育，人生需要恋爱，就得教授恋爱"。陶行知劳育思想是与其生活教育思想紧密结合在一起且不可分割的，其劳育思想可以称为劳动生活教育思想，主张劳动与生活的联合和关联，重视第二课堂课程的作用。

3. 劳动形态迭代性思想与第二课堂

劳动是人类历史的创造者，劳动者、劳动资料（劳动工具）、劳动对象是生产力的基本要素。因劳动工具的变迁，人类劳动形态一般分为手工劳动时代、机器大工业劳动时代、智能化劳动时代。劳动形态的迭代必然导致新的职业形态的呈现。不同的劳动形态需要不同的劳动素质，新的职业形态要求从业人员对劳动素质的具身化，而这种具身能力需要劳育长时间的培育，人类更需要在多元的劳动形态中寻找新的价值定位。新时代，智能化劳动时代逐渐来临，劳动的内容逐步趋向智慧劳动、创造劳动、情绪劳动等③。这种形态下，科技劳动、管理劳动等智慧的劳动以及创新技术应用劳动等创造性劳动逐步增多，特别是第三产业服务性劳动的比重加大的情况下，情绪劳动成为新时代重要的劳动内容。情绪劳动（Emotional Labor）是脑力劳动和体力劳动之外的第三种劳动类型，其主要是"个体通过自我情绪管控呈现出得体的表情和肢体语言，以建立良好的互动关系

① 陶行知. 陶行知全集（第一卷）[M]. 成都：四川教育出版社，1991：130.
② 陶行知. 陶行知全集（第二卷）[M]. 长沙：湖南教育出版社，1985：633.
③ 曾天山，顾建军. 劳动教育论 [M]. 北京：教育科学出版社，2020：47.

并获得顾客信赖，从而产生交换价值"①。此外，随着人类闲暇时间的增多，精神劳动、休闲劳动、艺术劳动等劳动内容（第二课堂课程内容）逐渐增多，这都需要基于劳动的心理和审美能力的培养，增强人们追求和享受美好生活的能力。总而言之，新时代，新的劳动形态正处于与旧的劳动形态互生互存的时期，智能设备的应用，对劳动者的统筹协调沟通等能力也提出了更高的要求，这种新的劳动价值观、劳动习惯品质、劳动知识和技能等的培养都需要新的劳育。

（二）美国大学第二课堂劳育课程实践

美国劳育总体上是纳入通识教育范畴的，即不是专门培养某一部分人而是针对全部人员的通识课程，其通识劳育课程的目标是"有效的家庭成员、职业领域的合格准备者、负责任的社会公民"②，这三个方面的目标是基于个人发展和社会需求的统一即个人价值和社会价值的统一。美国于 1993 年通过了《国家与社区服务信托法》，该法律规定了开展服务学生的政府支持资金措施，把学生、学校和社会连接起来。服务学习已成为美国公民教育的重要组成部分，并作为学生毕业的条件。美国高校劳育广泛开展以"服务学习"为内容的形式，组织学生参加诸如流浪失业、艾滋病防治、贫困现象等问题的校外实践考察等活动，而且通过社区参与服务的形式增强大学生的志愿精神和公民意识③。例如，美国普林斯顿大学教授与学生走进贫困社区开展家庭节能项目活动，学生们向社区居民讲授利用太阳能解决家庭燃料节约问题，学生们不仅将课堂的知识运用到了社会生活中，而且全面了解了社区的生活实际状况，强化了公民的社会责任和担当意识。

三、大学第二课堂劳育课程的价值与内容

（一）大学第二课堂劳育课程的价值

1. 劳动价值观的内化

马克思主义劳动价值观教育是我国高校开展劳育的核心。当下，高校劳育"非教育化"倾向问题严重，往往以"劳动"代替"劳育"，以"劳动实践"代替"劳育成效"④，有劳无教、有劳无育问题突出。要彻底改变新时代劳育与以前劳育趋同的情况，让大学生参与真实的劳动，而不是为参与"劳育"而参与劳动，这就需要以马克思主义劳动价值观为指导，并努力使其内化为大学生的劳动精神，使其养成爱劳动、能劳动的价值观和习惯。马克思主义劳动价值观是什

① 王新波. 情绪劳动：人工智能时代劳动教育的内容创新 [J]. 人民教育，2019（19）：62-65.

② 曾天山，顾建军. 劳动教育论 [M]. 北京：教育科学出版社，2020：407.

③ 谷贤林. 美国学校如何开展劳动教育 [J]. 人民教育，2018（21）：77-80.

④ 刘向兵，柳友荣，周光礼，等. 全面加强新时代高校劳动教育（笔谈）[J]. 中国高教研究，2021（4）：9-13.

么？马克思主义劳动价值观认为，劳动创造了人，劳动解放了人，劳动是社会存在和发展的基石，劳动是人区别于动物的本质特征，劳动是人存在的根本需求，按劳分配是社会分配的基本准则，教育与生产劳动结合是人全面发展的唯一途径，等等。凡此种种，马克思主义劳动价值观是指导大学生接受劳育的逻辑起点，能让大学生在劳育中"懂劳动"。以马克思主义劳动价值观为指导，是高校劳育价值的逻辑起点，高校应通过马克思主义劳动价值观的教育使大学生真正树立正确的、科学的劳动观，认同劳动的光荣、崇高、伟大和美丽以及劳动与人、与职业、与社会的关系，将劳动创造价值、创造生活、创造世界的理念内化于心、外化于行，培育符合马克思主义劳动价值观的劳动人格，只有这样，大学生才能在百年未有之大变局中担当责任和使命。新时代，高校劳育的价值观主要体现在劳动"最光荣、最崇高、最伟大、最美丽"上，要把这一思想内化为勤俭、奋斗、创造、奉献的劳动精神，更要全面深刻领会实干兴邦、大国工匠的内涵以及"劳动就是奋斗、奋斗就是幸福"的深刻内涵。

2. 劳动技能专业性的提升

"劳动是劳动者直接的生活来源，同时也是劳动者个体存在的存在方式。"[①] 高校劳育区别于中小学劳育最大的不同在于其"前职业性"，即注重于养成正确的劳动价值观，为即将进入社会工作职场做好必要的准备，因此，其日常生活劳动一般以学生管理的宿舍卫生等行为习惯的养成为主，高校劳育主要以生产劳动和服务性劳动为主体。因此，高校劳育特别是以第二课堂形式开展的劳育需要重视与学科专业的结合，提升第二课堂劳动课程的专业性。大学生劳育必须结合"劳育融合进学科专业教育"的路径，聚焦一定的学科、专业特性开发设计一定的课程，培养学生的专业劳动实践能力。高校围绕生产劳动的教育内容，结合学科专业特点、创新创业教育开发设计相关的第二课堂劳动实习实训、科学实验、专业服务、社会实践、志愿服务、毕业实践等课程，增强职业引导性和专业实践性，帮助学生积累就业职业经验，客观上也能够提升大学生的就业和创业能力，帮助大学生树立正确的劳动价值观和就业择业观，最终通过劳育促成劳动技能专业性的提升。"高校劳育要坚持以融合学科专业教育为内容主轴"[②]，不能把高校劳育狭隘化、简单化为日常的生活劳动、学习活动，更应该让学生结合学科专业特点走出第一课堂、走出校园，在专业问题实践中体验劳动过程和技术，体验劳育的本体意义，劳动的专业化、劳动品格和劳动意志的专业化最终指向的

① ［德］马克思 . 1844 年经济学哲学手稿［M］. 中共中央马克思恩格斯列宁斯大林著作编译局，译 . 北京：人民出版社，2000：174.
② 余宏亮，王刚 . 大学劳动教育简论［J］. 中国教育科学（中英文），2021（2）：100–106+30.

也是劳育职业化和劳动技能的专业化。

（二）大学第二课堂劳育课程的内容

改革劳育方式方法，需要从课程建设方面进行大胆探索。有研究①提出，将劳育纳入"第二课堂成绩单"管理，充分发挥第二课堂对第一课堂的支撑和促进作用，实现第二课堂与第一课堂的深度融合。该研究提出的劳育第二课堂课程内容主要包括劳动基础知识、劳动态度、劳动技能、信息技术、社区服务、社会实践、志愿服务、劳动技术教育等。

1. 日常性生活劳动

日常性生活劳动主要包括自我服务性劳动、勤工助学、文明宿舍创建、文明教室及校园环境卫生创建等，主要在于帮助大学生养成基础的日常劳动卫生习惯以及提高劳动自立自强能力。这种第二课堂劳动课程一般以自发的形式组织和开展，但为了提升约束性和规范性，一般通过学校统一的制度约束或课程设计的形式设计规范标准，要求大学生全员参与。日常性生活劳动是高校最基础的第二课堂劳育课程内容，也是大学生日常行为规范以及公民修养的基础内容。

2. 服务性志愿劳动

服务性志愿劳动主要是大学生根据自己的意愿、兴趣等开展的志愿性、公益性服务活动、"三下乡"社会实践活动、学生干部经历、社团干部、助管、助教、助研以及服务学习②等，主要目的在于提升大学生在服务社会的过程中体验劳动、感悟劳动的能力和培养大学生的奉献精神，特别是要通过服务性志愿劳动引领大学生在重大疫情、公共灾害中主动担当作为，这关注的是最前沿劳动、最前沿现象。

3. 职业性生产劳动

生产性劳动主要是大学生结合学科、专业特点开展的实习实训、专业服务、科学实验、毕业设计、社会实践等，主要包含农业生产劳动、工业生产劳动、手工业生产劳动。大学作为高层次人才培养的主阵地，融入学科专业的职业性生产劳动应然是劳育的主体形态。生产性专业劳动要重视新知识、新工艺、新技术、新方法的运用，让大学生深入劳动一线，将所学专业知识运用到解决实际工作劳动场景中，全面提高大学生在生产实践中发现问题和创造性解决问题的能力，最终能够在动手实践的过程中创造有价值的物化劳动成果。新时代，探索性和创造

---

① 刘向兵. 新时代高校劳动教育论纲［M］. 北京：社会科学文献出版社，2019：122-123.

② 刘祥玲在《高校以服务学习课程开展劳动教育的路径探析》（《中国高教研究》，2020 年第 10 期）中系统探讨了劳育中的"服务学习课程"的主要内容。服务学习是美国一种大学生参与社区服务的劳育形式，主要是组织大学生参与社区服务以满足社区需求的学习形式，并加入"反思交流"环节来将"劳动"转化为"劳育"。

性劳动、艺术性劳动的作用也逐步凸显，大学生应有意识参与其中①。职业性生产劳动第二课堂课程具有"课程劳育"的性质，高校可以结合各学科专业的特点，深入挖掘专业课程中的"劳育"元素，让大学生在专业实习实训中感受劳动创造价值的真谛。

4. 校园劳动文化活动

当下高校普遍存在劳育的校园文化氛围缺乏，以及劳动价值观和劳动人民形象、劳动英模事迹宣传偏少的问题。校园劳动文化活动的主要目的是建构劳育的校园劳动文化，主要形式有举行或设立劳动文化节、劳育周、五月劳育活动月、劳动竞赛、劳动技能成果展示展演、劳育讲座、"大国工匠进校园"劳模报告会、劳育相关社团活动、劳动标兵评选、设立劳动奖学金等，让劳动精神动起来、活起来。高校应全面通过劳育校园文化建设，大力弘扬马克思主义劳动价值观，营造良好的劳育校园文化氛围，让大学生感受劳育文化的近距离效应，发挥其隐性教育功能。

第六节　大学第二课堂财商课程

财商决定了个体的财富积累、生活质量以及生活幸福感，新时代人们对美好生活的向往离不开财经素养的培养和塑造。财经素养提升是财商教育的本质属性和内在要求，大学生财商受到家庭金融环境以及数学素养的影响，亦需要具备对财经概念、关系和情景的理解，但系统的财经知识的框架搭建主要来源于学校财商教育。有学者研究得出，从社交媒体获得财经信息的学生的财经素养低于从大学教育获得财经信息的学生（Ergun and Kutlu，2018）。凡此种种，大学进行财商教育、提升大学生财经素养具有重要的现实需求性和可行性。

一、大学第二课堂财商课程的内涵与特性

（一）大学第二课堂财商课程的内涵

商是指"商数"即"数值大小"，财商即财经素养的高低。财商（Financial Intelligence Quotienta，FQ）一词最早是由罗伯特·清崎（Robert Toru Kiyosak）在其全球畅销书系列《富爸爸》中提出的，他认为，财商是理财的智慧，包括两方面的内容：正确的金钱观、消费观等理财观念以及正确使用、获取金钱的理

---

① 曾天山，顾建军. 劳动教育论［M］. 北京：教育科学出版社，2020：306.

财能力。对于青少年来说，财商应是为了更好地享受未来生活，成功处理与物质世界的关系而积淀下来的综合素养①。

国内外相关学者和重要国际组织都对"财商"进行了界定，但尚未形成一致认可的定义。具有代表性的是经济合作与发展组织（Organization for Economic Co-operation and Development，OECD）的相关研究成果，强调"财商"是指个体做出合理财经决策并最终实现财经幸福感所需的财经意识、知识、技能、态度、行为的综合能力②。OECD 认为"财经教育"是指基于财经概念和风险的知识和理解，个体提升技能并充满自信应对财经风险，在各种财经情境中做出明智决策，懂得寻求帮助并采取有效措施提升财经幸福感的过程③。美国政府问责署（Government Accountability Office）把"财经素养"界定为：对有关当下和未来使用与管理钱财做出明智判断并采取有效措施的能力④。美国财经素养入门联盟（JumpMYMtart Coalition）把"财经素养"定义为：运用财经知识和技能有效管理个人财经资源以实现一生财经安全的一种能力⑤。国际经合组织（2005）认为，财商教育是帮助金融消费者和投资者提高理解金融产品，并通过信息、指令或客观建议，帮助其提升理财技能和信心以及理智面对金融风险，改善他们财务状况的一种教育。

杨晓峰（2002）认为财商是指一个人认识和驾驭金钱运动规律的能力，是理财的智慧，包括观念（想不想）、知识（怎样想）、行为（怎样做）三个层次。观念是指对金钱、财富及财富创造的认识和理解过程；知识是指投资创业必不可少的知识积累，包括会计知识、投资知识、法律知识；行为是观念的表现和载体，是观念和知识在自我与环境之间的协调和实施，突出表现为每个人的自我突破、自我激活、自我控制的素质和能力。这三者互为补充、互为支持，共同构成了动态的、发展的财商概念⑥。《富爸爸穷爸爸》的推行者汤小明（2006）认为，财商即财富智商，是指一个人认识和驾驭金钱运动规律的能力，包括观念、知

① 翟羽西，宋英杰. 财商教育的共识与误区［J］. 经济研究导刊，2017（3）：185-186.

② Atkinson A，Messy F. Measuring Financial Literacy：Results of the OECD/International Network on Financial Education（INFE）pilot study［Z］. OECD Working Papers on Finance，Insurance and Private Pensions，Paris：OECD Publishing，2012.

③ OECD. Improving Financial Literacy：Analysis of Issues and Policies［M］. Paris，France：OECD，2005.

④ United States Government Accountability Office. The Federal Government's Role in Improving Financial Literacy［EB/OL］.［2018-03-06］. https：//www. gao. gov/new. items/d0593sp. pdf.

⑤ Jumpstart Coalition. What is FinanciAl Literacy［EB/OL］.［2018-03-07］. https：//www. jumpstart. org/who-we-are/jumpstart-faqs/.

⑥ 杨晓峰."智商"、"情商"、"财商"一个都不能少——兼谈学习财务管理的必要性［J］. 山西财经大学学报，2002（S1）：58-59.

识、行为三个层次，财商决定一个人受金钱左右的程度和他的富裕程度。王晶（2013）认为，财商指一个人在财务方面的智力，是理财的智慧。它包括两方面的能力：一是正确认识金钱及金钱规律的能力；二是正确应用金钱及金钱规律的能力①。李慧（2014）认为，财商的概念是从情商和智商这两个词发展而来的，所以，财商和智商和情商有一定的关系。财商主要包括"观念、知识、行为三个层次"，可以从这三个方面来评价一个人的财商水平②。2018 年，中国财经素养教育协同创新中心携同其他机构发布了《中国财经素养教育标准框架》，以收入与消费、储蓄与投资、风险与保险、制度与环境、财富与人生"五维"以及了解知识和事实、获取方法和技能、形成观念和态度"三标"为主要体系，第一次系统阐述了我国财经素养教育的框架结构，并对财商教育给予了高度重视。付清宇（2021）认为，财商即"金融智商"，指一个人认识金钱和驾驭金钱的能力，是理财的智慧。财商教育不仅是一种挣钱的方式，还是一种提升自我的能力，能够促进人全面发展③。刘会（2021）认为，财商是指个人认识、创造和管理财产的能力，是财经素养的综合体现，依赖后天培养④。

从"财商"的本质和外延来看，"财经素养"的界定主要分为五种观点：财经概念的知识观、交流财经概念的能力观、管理个人财经事务的能力观、做出适当财经决策的技能观和有效规划未来财经需求的自信观。虽然国内外学界尚未形成"财商"的一致界定，但基本认可"财商"⑤ 是运用财经知识和技能有效管理财经相关资源并提升财经幸福感的能力，包括个体对待财经事务和概念体现出的知识、态度和行为。

（二）大学第二课堂财商课程的实践特性

财商的提升并非自然生成，而应然是在财经实践中达成的。财商教育的内容一般由其目标设定来决定，其内容也各有差异。一些发达国家的财商教育由理财教育发展而来，也常被称为财经素养教育。美国率先创设了 K12 财经素养教育体系，明确了幼儿园、四年级、八年级、十二年级财经素养教育内容，囊括消费、信用、收入、投资、风险管理等诸多内容。其中，中小学财商课程包括儿童与近期管理、人生理财、个人财务开支计划、储蓄和投资、金融决策，高中理财计划

① 王晶. 紧急补课——当代大学生财商教育 [J]. 办公室业务，2013 (17)：233-234.
② 李慧. 大学生财商教育 [J]. 中外企业家，2014 (21)：165+167.
③ 付清宇. 我国财商教育问题与对策探讨 [J]. 现代商贸工业，2021，42 (14)：116-117.
④ 刘会. 大学生财商教育研究——以四川文理学院为例 [J]. 商业观察，2021 (13)：56-60.
⑤ 全国人大代表在两会"系统推进学校财经素养教育"的提案中提出，国家层面应统一使用"财经素养教育"的概念，财经素养教育包含但不只是专门的财商教育、金融教育、消费者教育、投资教育，更是培养学生应对经济生活所必备的基础性、普适性和萌芽性的综合素质活动。

项目等特色课程，譬如"股票游戏"就是一门非常有特色的财商教育课程①。总体而言，美国财经素养教育更注重知识与技能，在财经知识、教育内容分配等方面具有一定优势。英国学校财商教育设有较为明确的教学目标，具体为金融理解力（指学生能够理解金钱的本质及其功能和用途，其涉及的内容主要有"钱是什么以及钱的交换""钱从哪里来""钱到哪里去"三个方面）、金融胜任力（指学生能够将所学到的金融知识运用到实际生活中，主要包括"管理好钱财""花钱和预算""基本的风险和回报"三个方面）、金融责任感（指学生能够明白理财决策中涉及的系列道德伦理和价值观问题，主要包括"个人生活选择""关于钱的更广泛的意义"两个方面）。澳大利亚财经素养教育则更强调知识的运用与实践，他们将财经素养教育课程纳入国家课程体系，覆盖幼儿园至高中阶段，注重培养青少年群体对财经素养的重视度，养成良好的财经习惯。在日本，财经素养教育被认为是"一种社会化教育，内容涵盖财务生活计划、家庭费用管理、金融运行机制、生涯发展规划等"，其教育对象广泛覆盖了由小学至大学、由青年至老年大部分社会群体，其教育内容也更为丰富，允许公民自由选择，并实现院校、社区、家庭三种教育场景互动开展。日本学校的财商教育强调的是一种社会责任感，要求学生正视金钱的价值，理性合理地使用金钱，以及正确实惠地做预算、合理制订消费计划等相关的财商教育②。

我国的财商教育也是由理财教育发展而来，与西方发达国家相比虽起步较晚，但目前得到了越来越多的重视。随着市场经济的发展和国外理财教育思想的传播，财商教育日益为我国教育理论和实践领域所关注，并从理念走进了学校实践。对于财商教育的目标和内容，国内学者有着不同的见解。杨晓峰（2002）认为，实施财商教育主要包括以下几个方面：一是要更新对金钱、财富的观念，注入财商意识，重视学习理财知识；二是要视创造财富为己任，强化财商意识，培养富人心态；三是要学习理财知识和技能，增强财商意识，完善人的素质和能力；四是应学习理财知识和技能，加强财商教育，促进社会保障体系的建立和健全③。许爱青等（2009）、王晶（2013）认为，大学生财商教育的基本内容包括投资理财观念、投资理财心理品质、投资理财知识和投资理财能力。财商教育内容应起源于生活，以生活化为思想内核，以社会发展和大学生生活意义体验、生

① 陈勇，季夏莹，郑欢 . 国外青少年财商教育研究梳要及其启示［J］. 外国中小学教育，2015（2）：24-28+65.

② 尚运生 . 提升全民财经素养的几个着力点［J］. 人民论坛，2020（15）：108-109.

③ 杨晓峰 ."智商""情商""财商"一个都不能少——兼谈学习财务管理的必要性［J］. 山西财经大学学报，2002（S1）：58-59.

命价值拓展为现实基础①②。庄舒涵和何善亮（2016）将财经素养具体划分为意识、态度、价值观、能力、方法、知识、信息七个方面，彼此之间相互联系、相互影响。对于学生财经素养的定位，他们将意识、态度、价值观置于圆环的核心地位③。翟羽西和宋英杰（2017）认为，罗伯特·清崎所构建的"财商五维"是设定财商教育内容更为全面和实际的一个框架：第一财商，赚更多的钱；第二财商，守住你的钱；第三财商，预算你的钱；第四财商，撬起金钱的杠杆；第五财商，改善你的财务信息。他认为，这五个维度的财商内容都有各自的目标、理念、知识和技能，共同作用达成财务健全的总体财商目标，既有较为稳定的逻辑关系，又有可实际操作的方法指南④。杨娟（2019）认为，财商教育应分经管专业类和非专业类大学生教育。经管专业类大学生财商教育应以提高学生的财商技能为准；而非经管类专业学生，培养其获取财商的意识更为重要。在学校教育层面开展的普及类财商教育以增强意识为主，辅之以提高学生的财商能力⑤。刘永强（2019）认为，大学生财商教育内容应注重生活中的感受、领悟和体验，把人生观、价值观、理财观的培养建立在真实的生活情境和丰富的生活体验上。财商课程内容包括个人理财基础知识、个人金融投资理财知识、大学生创新创业知识，还包括特定的知识传授和技能训练，如社会主义国情教育、有关法律法规教育、金融理财与投资教育、创业与就业教育等⑥。周小妮（2021）认为，大学财商教育应开设包括但不限于财经通识课程、科学的财富观与理财观、财富创造与倍增规律、财商修炼方法与原理、大众理财（储蓄、保险、基金、股票等）及其工具使用、长期价值投资理论以及理财生命周期理论等课程，使大学生接受从理论到实践，科学且完整的财商课程体系教育，提升大学生财商素质，为他们将来更好地创造财富，科学理财，造福社会奠定坚实基础⑦。王金凤等（2021）认为，现代化财商教育需要更加全面的目标来适配高速且高质量发展的经济时代，建立"观念—理论—实践"的财商教育体系。她们指出，高校财商教育发展要树立财商价值观念、强化财商专业知识、提高财商实践能力、传承优秀中华传统

---

① 许爱青，温志强，张昆玲. 大学生财商教育理论框架及实践模型研究［J］. 中国成人教育，2009（14）：16-17.

② 王晶. 紧急补课——当代大学生财商教育［J］. 办公室业务，2013（17）：233-234.

③ 庄舒涵，何善亮. 财经素养概念的多维理解与本土建构［J］. 现代教育科学，2016（8）：41-47.

④ 翟羽西，宋英杰. 财商教育的共识与误区［J］. 经济研究导刊，2017（3）：185-186.

⑤ 杨娟. 大学生财商教育途径与教学内容探讨［J］. 教育教学论坛，2019（52）：166-167.

⑥ 刘永强. 目标、内容与途径：高校"财商"教育体系的构建［J］. 现代经济信息，2019（17）：458.

⑦ 周小妮. 新时代大学生财商教育研究［J］. 辽宁经济职业技术学院（辽宁经济管理干部学院）学报，2021（4）：74-76.

财富观的目标①。

不难看出，尽管国内外在财商教育的内容上各有侧重，但这些内容所涉及的方方面面都在随着社会的发展进步而日益丰富，渐成理论—实践过渡的逻辑体系。我国财商教育的内容可借鉴国内外的经验，既要重视财商意识教育，又要加强投资理财知识和技能教育，同时还应强化投资理财实践能力的锻炼。因此，财商教育的实践性必然是大学第二课堂财商课程的主要特性。

二、大学第二课堂财商课程的理论与实践

（一）大学第二课堂财商课程建设的理论支撑

1. 财经素养理论与第二课堂

基于人性的财经素养理论界定财经素养为：人们拥有的有助于个体应对财经事务、实现财经福祉的知识、能力和价值观点综合体②。该概念认为财经素养是人性问题即人的心理问题，因此，从"经济人"和"社会人"的角度构建了财经素养的"三元"结构理论。该理论认为财经素养包含财经知识、财经能力、财经价值观。财经知识是个体参与经济活动所需要的知识，主要包括基本财经知识以及收支平衡、财富增加等专门知识，这些知识的获得是个体在生活实践中习得的相关概念和原理③。财经能力是个体基础的获取财经知识和财富的能力，是个体必备的能力，以实现个体利益最大化。财经价值观是个体财经价值取向，一般分为理财价值观、财经伦理观、财富价值观。④ 该理论对财经价值观的引入关注了个体的"社会人"属性，是从心理学的视角对财经价值的探索，实现了从经济学和心理学跨学科的角度对财经素养的研究。该理论认为，财经素养教育需要关注个体的财经活动和金钱财富的价值取向，而财经价值观的形成需要个体在实践活动中养成，因此，大学第二课堂财商课程的开发更需要注重财经类实践活动的设计和开发。

2. 财经素养教育模式与第二课堂

根据高校的实践和传播路径的不同，库德（Cude）把美国高校的财经素养教育分为四种模式：财经教育/咨询中心模式、朋辈辅导模式、由财经专业人员开设的课程模式和网络学习模式。根据组织架构和运作机制的不同，丹斯（Donna

① 王金凤，祝冉，赵兴莉．高校财商教育发展动因、目标及路径研究［J］．中国多媒体与网络教学学报（上旬刊），2021（8）：97-100.

② 辛自强，张红川，孙铃，等．财经素养的内涵与三元结构［J］．心理技术与应用，2018，6（8）：450-458.

③ 辛自强．中国公民财经素养基本状况报告［J］．心理技术与应用，2022（3）：129-153.

④ 辛志勇，于泳红，辛自强．中国公民财经价值观测验编制［J］．心理技术与应用，2020（12）：736-746.

E. Danns）把财经素养教育模式分为四种：学术课程模式、资金管理中心模式、种子模式或启发模式和树形分枝散布模式。黄孔雀和许明（2020）认为，美国高校将财经素养教育融入学校教学和管理工作，形成了交互式网络课程、课堂本位、项目本位、个体咨询、游戏本位教育、财经素养教育月专项活动和财经报告卡项目等实践模式，呈现出重视顶层设计、坚持学校为本、强化伙伴合作等特征①。陈勇等（2015）认为，综观国外一些发达国家的财商教育，已形成政府主导的家庭教育、学校教育及社会教育三位一体的教育系统，并初见成效②。通过财经素养教育模式发现，财商教育的实践性决定了其与第二课堂课程开发的天然联系。

（二）美国大学第二课堂财商教育课程实践

美国高度重视财经素养教育，从国家层面推进的机构主要有财经素养教育委员会和消费者金融保护局③。2003 年美国国会通过《财经素养和教育促进法案》，成立财经素养教育委员会（Financial Literacy Education Commission）这一专门机构，以推动财经素养教育。2006 年，美国财经素养教育委员会制定了首份财经素养国家战略——《掌管未来：财经素养提高之国家战略》。2008 年，时任总统布什成立了财经素养总统咨询委员会（President's Advisory Council on Financial Literacy），负责制定便于美国民众理解财经事务的可行性方案。2009 年，美国开始进行大范围的国民财经素养测试。2010 年，美国通过了《多德-弗兰克法案》（Dodd-Frank Act），并成立消费者财经保护署（Consumer Financial Protection Bureau）以进一步推广财经教育。2011 年，美国财经素养教育委员会修订并出台新的财经素养国家战略——《促进美国经济的成功：财经素养国家战略》（Promoting Financial Success in the United States：National Strategy for Financial Literacy），提出了"为美国国民个人和家庭提供可持续的财经保障"的愿景。

美国财商教育参与主体多元化，家庭、学校和社会各有角色，美国政府、高校、金融机构和非政府组织团体共同参与财经素养教育。当前，美国高校较为盛行的财经素养教育主要有以下几种实践模式：交互式网络课程模式（高校财经教育最流行的方式）；课堂本位模式；项目本位模式（与财经机构合作开展的财经素养教育项目、新生研讨会、培训班、奖学金）；个体咨询模式（高校有时会通过与第三方咨询服务机构签订财经咨询协议来为学生服务，而高校主要负监管责任）；游戏本位教育模式（仿真游戏、竞赛游戏、棋类游戏、纸牌游戏、电子游

① 黄孔雀，许明.美国大学生财经素养教育：背景、模式与特征［J］.复旦教育论坛，2020，18（4）：105-112.

② 陈勇，季夏莹，郑欢.国外青少年财商教育研究梳要及其启示［J］.外国中小学教育，2015（2）：24-28+65.

③ 张男星，应望江.国外财经素养教育述评［M］.北京：科学出版社，2020：3.

戏和各种形式混合的财经游戏）；财经素养教育月专项活动；财经报告卡项目。

美国高校注重整合学校资源，联合学校的财经素养教育中心、学生事务办公室、财务援助办公室等部门，建设财经教育资源库，形成财经教育合力。引入社会资源，加强与金融机构的合作，是实施财经素养教育策略的重要补充。美国高校财商教育一般是采用通识教育与专业教育相结合的方式，财商教育的形式更加灵活，除第一课堂外，第二课堂财商教育即各种校园活动，讲座、咨询、竞赛等教育效果较好。[①]

三、大学第二课堂财商课程的价值与内容

（一）大学第二课堂财商课程的价值

1. 财富价值观的内化

大学生进入大学后开始离开家庭学习独立处理学费、贷款、生活消费、信用消费等财务事宜，如果缺少财经知识，将会感到力不从心；当前"校园贷"、校园电信诈骗屡屡发生，威胁着大学生的人身和财产安全。教育部等部门采取了相应措施进行防范和疏导，如要求小额贷款公司不得向大学生发放互联网消费贷款、完善和落实大学生资助政策等，但未能制定解决大学生财商教育问题的系统方案，堵不如疏，对大学生开展财商教育是积极防范金融风险的有力举措。由于缺乏财经知识，青年中"月光族""啃老族""房奴族""卡奴族"普遍存在。顾娟（2017）认为，大学生在投资理财方面普遍存在以下特征：消费社会化和消费无计划性，理财意识强烈和财商素养欠缺，互联网金融接受度高但风险甄别能力不足[②]。开展科学的财商教育能让受众者达到"启迪智慧、树立理念、增强能力、培养习惯、学会理财"的总体目标。另外，教育毫无争议地会影响到国家安全的各个层面。马宇（2023）认为，以2008年国际金融危机为转折点，人们对资本账户开放的态度发生了明显变化，在2008年之前，人们普遍相信资本账户完全开放有利于资本自由流动，有利于全球资源优化配置，能提高经济效率[③]。财富观的确立对于深化改革、促进发展、维护稳定具有重大的战略意义。

2. 凸显新时代劳动教育

高校通过财经素养教育提升大学生财商是新时代劳动教育的重要内容，凸显了新时代劳动教育的新内涵。财经素养教育内容涉及财经知识、财经能力以及财经价值观等，特别是新时代"共同富裕"财富理念的提出，更加丰富和彰显了

① 葛喜艳，刘怡蔚. 美国财商教育研究［M］. 北京：经济管理出版社，2022：8.
② 顾娟. 大学生财商现状及对策研究［J］. 兰州教育学院学报，2017，33（11）：88-89+163.
③ 马宇. 新兴经济体跨境资本流量合意区间测算研究［M］. 北京：中国社会科学出版社，2023：8.

财经素养教育的劳动教育价值。财经素养教育可以改变个体对劳动的偏见和不正确理解，使个体更容易理解劳动创造财富的本然，认识到只有通过诚实的劳动才能够创造财富。财经素养教育以第二课堂课程的形式开展更加注重提升财商的实践性，使个体在参与生活世界的财经活动中，把经济人和社会人有机地统一，更容易将财富与幸福、财富与公平正义、财富与国家安全等紧密融合，更好地体悟劳动创造财富、劳动创造美好生活的真理。因此，财经素养教育提升财商，是以劳动教育为逻辑起点和途径手段的，最终指向"劳动最光荣"的德育目标。

（二）大学第二课堂财商课程的内容

大学第二课堂财商课程聚焦财商教育"实践性"，形成财商教育第二课堂特色校园文化，提升财商教育的稳定性和影响力。

1. 财商教育课程开发

按照《中国财经素养教育标准框架》①以及财经素养三元结构理论等理论，大学第二课堂财商课程可以从收入与消费（劳动与个人收入、个人消费与规划、政府收入与支出）、储蓄与投资（货币与利率、储蓄与信贷、投资与收益）、风险与保险（风险与管控、商业保险与社会保障）、制度与环境（经济制度与体制、国际贸易与全球化）、财富与人生（财富与个人家庭、财富与国家社会、财富与生命自然）五个维度、十三项内容开发设计相关的第二课堂课程。例如，收入与消费维度可以设计与开发"十元挑战生存十天"的第二课堂课程，储蓄与投资维度可以设计与开发"模拟炒股金融挑战赛"的第二课堂课程，风险与保险维度可以设计与开发"保险理赔模拟大赛"的第二课堂课程，制度与环境维度可以开发与设计"国际贸易模拟大赛"的第二课堂课程，财富与人生维度可以组织开展"我的财富观"演讲比赛等第二课堂活动课程。

2. 财商教育校园文化

财商教育特色校园文化建设也要注重从财商教育物质文化（校园建筑、基础设施、校园绿化和美化等）、制度文化（财商教育人才培养制度、道德规范等）、精神文化（财商素养）等校园文化建设的三个维度进行。另外，近年来，"校园贷"、网络诈骗等危机事件屡见报端，这反映出大学生财商教育的缺乏和针对性缺失。高校应结合大学生需求的实际情况开展"财商教育与网络诈骗"系列活动，提升财商教育活动的层次性，丰富财商教育活动内容，开展学术沙龙、团体辅导、财经游戏、互动活动等。适合大学生的第二课堂财商教育活动主要有"经济学十大原理"启蒙、财务自由与实现、股票投资的素养探析、保险与人生呵

---

① 张男星，岳昌君.《中国财经素养教育标准框架》解读［M］.北京：科学出版社，2019：6.

护、储蓄及其选择、"学生公司"的探索、模拟贸易实践等①。

3. 财商教育社会实践

高校应借鉴中国人民大学"千人百村"社会实践育人模式及北京科技大学社会实践课程育人模式，实现财商教育理论课程、社会实践一体化运行模式，每年暑假组织"千人百团"财商教育专项社会实践团队，分赴中小学开展财商教育、金融企业实习调研等。高校社会实践应覆盖全体学生，开设 6~8 课时的财商教育社会实践调研、宣传指导理论课，按照报名组队、答辩立项、实践调研、成果展示等环节，规范化、科学化开展财商教育专项社会实践活动，实现财商教育专项社会实践与思政教育、创新创业教育的有机融合，打造"财商教育+社会实践+思政教育"育人模式的教学成果，形成财商教育社会实践品牌。

第七节　大学第二课堂课程内容的有机融合

一、认知度凸显第二课堂课程需求

高等教育质量是新时代高等教育改革发展的重要课题。提升高等教育质量要关注课程改革，要关注"以学生为中心"理念下的学生的发展问题。正如潘懋元先生所言，"忽视作为教育主体的大学生及其学习研究，就是忽视从教学本源上解决教学质量问题"②，大学生的学习经历不仅包含专业的第一课堂课程，更包含第一课堂之外的第二课堂课程。大量实证研究表明，课外活动（第二课堂课程）能够给大学生带来积极的影响，参与程度越高，越能够显著提升自信心、职业目标规划能力、成熟的人际关系等，并且学生参加学校有组织的课外活动更能够促进学生发展。③ 因此，第二课堂在学生中的认知度涉及第二课堂在大学生心目中的地位，是研究大学生参与第二课堂的逻辑起点问题。本书在访谈中设计了大学生对其就读大学第二课堂总体评价问题，并对大学生参与第二课堂成长和收获的主题进行了统计，第二课堂认知度的总体频次为 70 次，这说明大学生对第二课堂认知度相对较高（见表3-1）。本书通过访谈统

① 张男星. 中国财经素养教育的学校实践 [M]. 北京：科学出版社，2019：6.

② 潘懋元. 《学习风格与大学生自主学习》书评 [J]. 西安交通大学学报（社会科学版），2004（4）：95-96.

③ 孙沇睿，丁小浩. 大学生课外参与投入的适度性研究 [J]. 大学教育科学，2010（6）：53-61.

计分析发现，大学生对第二课堂认知度主要可以总结为内容丰富、形式多样、对学习影响、学分化、参与热度五个维度，分别为 28.57%、22.86%、21.43%、5.71%、21.43%（见表 3-2）。

表 3-1　参与第二课堂成长和收获主题统计

收获主题	频次	言论百分比（%）
第二课堂认知度	70	15.98
领导沟通协调能力	66	15.07
态度和价值观	65	14.84
学术与认知能力	53	12.10
技能拓展与提升	53	12.10
人际促进与社会化	51	11.64
心理与自我效能	48	10.96
职业认知与规划	32	7.31
合计	438	100.00

表 3-2　大学生对第二课堂认知度主题统计

编码和子类别	频次	言论百分比（%）
1. 内容丰富	20	28.57
2. 形式多样	16	22.86
2.1 规范程度高	6	8.57
2.2 缺乏创新	1	1.43
2.3 大众化	9	12.86
3. 对学习影响	15	21.43
3.1 促进学习	11	15.71
3.2 影响学习	4	5.71
4. 学分化	4	5.71
5. 参与热度	15	21.43
合计	70	100.00

具体而言，通过访谈统计可以看出，认为大学生第二课堂课程内容丰富的占比为 28.57%。由此可见，受访的学生普遍认为高校的第二课堂课程内容是十分丰富的，可供大学生选择的第二课堂课程是能够让学生满意的。中国本土的大学生成长金字塔理论①把大学生除"课业学习"即第一课堂之外总结为"可参与大

---

① 岑逾豪. 大学生成长的金字塔模型——基于实证研究的本土学生发展理论［J］. 高等教育研究，2016（10）：74-80.

学生活的五类情境"，具体包括联课活动（即学术科研参与）、课外活动（即本书统称的第二课堂课程）、勤工俭学、人际交往、休闲娱乐等，这些情境为大学生发展提供了"教育环境和机会"，与第一课堂的专业知识学习同等重要。近年来，随着高等教育质量不断提升，在素质教育发展、大学生发展等政策以及理论研究的推动下，大学第二课堂受到了空前的重视。本书的访谈统计中，形式多样占比 22.86%，一定意义上讲，大学第二课堂课程在内容丰富的基础上，其形式的认同度还存在一定差距。认为第二课堂课程规范化程度高的仅有 8.57%，认为第二课堂课程大众化程度高的为 12.86%。具体原因为，有一部分大学生还没有深刻认识到大学第二课堂课程对自身成长和发展的重大意义。从高校的角度来讲，其对第二课堂课程的设计和开发，还没有达到第一课堂课程那样的规范化和科学化程度，组织化以及大众化的第二课堂课程建设还存在很大的进步空间。在访谈大学生的认知中，认为第二课堂课程促进学习的词频占比 15.71%。由此可见，大学生对第一课堂与第二课堂的关系问题的认识还不容乐观，但认为影响学习的词语频次为 4，占比为 5.71%。"正是丰富多彩的第二课堂活动，让大家在学习之余能得到充分的放松，对于陶冶情操，缓解学习压力，促进第一课堂的学习，具有非常有益的效果。（AGDW 同学）""尤其对我们工科类的学生，通过第二课堂加深了对自己技能方面的提升和了解，为我们后续的学习提供了兴趣的培养。我觉得第二课堂的活动，在一定程度上促进了我的学习。（HGDL 同学）""第二课堂不会妨碍我的学习，反而会促进我的学习。参与第二课堂活动会丰富我的眼界，让我在实践中感受和体验到第一课堂比较难体验到的感觉，并且能锻炼我的人际交往能力，这让我在未来工作后能比较从容地参与工作，也能让我在现在以及未来一直保持一个积极向上的心态。第二课堂活动会增强我对大学生活的体验感，充实的课余时间，让我整个人保持一个积极向上的精神状态，这非常有利于我在学习时间好好学习。（HGDHS 同学）"

关于第二课堂课程学分化的问题，谈及的词语频次为 4，占比为 5.71%。近年来，随着高校"第二课堂成绩单"制度的推广和普及，第二课堂课程学分化逐步成为高校第二课堂建设的主要方式。但目前"第二课堂成绩单"制度正在推广阶段，学生对其认知相对偏少。大学生参与第二课堂的热度词频为 15 次，占比为 21.43%。总体而言，大学生参与第二课堂课程的热度适中。有研究表明，大学生第二课堂参与与投入存在一个"适度性"问题[1]，大学生参与第二课堂课程对学生全面发展的边际存在递减效应，要用"适度"的理念指导大学生第二课堂参与与投入。

---

① 孙汭睿，丁小浩.大学生课外参与投入的适度性研究［J］.大学教育科学，2010（6）：53-61.

通过以上大学生对第二课堂课程的认知度分析可以看出，大学第二课堂课程能够得到大学生的充分认可。但大学生对第二课堂课程规范程度认可度不高，对第二课堂课程创新性的认知更低。究其原因，在于第二课堂课程的体系化不强，更没有一个统一的标准或者框架能把大学第二课堂课程涵盖进去。"五育并举"的德、智、体、美、劳五个方面正好能够涵盖全部的大学第二课堂课程，因此，"五育并举"的第二课堂课程结构奠定和呈现了大学第二课堂课程的结构性全貌，但在具体的课程实施中，上面的认知度正好凸显了"五育融合"规范化建设的现实需求。大学生需要一个"五育融合"的大学第二课堂课程内容体系，以实现课程的规范化、科学化，提升大学生对大学第二课堂课程的认可度。

此外，通过访谈也可以看出，从参与第二课堂课程中成长和收获较多的是融入学校环境比较好的学生干部或者文化资本积累比较好的学生。总体参与第二课堂课程的大学生数量还是有限的，课程数量总体处于不足状态。特别是对同一所学校的大学生即同一教育环境场域内，不同经历的影响效应具有很明显的差异性，大学生在学校参与第二课堂课程不是一种普遍效应，总体上，目前还处于"精英教育"阶段。最新的实证研究也证实了上面的观点，"学生课外投入和学术学习投入比较低，大学生在参与课外学习活动和阅读撰写学术论文的投入还不够"①。因此，本书认为，大学第二课堂课程对大学生发展与成长成才的影响很大，具有不可替代的作用，让大学第二课堂课程规范化运行是新时代教育重构的重要内容，高校特别是教务处、学生处、团委等部门应该加强第二课堂课程设计，提升课程规范性和课程供给量，在影响学生成长的变量上有所作为，加大对第二课堂课程"五育融合"内容的建设。

二、大学第二课堂课程的整体融合

新时代，以顶层设计、政策推动为标志的"五育并举"理念正推动着中国教育改革新体系、新机制的建设和发展。"五育并举"的概念并非新时代的新产物，从严复、梁启超时代"体智德"的"三育并举"到王国维"德、智、体、美"的"四育统合并举"，再到蔡元培"体、智、德、美、劳"的"五育并举"以及梅贻琦的"德、智、体、美、劳、群"的"六育并举"，无不对"培养什么人""如何培养人"进行思考。1999 年，全国第三次教育工作会议提出了"培养德智体美全面发展的社会主义建设者和接班人"②，从"德、智、体、美"的"四育并举"的

---

① 郭建鹏，刘公园，杨凌燕．大学生学习投入的影响机制与模型——基于 311 所本科高等学校的学情调查［J］．高教文摘，2021（10）：25-27+45.

② 江泽民．江泽民文选（第二卷）［M］．北京：人民出版社，2006：332.

提出，再到 2018 年的全国教育大会上，习近平提出"要培养德智体美劳全面发展的社会主义建设者和接班人"①，标志着新时代"五育并举"教育思想进入新的发展阶段。新时代"五育并举"强调的是五育的全面性、并重性，具有新时代的需求性和特殊性。新时代历史条件下，人民对美好生活的向往在教育上的反映必然是教育的高质量发展、人的全面发展，这是新时代"五育并举"的重要推动力量。现实教育实践中，五育失衡、五育失联、五育割裂以及"德体美劳"弱化等严重问题②，妨碍了教育的整体性、人的发展的全面性的实现。综合之，"五育并举"是时代之需、社会发展之需、教育现代化之需、人的全面发展之需。传统的"五育并举"需要传承和创新，意味着新时代的"新德育、新智育、新体育、新美育、新劳育"，意味着新时代"五育并举"的新内涵、新价值和新目标。

"五育融合"的目的在于"五育并举"的实践，突出五育的融合协同特性，"未来教育都将在'五育融合'的理念下和体系内得以重建"③。从系统论科学的角度出发，教育是一个整体的大系统，五育可以视为不同的要素内容，各要素之间只有相互联系、相互协同才能发挥整体功能大于部分之和的功效。《中国教育现代化 2035》中明确提出"大力发展素质教育，促进德育、智育、体育、美育和劳育的有机融合"④，这也标志着"五育融合"在政策方面实现了"五育并举"的升华。教育实践中，任何一种教育作用于学生身上的效果是很难区分其究竟属于德育的作用还是劳育的作用，一种教育行为往往蕴含着多种教育效果，比如劳育就具有"树德、增智、强体、育美"的综合育人价值。正如有学者所言，"各育教育功能是相互贯穿、相互渗透、相互滋养、相互融合的，但融合并不代表替代，融合的前提是各育的育人目标明确，各司其职，各尽其力，融合可以通过自发融合或者自觉融合两种方式"⑤。"学校教育必须把各方面的教育内容和各种教育形式、方法、途径统一起来，形成一种和谐的教育方式，没有和谐的教育方式就没有学生的全面发展。"⑥ 一方面，高校的德育、智育、体育、美育、劳育具有内在的联系性，彼此共同构成了大学教育的整体；另一方面，它们之间又相互制约和相互渗透。"五育融合"要把五育总体上视为一个统一的整体，每一育都

① 习近平. 坚持中国特色社会主义教育发展道路 培养德智体美劳全面发展的社会主义建设者和接班人 [N]. 人民日报，2018-09-11（1）.

② 杨丽."五育融合"的历史演进、现实困境及实现之策——基于新发展阶段背景下的分析 [J]. 当代教育论坛，2021（4）：1-10.

③⑤ 李政涛，文娟."五育融合"与新时代"教育新体系"的构建 [J]. 中国电化教育，2020（3）：7-16.

④ 中共中央、国务院印发《中国教育现代化 2035》[N]. 人民日报，2019-02-24（1）.

⑥ 蔡克勇，冯向东. 大学第二课堂 [M]. 北京：人民教育出版社，1988：115-116.

要积极挖掘其他各育的教育成分，最终实现各育的"五育化"育人，在理念上要"五育并举"，在行动上要"五育融合"。每一种教育活动要充分挖掘"五育元素"，在融合和协同育人的理念下，建构新的教育教学方式。正如有学者所言："从五育并举走向五育融合，一是五育一个都不能少地'立起来'；二是五育各育都要充分落实各自的培养目标和任务，保持和优化智育的前提下彻底解决其他各育的短板，都要'强起来'；三是五育要相互促进，协同综合育人，推动五育融合，优势互补，发挥综合协同育人价值。"① 当然，本书重点关注的是"五育融合"协同性方法即育人过程中教学模式（教学方法）的融合协同，不过多关注课程内容的融合协同。对于"五育融合"的课程，第二课堂具有明显的时空和方法的优势，"五育融合的课堂教学要强化'互动·体验'的教学模式，即可以通过角色扮演、游戏以及校外课堂如研学旅行等方式拓展教学时空，更要构建'跨界·协同'的五育共同体，要摆脱班级授课制的掣肘，走进学生生活世界"②。因此，"五育融合"天然地需要重视第二课堂课程的协同参与。

2018 年，共青团中央、教育部印发的《关于在高校实施共青团"第二课堂成绩单"制度的意见》中提出："要围绕思想素质养成、政治觉悟提升、文艺体育项目、志愿公益服务、创新创业创造、实践实习实训、技能特长培养等内容设计第二课堂课程项目体系。"第二课堂课程内容可以分为：政治性活动、学术性活动、知识性活动、健身性活动、娱乐性活动、旅游性活动、服务性（公益性）活动、勤工俭学活动等③。综合现有的研究，大部分把第二课堂课程内容分为思想成长类、实践实习类、志愿服务类、创新创业类、文体活动类、工作履历、技能特长及其他八个类别。这种分类方法有其合理性和便捷性。本书在前面论述中，按照《深化新时代教育评价改革总体方案》中德、智、体、美、劳分类评价的导向，全面系统梳理和论述了大学第二课堂德育、智育、体育、美育、劳育的概念内涵、理论与实践基础、分类课程目标以及课程内容。本书这样安排的目的在于科学系统地明确德育、智育、体育、美育、劳育的哪些内容可以纳入大学第二课堂课程内容之中，直接对大学生评价体系进行建构。为了方便大学第二课堂课程实施的教学模式建立在课程内容的基础之上，本书把前面论述的"五育并举"第二课堂课程内容以及学校特色建设的财商教育内容总结如下（见表 3-3）。

---

① 郝志军，刘晓荷．五育并举视域下的学校课程融合：理据、形态与方式［J］．课程·教材·教法，2021（3）：4-9+22.

② 魏善春．基于五育融合的课堂教学重构：样态、理念与实施［J］．中国教育科学（中英文），2021，4（3）：91-100.

③ 蔡克勇，冯向东．大学第二课堂［M］．北京：人民教育出版社，1988：118.

表3-3 "五育并举" + "财商" 第二课堂课程内容体系

第二课堂课程内容分类	内容	举例
大学第二课堂德育课程	"思想政治理论课" 第二课堂课程	马克思主义基本原理概论实践活动
	"课程思政" 第二课堂课程	中国政法实务大讲堂、新闻实务大讲堂等讲座活动
	公民道德教育第二课堂课程	社会实践、志愿服务、主题党团日活动、英模榜样事迹报告等
	心理健康教育第二课堂课程	"5·25" 心理健康文化节、团体心理辅导活动、心理情景剧大赛等
大学第二课堂智育课程	学科竞赛	中国高等教育学会公布的全国普通高校学科竞赛名单项目
	创新创业比赛	中国 "互联网+" 大学生创新创业大赛、"挑战杯" 全国大学生课外学术作品竞赛、"挑战杯" 中国大学生创业计划大赛等
	研究性学习	学生参与科研课题、参加讲座论坛、发表学术论文、专利发明以及参与大学生创新训练计划项目等
大学第二课堂体育课程	竞技类体育比赛	田径运动会、篮球比赛、排球比赛、足球比赛、羽毛球比赛等
	社团类体育俱乐部	篮球俱乐部、足球俱乐部、排球俱乐部、羽毛球俱乐部、网球俱乐部等
	群众性体育活动	校园马拉松、"阳光长跑" 课外锻炼、健步走等
大学第二课堂美育课程	艺术教育展演	文艺晚会、各类艺术比赛、书法绘画比赛、高雅艺术进校园、戏曲进校园、中华优秀传统文化成果展、艺术家进校园、美育学术讲座和学术沙龙等
	美育艺术实践	走进博物馆、科技馆、美术馆、艺术馆、大自然，大合唱、集体舞、课本剧等
	美育社团活动	大学生艺术团、话剧团、合唱团、舞蹈协会、书法协会、朗诵协会、诗歌协会、民乐社团、戏曲社团、摄影协会等
	经典书籍诵读	经典书籍诵读的内容可以包含经典文学作品、经典历史名著、经典小说等

续表

第二课堂课程内容分类	内容	举例
大学第二课堂劳育课程	日常性生活劳动	自我服务性劳动、勤工助学、文明宿舍创建、文明教室及校园环境卫生创建等
	服务性志愿劳动	学生干部经历、社团干部、助管、助教、助研以及服务学习
	职业性生产劳动	实习实训、专业服务、科学实验、毕业设计
	校园劳动文化活动	劳动文化节、劳育周、劳动竞赛、劳动技能成果展示展演、大国工匠进校园等
大学第二课堂财商课程	财商教育课程开发	十元挑战生存十天、模拟炒股金融挑战赛、"我的财富观"演讲比赛等
	财商教育校园文化	"经济学十大原理"启蒙、财务自由与实现、股票投资的素养探析、保险与人生呵护、储蓄及其选择、"学生公司"探索
	财商教育社会实践	"财商教育+社会实践+思政教育"社会实践

　　本书按照"五育并举"的方式进行分类的目的在于，强调"五育并举"的重要性，梳理"五育"中各育的第二课堂课程内容，阐释各育的独特性和第二课堂课程内容的存在性。鉴于"五育"中有些第二课堂课程内容存在互涉性和共融性，比如，社会实践既可以是德育的第二课堂课程又可以是劳育的第二课堂课程，创新创业活动既可以是智育的第二课堂课程也可以是劳育的第二课堂课程，在具体实践中，本书建议还是采用整体融合分类的方法。五育本然是一个有机的教育整体，之所以分为五育，主要是"为了实践和操作的方便，保持各育的主体性和逻辑性而已"①，对于受教育个体而言，应然不存在单独接受某种教育的情况即"不存在单独的德育、智育、体育、美育、劳育的第二课堂课程"。因此，在具体的第二课堂课程评价或实践中，可以打破各育的分类方法，采用适合工作实际需要的分类办法，在一定意义上，这体现了第二课堂课程实践的融合需求。本书对第二课堂课程内容整体融合后分类如表3-4所示。

---

① 刘登珲，李华 . "五育融合"的内涵、框架与实现［J］. 中国教育科学，2020，3（5）：85-91.

表 3-4　第二课堂课程内容整体融合后分类

类别	课程内容名称	内容举例
思想道德养成类	"思想政治理论课"第二课堂课程、"课程思政"第二课堂课程、公民道德教育第二课堂课程、心理健康教育第二课堂课程	军事训练、"青年马克思主义者培养工程"培训班
文体艺术修养类	竞技类体育比赛、群众性体育活动、艺术教育展演、美育艺术实践、经典书籍诵读、校园劳动文化活动	运动会、校园马拉松比赛、校园歌手大赛、主持人大赛
志愿实践公益类	"课程思政"第二课堂课程、社会实践、服务性志愿劳动、日常性生活劳动	全国大中专学生志愿者暑期"三下乡"社会实践、中国青年志愿服务项目大赛
创新创业实习类	学科竞赛、创新创业比赛、研究性学习、职业性生产劳动、财商教育第二课堂课程等	"互联网＋"大学生创新创业大赛、"挑战杯"大学生课外学术科技作品竞赛等
技能特长培养类	技能培训、通过专业考试获得的专业等级以及文体艺术类等级证书、财商教育第二课堂课程等	会计师证、教师资格证、电气工程师证等专业技能培训证书
工作任职履历类	学生会干部、社团干部、班团干部、社团类体育俱乐部、美育社团活动等	学生会主席、社团会长、班长

　　"五育融合"的落实面临着联结松散等现实困境，尤其是融合主体的有限理性、融合方式的制度依赖与融合途径的体制规约等问题均限制了"五育融合"的落实。上述表格中是整体融合后的第二课堂课程内容体系，是一种"五育融合"实践路径和方式，能够有效避免"五育分离"，而融合后的课程内容体系既能够体现"五育并举"的理念，又能够践行"五育并举"的实践。在"第二课堂成绩单"制度的运行中，可以根据实际需要，也可以以"五育并举"的课程内容体系进行成绩单的设计和课程开发。当然，"五育融合"还处于"预设"的阶段，作为一种全新的理念，从理念到落地也不可能一蹴而就。真正的"五育融合"是德育、智育、体育、美育、劳育的"融通、渗透和整合"，是彼此渗透。而到那时，五育课程内容可能就不需要进行分类了，因为"你中有我，我中有你"，也很难分开彼此，达到一种"自然融合"之境。

第四章　契约性协同：大学第二课堂的课程实施

　　大学第二课堂课程实施是将课程内容通过"教学活动"付诸实践的过程。"教学活动"是课程实施的关键所在，而"教学活动"需要建构一定的"教学模式"。

　　教学模式是基于一定的理念思维，为实现特定的课程目标建构的稳定的教学框架程序和方法的综合，特别是教育教学方法的程序化、模式化、操作化。大学教学模式决定着大学的人才培养质量，一种教学模式就是一种教学文化①。特定的教学模式服务于特定时代的教育目的，并总是与一定的社会生产力发展水平相适应，任何一种教学模式的孕育产生也是奠定在传统教学模式的基础之上的。本书试图构建一种大学第二课堂与第一课堂契约性协同教学模式（Contractual Cooperative Teaching mode for the Second and the First class，CCTSF）开展大学第二课堂课程实施。

第一节　CCTSF 构建的逻辑前提

　　大学第二课堂的协同性本体特征是 CCTSF 构建的逻辑前提。当下大学课堂的教学大部分还是采用班级授课制"满堂灌"的讲授模式，而这种教学组织形式也决定了大学人才培养质量的相对低下。改革当下大学教学的弊端，必然从教学途径、教学方法、教学模式开始。第二课堂产生基因里面暗含的"协同性"决定了其与第一课堂协同育人的必然性。第二课堂与第一课堂协同能够实现两种课堂育人功能的全面整合，实现整体功能大于部分功能的效果②。二者的协同能够实现第一课堂课程精深专业知识传授与第二课堂课程广博综合素养学习的结

---

① 钟志贤. 大学教学模式革新：教学设计视域［M］. 北京：教育科学出版社，2008：3.
② 蔡克勇，冯向东. 大学第二课堂［M］. 北京：人民教育出版社，1988：117.

合、传授专业知识和能力培养的结合、专业热爱和广博兴趣的结合、科学文化知识与精神生活的结合、智力因素与非智力因素培养的结合、学生专业知识培养与政治素养的结合、专业教学与思想政治工作的结合、学校教育与学生自我教育的结合、学生接受第一课堂共性教育与第二课堂个性教育的结合等。第二课堂与第一课堂结合进行协同育人形成了一种契约性的和谐教育方式，更有利于发挥两个课堂的整体功能，更有利于大学生全面发展，协同功能产生的效果绝不是单一课堂课程能够实现的。当下中国缺少以跨学科可持续性设计教育为主导的体系化、整合性的教学模式，表现为学科理论知识分别讲授，综合技能教学不足，不利于学生多学科知识整合能力和项目集成设计能力培养。[①] 鉴于此，第二课堂与第一课堂的协同呼应、相互衔接、相互促进，顺应了新时代"五育融合"的教育理念，更凸显了第二课堂课程本体的协同育人价值。

我们要摆脱形而上学"非此即彼"的思想，借用唯物辩证法"亦此亦彼"的科学思维来解决教育教学中遇到的现实问题。第一课堂的课程教学组织形式即传统的"班级授课制"存在一定的历史必然性和缺陷性，必然需要新的教学组织形式，第二课堂便是为弥补第一课堂教学组织形式缺陷的产物。把"第二课堂"区别于"课外活动"并作为一种课堂的目的是凸显"第二课堂"作为一门课程的重要性，并提升其课程建设的科学性、系统性，纳入课程体系的范畴。"第二课堂"被冠以"第二"的内在逻辑在于"协同"第一课堂，即"为了和第一课堂即按教学计划进行的班级授课活动相互区别、相互补充"[②]。第二课堂与第一课堂的本质区别在于人才培养个性与共性的问题，课程目标最终目的指向是学生的全面发展，没有全面的课堂就没有全面发展的学生。从共性与个性的人才培养目标角度看，第二课堂并列第一课堂，二者应该相互补充、相互配合，即协同育人，共同构成新时代培养人才的教育教学途径和方式。据上分析，"第二课堂"概念产生的初衷里面含有"协同、配合、融合"等因素。

第二节　CCTSF 构建的理论基础与历史借鉴

任何单一教学模式都不能促成优质的教学，优质的教学是多种教学模式组合

---

① 谢菲. 论欧洲可持续性设计教学模式及其启示——以诺丁汉大学和湖南大学建筑设计专业为例 [J]. 大学教育科学，2015（1）：54-58.

② 蔡克勇，冯向东. 大学第二课堂 [M]. 北京. 人民教育出版社，1988：59.

运用的结果。新的教学模式的构建是一种创造性的工作，没有固定的模式可言，但可以吸收已有教学模式的优点，从优秀的教学模式中汲取经验和获得启发。本书选取了具有代表性的国外创新性教学模式（每种教学模式都对第二课堂课程实施具有重要指导价值），以便为构建新的教学模式提供有益的、可借鉴的经验。

一、CCTSF 构建的理论基础

（一）教育社会契约精神

2021 年 11 月，联合国教科文组织第 41 届大会发布了题为《共同重新构想我们的未来：一种新的教育社会契约》（*Reimagining our futures together：A new social contract for education*）① 的报告。该报告畅想了面向未来乃至 2050 年的教育，与我们《中国教育现代化 2035》有着内在一致性。报告认为，世界面临社会政治经济不平等、气候恶化、资源枯竭、数字鸿沟等严重问题，教育是解决以上问题的关键途径。教育可以看成一种全球成员为了共同利益而寻求合作的默示协议，即"教育是一项共同利益"②，一种建立在共同选择并协同努力的基础上的协议，目的在于通过教育共创共享相互依存、相互协同的、可持续的和平未来。未来充满了各种不确定性，但是在当下的时间节点，地球环境危机、民粹主义情绪、人工智能对教育教学提出了更大的挑战，教学和学习方式必然要做出革命性的变革以应对上面的挑战，教育社会契约就是让大家以不同的方式思考教育、教学、学习以及教育因素与世界的关系。该报告提出了基于教育社会契约精神的倡议：一是教学应该围绕相互配合、协作和团结的原则进行组织；二是课程应该强化生态的、跨文化的和跨学科的学习，重视学生获得和创造知识并培养学生的批判和应用知识的能力；三是教学应该更专业化，教师的地位应该更加得到承认；四是重新构想学校的形式；五是享受和扩大生活中以及社会空间中的教育机会。该报告特别强调教育并非只发生在正规的教育机构中，要注重社会的多种空间和人的整个生命经历。该报告呼吁，加强研究和创新、全球团结与合作、大学和其他高等教育机构参与建立新的教育社会契约、人人参与。

未来必然是协同教育的时代。中国进入发展的新时代，教育发展要实现现代

---

① 该报告在埃塞俄比亚总统萨赫勒-沃克·祖德主持的"教育的未来"国际委员会与 100 万人广泛协商的基础上撰写，联合国教科文组织成立 70 多年来，相继发布了《学会生存——教育世界的今天和明天》《教育——财富蕴藏其中》《反思教育：向"全球共同利益"的理念转变》三份报告，报告提出的学习型社会、终身教育、教育的"四大支柱"等理念在全世界产生了广泛的影响，引领着世界教育改革的方向，本次提出的教育社会契约理念必将更加引领世界教育改革的方向。

② 张民选，卞翠. 教育的未来：为教育共建一份社会新契约 [J]. 比较教育研究，2022（1）：3-12+22.

化和高质量发展，也必然要顺应联合国教科文组织这种新的教育社会契约精神的呼唤。报告中提出"教育可以被视为一种社会契约即社会成员为了共享利益而达成的隐性协议"，借用这种共享愿景以及报告提出的倡议，"教学应该围绕相互配合、协作和团结的原则进行组织"。本书回应这种教育社会契约精神的呼唤，把契约精神应用于高校课堂教学，建构第二课堂与第一课堂共同配合的教育教学契约，实现两个课堂的协同合作，共同创建和谐、生态的课堂。本书中的契约性的愿景基础是"大学生的全面发展"即"五育并举"的全面发展，正如报告中所言，"应培养学生的智力、社会和道德修养，推动学生在同理心下合力改造世界"，这也包含了推动学生全面发展的愿景意蕴。该报告极力呼吁教师提升协作的专业化能力并进行新的教学实践改革，契约性协同的愿景应该成为大学、大学教师、大学生以及社会的共同教育信条。具体到教育教学革新中，在这种契约性愿景的观照下即遵照"教学应该围绕相互配合、协作和团结的原则进行组织"，无处不显现着"协同"的组织原则。新的教育社会契约应当更加关注人与人关系的重构、人类知识的多样性和完整性、人类的相互依存性，教育面向未来的变革要建构"合作与团结的教育学"，要通过协作式、跨学科、跨代际、跨文化和问题探究式的教育教学活动，并且依靠"协作型教师"重塑教学[1]。因此，本书综合当下大学教学模式的现状以及联合国教科文组织提出的新的教育社会契约精神，试图构建第二课堂与第一课堂契约性协同教学模式，并把学生的德智体美劳全面发展作为这种契约性教学模式的基础。正如"真正好的教育将我们带入新的信息、理解、技能中，并致力于改善我们的社会——我们当前的社会环境和邀请我们参与到为每个人追求更好的生活品质的社区、国家和世界环境"[2]。

（二）建构主义教学理念

建构主义（Constructivism）亦称建构—阐释主义，是建立在非客观主义基础上的哲学思想，建构主义思想映射到教学领域即产生了建构主义教学理念，重点强调学习情景的文化性和群体性[3]。建构主义教学理念主要有以下观点：一是建构的学。知识是具有社会性的，知识通过学生与社会之间的互动、转化等形式而构建一个完整的发展实体[4]。学生的知识是在活动或经验中建构的，是逐步显

① 林可，王默，杨亚雯. 教育何以建构一种新的社会契约？——联合国教科文组织《一起重新构想我们的未来》报告述评 [J]. 开放教育研究，2022（1）：4-16.

② ［美］布鲁斯·乔伊斯，玛莎·韦尔，艾米莉·卡尔霍恩. 教学模式（第9版）[M]. 兰英，等译. 上海：华东师范大学出版社，2021：325.

③ 钟丽佳，盛群力. 建构主义教学理论之科学性探讨 [J]. 电化教育研究，2016（10）：22-28.

④ Jonassen D H, Henning P. Mental Models：Knowledge in the Head and Knowledge in the Word [J]. Educational Technology，1996，39（3）：433-438.

现、情景化和分布式的。课程应该是动态的、松散的学科结构，是开放的和整合的结构；学生学习是学生自我自主建构的过程，学习的过程是新旧知识之间同化、顺应的过程，学习与具体的情景结合能够提升学习的效果。学生是角色、知识建构者、运用工具主动的探索者、"做中学"者。二是建构的教。建构主义教学观认为教学是教师创造教学情景的过程，是以学习者为中心的。教师建构的教学情景要通向生活世界即与现实世界产生共同性。教学过程是一个师生生命交流对话的过程，教学要遵从生命逻辑，展现课堂的生命性①。教学过程就是利用这种生命的互动，创设情境，激发学生利用先验知识和经验在新创设的情境中进行自我知识的建构学习。三是建构的教学。建构主义教学理念认为，学生建构知识是在互动合作中实现的，即在师生、生生之间的生命互动、伙伴关系中实现的。教师是学生进行知识建构的引导者、合作者、辅助者，"师生在分享交流中，共享知识、共享经验、共享智慧以及人生价值，发现新知识，构筑新经验和新知识"②。建构主义的教学评价重视过程的评价以及学生自我探究、社会性和交际性技能的活动，例如，档案袋式评价就是一种建构主义理念的教学评价体现。总之，建构主义教学观认为，学生的学习不仅是学科性的知识教学，生活中的所有问题和情景都是学生建构知识的对象和起点。建构主义教学理念有利于消除传统大学课堂教学的弊端，能够指引大学课堂教学变革的方向，建构主义视野下的大学教学要更加重视学习者的社会参与以及真实的学习活动和情景化内容，创建实践共同体和实习场③。因此，建构主义教学理念为第二课堂课程实践和两个课堂协同育人提供了坚实的理论支撑。

（三）协同理论

20 世纪 70 年代，协同理论（Synergetics）亦称协同学是由德国物理学家赫尔曼·哈肯（Hermann Haken）创立的系统科学的重要分支理论。该理论认为，世界上存在无数复杂的系统，各个系统普遍存在从无序到有序的转变过程，并且系统之间存在相互影响、相互合作的关系。两个系统之间的协同，能够实现由无序的状态转化为有序的组合，最终在共同愿景的作用和协同效应的作用下达到系统的平衡状态，从而形成新的拥有全新功能的新系统。协同理论专门指出了模型的协同变化规律，对于一个模型，随着模型的参数、边界的变化，形态变化过程不同的模型可以产生相同的图样。综合来看，协同理论应用于教育教学中，可使不同的系统之间相互作用产生协同效应，关键在于协同有序结构形成内驱力，这

① 任祥华，柳士彬. 人工智能时代教学以何存在 [J]. 中国电化教育，2021（5）：87-93.

② 温雪梅. 基于建构主义教学观的探究式课堂教学设计 [J]. 大学教育科学，2013（5）：34-37.

③ 钟志贤. 大学教学模式革新：教学设计视域 [M]. 北京：教育科学出版社，2008：136.

也是系统的自组织现象。系统协同中存在伺服现象，即快变量服从慢变量，序参量支配子系统行为，两个系统的协同在自组织原理的作用下，最终会达到有序的状态。第二课堂和第一课堂作为两个存在关联的教育教学系统，本身二者存在千丝万缕的联系，在共同愿景的作用下实现二者的协同，可产生协同效应，最终使课堂教学系统演化为具有新功能的教学自组织结构，产生 1+1>2 的功效，共同提升人才培养质量，促进大学生的全面发展。未来，第二课堂与第一课堂协同发展到一定程度，可能会恢复到一个课堂的初始状态，但其功能已经发生了深刻的变化，因为已经实现了两个课堂课程的全面融合。

二、教学模式的历史借鉴

（一）共同研讨教学模式

哈佛大学教授威廉·戈登（William Gordon）于 1961 年创立的技术创新技法即共同研讨法，是由头脑风暴法衍生出来的，亦称教学式头脑风暴法。该方法开始产生于工业场景中用于解决产品生产中遇到的问题，由威廉·戈登改造后用在了教学之中。共同研讨法的前提在于创建创新性的状态，该方法把创新作为一种日常生活或闲暇生活常态，而非高雅的艺术创作或与音乐相关联。这种创新的方法旨在帮助人们提升问题解决能力，增强创新性的表达能力以及人际沟通能力和对社会关系的洞察能力。通过共同研讨法激发创新思维能够让学生从不同的角度看待问题进而加深对概念的理解，艺术领域和科学领域的创新思维是密切联系的，集体的创造性思维与个体的创造性思维是相似的[①]。在共同研讨法中，隐喻和类比帮助人们达成非理性控制，从而增加产生新想法的可能性。隐喻性活动是用一个事物或概念来替代另一个事物或概念并进行两者之间的比较，通过这样的替代把熟悉的事物与不熟悉的事物联系起来或从熟悉的事物中产生新的想法，创新就产生了。

共同研讨教学模式能够很好地适用于大学第二课堂的课程教学。隐喻性方法一般包含拟人类比法、直接类比法和简明修辞法，拟人类比法是让学生将自己的情感移入被比较或者思考的物体中去，直接类比法是直接对两个对象或者概念进行比较，简明修辞法是把矛盾的两种事物组合在一起，以上三种隐喻性活动的形式构成了共同研讨教学模式的基础。共同研讨教学模式一般有两种结构框架体系，体系一是创造新事物即把熟悉的事物陌生化，让学生用一种新的、更富有创新性的眼光去看待已有的问题；体系二是把陌生的事物熟悉化即将新的、不熟悉

---

① ［美］布鲁斯·乔伊斯，玛莎·韦尔，艾米莉·卡尔霍恩. 教学模式（第 9 版）［M］. 兰英，等译. 上海：华东师范大学出版社，2021：146.

的观念变得有意义，两种框架体系的不同之处在于如何运用类比。两种结构框架都需要一定的教师反应指导，都需要教师的引导和反应，教师需要创设自由开放式的教学讨论环境，教师要能够接受学生隐喻类比的所有实际情况并且尽量展开充分的讨论，避免匆忙结束。共同研讨教学模式一般不适用于传统的班级授课制，一般适合在大规模的班级中以小规模团体分组进行，能够帮助学生建立一种平等的同伴关系，使参与其中的学生受到团体研讨的激励和鼓励。共同研讨教学模式可以运用于所有的课程教学，可以是书面的也可以是口头的，可以是教师与学生之间的也可以是学生与学生之间的，既可以用来解决社会问题也可以进行产品创新。共同研讨教学模式的目的在于提高个人及群体的创新能力，其教学效果也是明显的，能够提升学生群体凝聚力和解决问题的能力，甚至提升学生的自尊、冒险精神和课程学习的效果①。共同研讨教学模式让学生凝聚在一起，协同解决问题，其中也包含了学习的成就和学习的愉悦性。

（二）探究训练教学模式

探究训练教学模式是美国教学法专家理查德·萨奇曼（Richard Suchman）针对学生探究和解释科学现象的教学模式，让学生模拟再现科学家解决问题的过程。为了探究该教学模式的过程，萨奇曼对科学家进行科学探究的过程进行了研究并将整个过程进行压缩从而引入该教学模式。探究训练教学模式的目标在于从学生对疑难问题的探究欲望即本能探究动机出发，让学生掌握科学探究的过程和方法，善于提出问题并自己寻找问题的答案。探究训练教学模式分为五个阶段：第一阶段是面临问题情境提出问题，这一阶段教师要创设问题情境及提出让学生产生探究欲望的问题并提供探究问题的步骤和方式；第二阶段是搜集资料，学生根据教师提供的问题确认探究的对象及情景的性质并由此搜集资料；第三阶段是验证假设，学生根据资料进行解释推理进而验证前面提出的假设；第四阶段是解释推理，学生根据资料和假设做出相对系统的阐释，进而找出规律或解释；第五阶段是结论陈述，学生对探究过程进行分析反思并提出更有效的观点和方法，进而得出结论。

大学第二课堂课程实施亟须这种探究的方法，让学生在探究和体验中成长和发展。在这个探究过程中，教师要充分发挥作用，一是帮助学生扩大搜集信息的范围和类型以此来扩大探究范围，网络、在线百科全书、信息共享以及资料分类和重组都是探究过程的重要组成部分；二是教师是帮助者和指导者，不是替学生去探究，起到引导学生时刻保持正确的探究方向的作用。探究训练教学模式能够

---

① ［美］布鲁斯·乔伊斯，玛莎·韦尔，艾米莉·卡尔霍恩. 教学模式（第9版）［M］. 兰英，等译. 上海：华东师范大学出版社，2021：155.

教授给学生解决问题的探究策略，进而培养其探究思维，能够加深学生对科学的理解，从而发展学生获得信息和分析信息的能力以及创造性思维，特别是在复杂问题解决材料感兴趣时效果更有效。其教育影响是深远的，特别是对学生创造精神、独立自主的学习能力、对不确定性的宽容和理解、理解知识的不确定性等产生重要影响。探究训练教学模式最初主要应用于自然科学的探究，但该模式适用于所有的学科领域，任何能够构成疑惑情景的问题都适用。

（三）群体研究教学模式

赫伯特·西伦（Herbert Thelen）借鉴组织发展和学术探究方面的经验成果建立了群体研究教学模式即小组调查教学模式。该模式最早起源于约翰·杜威的思想，在群体研究教学模式中，学生们根据需要解决的问题组成民主小组，聚焦解决学术问题，并在此过程中不断学习民主程序和科学研究的方法。该模式的理论依据是基于教育与社会本然的联系性以及民主程序下的研究探究，通过对社会生活科学探究，使民主程序具有同科学的方法和探究一样的效力，进而通过探究的方法解决社会或个体间的问题。群体研究教学模式的教学目标隐含在其教学的假设中，教室作为一个社会的雏形而具有自成体系的集体秩序和教室文化，班级建立班级秩序和班级期望，教师在这种班级秩序中起到协调作用，通过这种协调，学生不仅获得知识而且参与了社会问题的解决。一个班级形成微型的民主社会，通过问题解决和知识的学习，逐步成为有效解决社会问题的社会团体。群体研究教学模式一般分为四个阶段：第一阶段是学生面对能够激发其探究兴趣的问题，问题可以是自己的经历或者教师的提议；第二阶段是学生对问题情境做出反应，教师指导学生对问题进行阐释和分类；第三阶段是学生根据教师的建议明确任务并组织探究性研究，包含小组分工、调查方案制定、明确成果形式等；第四阶段是结果评价，即小组根据开始的目标对问题解决的方法进行整体评价。认识问题并针对问题进行协商是群体民主教学过程的实质，群体研究教学模式对教师的要求是具备较高的人际交往指导能力和教学能力，教师应在教学过程中减少意见发表，教学活动应在理智、协商的气氛中进行。群体研究教学模式是一个将学术探究、社会协调和过程学习等目标进行综合的多维度综合性教学模式，其教学能够有效将知识传授和促进社会协同进行整合，也能够培养深厚的人际情感、对规则和政策的遵守、独立学习的能力以及对他人的尊重，是一种作为生活方式的社会性探究教学模式。群体研究教学模式正是大学第二课堂和第一课堂协同所追求的课程实施方式。

（四）角色扮演教学模式

角色扮演教学模式是由范尼·沙夫特和乔治·沙夫特（Fannie Shafel 和 George Shaftel）在著作 *Role Playing of Social Values: Decision Making in the Social*

Studies《社会价值的角色扮演：社会研究过程中的决策》中演绎过来的教学模式。这是一种价值观教育教学模式，其源于学生实际生活中的问题情境，通过价值观驱动行为以及使学生认识到价值观在个体生活中所扮演的重要角色。该教学模式的理论基础是个人与社会的双重取向，即个人角色扮演有助于个体发现自身的价值，社会通过角色扮演能将个体团结起来，以合规合法的方式分析和解决社会问题。该教学模式的目标是通过角色扮演处理问题，其实质是让扮演者在真实的情境中去寻找解决问题的答案以及加深对情境的理解。在角色扮演中，学生能够进行情感的探究、能够洞悉态度与价值观、能够形成问题解决的态度并掌握问题解决的技巧等。角色扮演教学模式是一种情境学习模式，人为设置与现实情境相类似的情景，在其中学生能够学会生活以及习得一些真实的情感反应和行为方式。角色扮演教学模式的效果取决于扮演者对其所扮演角色的认知，角色是该模式的重要概念，角色是"情感、语言、行为模式化的结构"①。沙夫特团队的角色扮演教学模式包含九个阶段：第一阶段是准备阶段，即指导教师引导学生进入角色扮演问题情景，即引入问题、明晰问题和阐释角色扮演的过程。在此阶段中，情景案例呈现的问题可以是学生经历的真实场景也可以是从报纸、电视中挑选出来的情景。第二阶段是扮演者选择，教师带领学生对每个角色进行分析并由学生自主选择所扮演的角色。在这个过程中尽量不要由教师指派扮演者，角色的安排最好依照有过类似经历或是期望对该角色进行再塑造的学生扮演的原则。第三阶段是场景布置，根据上一阶段的角色分工确定表演程序，重新确认角色，让表演者逐步进入问题情境。第四阶段是观众组织，通过观众进行观察，让学生真切体会表演者带来的真实感受并对表演做出分析，在此阶段可以给观众观察者布置观察任务。第五阶段是正式表演，让扮演者进入角色开展表演，不确定性是表演的正常表现，因为不确定性也是生活的本质和情感角色的本质，整个表演的时间尽量是简短的。第六阶段是讨论和评价，教师要重点引导学生围绕扮演者的动机和行动的结果进行分析讨论，对扮演角色的看法可以作为一个聚焦点。第七阶段是重新表演，即可以进行多次表演，加深对角色的理解。第八阶段是再次讨论和分析表演。第九阶段是最终的经验分享和总结，将问题的情景与学生的经历相结合是角色扮演的最高目标，让学生观察者和扮演者习得问题解决策略是根本所在。

角色扮演教学模式是一种能够实现多重教育目标的教学模式，角色扮演一是能够加深个体对价值观的理解并从换位的角度体会不同价值观的差异，二是能够

---

① ［美］托马斯·H. 埃斯蒂斯，苏珊·L. 明茨. 十大教学模式（第7版）［M］. 盛群力，徐海英，冯建超，等译. 上海：华东师范大学出版社，2020：241.

习得冲突处理的能力。该模式可以应用于多种教学场景和社会教育项目，在过程中也可以进行多种讨论和分析，具体可以应用于人际冲突、群体内部关系、个人困境、历史和当代问题等。对该模式的深度探究可以聚焦在情感、态度、价值观的探究以及解决问题的态度和能力的发展上面。总之，角色扮演教学模式具有个体价值观与行为分析、探寻有效解决人际问题的方法、移情转移等教学效果，对个体有关社会问题、价值观念的信息获得和整合能力产生重要影响，具有一定的社会性和实用性。该模式可以广泛应用于大学第二课堂课程实施中，如心理情景剧、艺术扮演、舞蹈设计等课程中。

（五）苏氏研讨教学模式

苏格拉底研讨教学模式源于以梅诺（Meno）命名的一段与柏拉图的对话，梅诺问美德是否可以被教授，苏格拉底认为任何想法都不能被直接传授，而是通过一系列的问题探究过程获得的。苏氏研讨法经过历史的演变和改进，至今仍具有重要的实践价值。教育的目的在于"引出"学生自己的想法从而建立新旧知识之间的联系，因而有"产婆法"即为知识接生的艺术（The art of intellectual midwifery）的说法。在苏氏研讨教学模式中，交流对话是一项专门的讨论，该模式旨在使用苏格拉底的辩证法（即逻辑上的质疑来探索思想）以帮助学生在思考了一些观点后能够更深入地思考和理解问题。苏氏研讨教学模式的组织形式是让学生围成圆圈面对面交流，而不是传统课堂一排一排的桌子，这契合了以学习者为中心、以知识为中心、以评估为中心、以社区为中心的理念[①]。苏氏研讨教学模式的结构框架或步骤是：第一步是选择适合年龄水平的文本（文字、视频、图片或者音频），开放的研讨问题应该是广泛、抽象并具有吸引力的。第二步是规划和分组，按照主题对问题进行分组，形成"伞"型问题集。第三步是进入苏氏研讨阶段，学生要明白苏氏研讨的精髓在于使学生在与他人交流时学会独立思考。第四步是对话展开，主持可以是有经验的学生或者教师，在对话阶段一般采用开放式的问题而非有具体答案的问题。第五步是总结和回顾阶段，研讨结束后，每个学生对讨论的过程进行小结，并分享讨论期间的思考，巩固在研讨中的收获。第六步是开展评估，可以评估学生在研讨中的表现，比如是否展现倾听技能、礼貌地指出问题、跟上对话进度避免分心，一般使用量规或者检查单进行评估。该模式是基于开放式的问题，引导学生进行积极的对话并提出自己的想法，是一种"思考式参与"。因此，苏氏研讨教学模式的终极目标在于培养学生的批判性思维，而非得出正确的结论。该模式可以广泛应用于道德教育的第二课堂课

---

① ［美］托马斯·H. 埃斯蒂斯，苏珊·L. 明茨. 十大教学模式（第 7 版）［M］. 盛群力，徐海英，冯建超，等译. 上海：华东师范大学出版社，2020：202.

程实施中，让学生通过研讨进行思考，进而达到德育的目的。

（六）服务学习教学模式

服务学习（Service-Learning）教学模式的理念源于"架起理论学习与课堂外经验的桥梁、发展批判思考和有目的地促进反思，形成个人价值观、培养社会责任感和领导才能"①，实现沟通课程学习和社区服务的目的。服务学习教学模式的理论基础是经验教育理论和建构主义理论、认知—发现学习理论。高质量的服务学习教学模式一般包含服务与学术课程整合、学生积极参与、学生与社区互惠、培养学生的公民责任感、良好的伙伴关系、特定的反思时间、多方评价七大核心要素。该模式的主要特征为互惠性即学生学习和社区享受服务互惠共存、反思性即学生在服务社区的过程中要进行专业课程的批判思考、学生主体性即服务学习重视学生的亲身体验和自我反思、开放性即服务学习地点由学校教室延伸至校外社区、整合性即服务学习实现了服务与学术课程的整合、社会性即服务学习把社会服务纳入课程之中。服务学习项目的实施要坚持以下原则：一是根据学生的学习情况而非服务评定学分；二是课程学术收获和社区服务学习收获双标准；三是第一课堂专业课程与第二课堂社区服务目标相一致；四是制定社区服务学习标准；五是社区服务学习要进行反思记录；六是从社区服务学习中提取学习经验；七是课堂学习和社区服务角色一致；八是教师是服务学习的指导者和促进者；九是社区服务学习合作重视角色位置；十是服务学习目标要注重学生社会责任感的培养。服务学习教学模式实施的步骤包含服务项目准备、开展服务项目行动、服务反思和分析、庆祝共享、总结和评价五个阶段。该模式是引领高等教育发展优质教育的新模式，服务学习在塑造学生人格、激发学生公民参与意识和运用学科知识服务社会方面发挥重要作用。服务学习教学模式是典型的第二课堂与第一课堂协同育人的典范。

第三节　CCTSF 的基本框架

教学模式的研究肇始于美国哥伦比亚大学的布鲁斯·乔伊斯（Bruce Joyce）、玛莎·韦尔（Marsha Weil）和艾米莉·卡尔霍恩（Emily Calhoun），他们共同撰写的《教学模式》（*Models of Teaching*）已于 2021 年 9 月出版了第 9 版。该著作认为，教学是创造促进学习的环境，教学模式是一种方式，通过这种方式建立一

---

① 许明. 当代国外大学本科教学模式的改革与创新［M］. 福州：福建教育出版社，2013：234.

个有利于学生成长且具有激励性的生态系统，学生可以与这个生态系统组成部分互动，以此实现学生的自主学习[①]。因此，教学模式是一种帮助学生学会学习的学习模式，教学模式亦是学习模式[②]。另外的观点，教学模式即教学结构或教学模式即有关教学过程的模式，以及教学模式属于教学方法的范畴即它是教学方法或多种教学方法的综合。正如"教学模式也是一种模型，可以用于规划教学，教学模式呈现出必要的和非常具体的步骤，就像处方和蓝图一样，旨在达到预期的学生学习结构"[③]。本书认为教学模式是基于一定的教育理念，为实现特定的课程目标建构的稳定的教学框架程序和方法的综合，特别是教学方法的程序化、模式化、操作化，是一种课程理念转化为实践的中介环节。教学模式一般由指导思想、理论基础、目标、实现条件、操作程序及评价等部分构成。《十大教学模式》中给出的教学模式结构为"我们为每种模式提供一个研究基础，描述了步骤，并讨论使用该模式的教学条件"[④]。本书拟通过目标倾向、教学步骤、教学方法、教师素养等方面来建构契约性协同教学模式的行动框架。

一、CCTSF 目标倾向

第二课堂与第一课堂协同育人的模式契合了教学模式由单一向多样化发展、由教学向注重学生发展、通识与专业相结合、教学与社会服务功能相结合、强化社会实践教学等原则。确立教学目标（Instructional Goal）是教学设计过程中最关键的工作，教学目标是教学设计的出发点和落脚点。以教学设计的思维设计CCTSF 这一教学模式离不开科学地定位其教学目标。要想确立本书提出的教学模式的目标倾向，首先要充分分析该模式的本质特征。第二课堂与第一课堂契约性协同教学模式是建立在教育社会契约精神、建构主义教学理念、协同理论等相关理论思想之上的教学模式。教育的契约性决定了该模式是建立在为了共同利益达成的共同愿景之上的，协同的对象是第二课堂和第一课堂，但主语是第二课堂，协同的目的是达到第二课堂和第一课堂共同育人。仔细分析上面国内外创新性教学模式可以发现，目前的很多教学模式已经实现了第二课堂与第一课堂的协同育

① ［美］布鲁斯·乔伊斯，玛莎·韦尔，艾米莉·卡尔霍恩. 教学模式（第9版）［M］. 兰英，等译. 上海：华东师范大学出版社，2021：4-5.

② ［美］布鲁斯·乔伊斯，玛莎·韦尔，艾米莉·卡尔霍恩. 教学模式（第9版）［M］. 兰英，等译. 上海：华东师范大学出版社，2021：445.

③ ［美］托马斯·H. 埃斯蒂斯，苏珊·L. 明茨. 十大教学模式（第7版）［M］. 盛群力，徐海英，冯建超，等译. 上海：华东师范大学出版社，2020：55.

④ ［美］托马斯·H. 埃斯蒂斯，苏珊·L. 明茨. 十大教学模式（第7版）［M］. 盛群力，徐海英，冯建超，等译. 上海：华东师范大学出版社，2020：57.

人。因此，本书提出的教学模式不是纯粹的臆想，而是在大量的教学模式实践探索基础之上的升华和凝练。第二课堂与第一课堂契约性协同教学模式的本质特征就是在教育契约性共同愿景的基础上，通过第二课堂与第一课堂协同育人效用实现课程目标。

在教学模式构建逻辑的论述中已经提到，新时代，人民群众对美好生活的向往反映在教育上，必然是教育的高质量发展、人的全面发展，这是新时代"五育并举"的重要推动力量。如前文所述，现实教育实践中，五育失衡、五育失联、五育割裂以及"德体美劳"弱化等严重问题，妨碍了教育的整体性、人发展的全面性的实现。因此，该模式构建的首要目标就是实现大学生"五育并举"的全面发展，实现这一目标的过程离不开第二课堂的重要作用。德育、智育、体育、美育、劳育每一种类型的教育都可以通过第二课堂与第一课堂协同的方式开展。因此，本书构建的 CCTSF 教学模式的目标倾向是旨在运用第二课堂的优势，充分挖掘"五育"的育人元素，实现第二课堂与第一课堂的协同效应，促进学生真正实现全面发展，实现教育重心由"信息—知识"转向"知识—智慧"，通达未来生活智慧。

二、CCTSF 教学步骤

教学模式的步骤体现了教学的有序性和可操作性。本书总结以往第二课堂和第一课堂协同育人的教学模式经验，初步归纳 CCTSF 包含挖掘课程的五育元素、确定课程的协同内容、选择合适的教学方法、实施课程的教学行动、进行课程的总结评价五个步骤。

（一）挖掘课程的五育元素

教育本来就是一个整体，特别是具体到每个教育个体身上。德育、智育、体育、美育、劳育中任何一类教育课程都可能含有多种育人元素。例如，一门金融学课程，其中的知识教学要素是智育内容，险些之外还存在财富管理、共同富裕的德育思政元素，通过辛勤劳动获得财富的劳育元素以及金融货币欣赏的美育元素等。由此可见，教育要从大学生全面发展的需求和德智体美劳"五育融合"的角度，摆脱单纯重视"课程思政"的导向，充分挖掘每门课程的"五育"元素，真正实现"五育并举"走向"五育融合"。

（二）确定课程的协同内容

在挖掘课程五育元素的基础之上，教师要针对课程中的育人元素进行教学设计，确定哪些内容通过第一课堂的方式传授，哪些内容通过第二课堂的方式传授。例如：环保类专业课教学中可以融入环保知识宣讲、水质监测、环保科技作品设计大赛等第二课堂课程内容，商学类课程可以在第一课堂学科知识讲授的基础上，融入金融精英挑战赛、房产策划大赛、物流知识竞赛及创新创业项目等第二课堂课程内容，人文与传播类课程可以融入摄影作品展、广告设计大赛等第二课堂课程内容。

（三）选择合适的教学方法

基于"五育"中第二课堂课程教学组织形式和方法的重叠性以及教育评价的便利性，本书在评价实践过程中把"五育"类第二课堂课程内容总体分为思想成长类、实习实践类、志愿公益类、创新创业类、文艺体育类、工作履历类、技能特长类。每类第二课堂课程都有其适用的范围和功能，需要采用不同的第二课堂课程教学方法。例如，思想成长类一般采用报告讲座、社会实践的方式方法，实习实践类一般是通过寒暑假社会实践的方式，志愿公益类一般是志愿服务的形式，创新创业类一般是学科竞赛或创新创业类大赛的方式，文艺体育类一般采用文艺展演和竞技比赛的方式，工作履历一般是通过担任学生干部等方式。

（四）实施课程的教学行动

在具体的第二课堂与第一课堂协同育人教学过程中，必须明确教学行动是服务于教学目标的。教师在第一课堂课程实施中要把相关的学科知识或专业知识有意识地与第二课堂内容相结合，合理分配教学时间和选择教学的空间。在心理上，要把第二课堂与第一课堂放在同等重要的位置，实现两个课堂的互动互融、互补互促，实现协同一体化课堂是最终的目标。教师在实施课程的教学行动中，第一课堂的教学活动中更多的是知识传授者，第二课堂中要充分发挥学生的积极主动性，教师更多地充当活动指导者的身份。无论是第一课堂还是第二课堂，教师要始终参与其中，这样方可体现两个课堂的同等重要性和协同性。

（五）进行课程的总结评价

课堂总结评价和反思是课程教学的关键环节，融合第二课堂的教学模式开展综合性的总结评价更具反思意义。总结评价反思可以通过多种形式进行，课程的分数评价可以赋予第二课堂和第一课堂一定的权重比例进行，这样有利于摆脱传统知识教学考核方式的单一性和纯粹的纸笔测验的弊端。对第二课堂课程的单独评价可以结合高校"第二课堂成绩单"制度进行，这一内容将在后面的章节中单独论述。

三、CCTSF 教学方法

教学方法是教学模式的具体操作形式，教学方法包含教学模式。基于 CCTSF 的教学理念，结合第二课堂特点，CCTSF 教学方法主要运用讲座沙龙、社会实践、课程项目等教学方法。

（一）讲座沙龙

专家讲座、沙龙、团体辅导等讲座型方法是比较典型的第二课堂课程教学方法，这种方法可以用于德育、智育、体育、美育、劳育任何一种类型教育的第二课堂教学中。学生在讲座型活动中能够开阔视野、接触社会，在组织讲座活动中也可以充分发挥大学生的组织能力，提升学生干部的组织协调能力等。下面的讲座沙龙类第二课堂协同案例很好地展示了讲座沙龙这一第二课堂课程教学方法的优势。

讲座沙龙类第二课堂协同案例①

该类第二课堂主要通过讲座、报告、沙龙的形式开展。

中国劳动关系学院"大国工匠面对面"讲座公选课是典型的讲座沙龙类第二课堂课程，该课程邀请全国劳模、大国工匠等走进思想政治理论课课堂，与思想政治理论课教师共同讲授，实现第二课堂与第一课堂协同育人，可总结为"211 模式"即 2 个课堂教师（思政课专职教师和被邀请嘉宾），围绕 1 个主题，分别从理论角度和实践角度阐述行业或领域的成就以及其中的无私奉献和工匠精神，达成 1 个目标即让大学生围绕主题实现对国情的深度理解和思想提升。协同育人的课程过程一般包含老师介绍（或让学生介绍）、相关背景资料呈现（视频、音乐等）、专业教师从理论角度进行主题讲解、被邀请教师从实践角度讲解、课堂互动、专业教师总结升华、主持人总结。

课程主题：述高铁故事、赞工匠精神

主讲人：全国劳模、大国工匠、中国中车唐山机车车辆有限公司高级技师张雪松

专业教师：思政课专职教师

主持人：1 名大学生

教学过程：思政课专职教师介绍我国高铁发展成就、高铁快速发展带来的巨大变化并深刻阐释中国高铁的成功离不开国家的支持和推动，离不开几代铁路人的努力付出，更离不开幕后英雄大国工匠的无私奉献和对精益求精、精雕细琢工匠精神的坚守。

劳动模范张雪松与同学们分享高铁制造过程概况，高铁工匠培养的艰辛过程以及工匠精神的回归和传承，讲述自己在铁路社区的成长经历、技能学习的艰苦生涯、永无止境的探索和追求。

---

① 刘向兵. 新时代高校劳动教育论纲［M］. 北京：社会科学文献出版社，2019：97-98.

学生反馈：（微信公众号）欣赏这位专家型产业工人、北车"金蓝领"、"中国高铁工人"排头兵、洋设备"保健医生"鲜活而出彩的人生经历；感受到了日行千里的中国高铁站在了世界技术的巅峰，被国外誉为"新四大发明"之一，成为响当当的"中国制造"。

由思政课专职教师与大国工匠共同构建的全新第一课堂与第二课堂打开了学生们的脑洞，引发了他们对工匠精神的思考，激发了学习热情，使他们坚定了辛勤劳动、诚信劳动、创造性劳动可以使人生出彩、国富民强的信念。

（二）社会实践

社会实践是马克思主义生活世界观的理论基石。大学生寒暑假社会实践、日常社会实践和志愿服务活动都属于社会实践型第二课堂，是高校人才培养重要的第二课堂途径，也是大学生走向社会、深入生活的重要方式和途径。大学生社会实践正式开始于20世纪80年代，时任团中央书记处书记的胡锦涛正式提出"受教育、长才干、做贡献"的大学生社会实践的指导方针。历经40年，社会实践仍在高校人才培养中发挥着至关重要、不可替代的作用。

社会实践协同育人案例

北京科技大学的"大学生社会实践"课程是一门面向全校本科一二年级学生的公共必修课，设置3个学分，通过第一课堂讲授社会实践的理论与第二课堂进行校外社会实践以及校内社会实践相关活动进行课程建设，实现了第二课堂与第一课堂的协同育人效应。该课程被认定为国家级精品课程，先后获得国家教学成果奖、教育部思政司高校思想政治工作精品项目，《求是》杂志刊发了题为《讲台传真知　实践育英才》的文章，称其为"社会实践的北科大模式"。

该课程理论课程部分主要设置如下内容：第一讲"社会实践概述与选题"、第二讲"社会实践策划与申报"、第三讲"社会实践实施与执行"、第四讲"社会实践方法与技能"、第五讲"社会实践总结与成果转化"，还建设了小博微课及实践慕课。课程其他部分通过社会实践等第二课堂途径完成。第一课堂集中授课10学时，第二课堂团队实践14天。该课程还建设了北京科技大学社会实践网，定期开展暑期社会实践"金种子训练营"。每年制定北京科技大学社会实践年历，内容涵盖从春季学期的3月开始下发社会实践选题与重点项目团队组建通知、召开选题研讨会，4月全面启动社会实践，5月社会实践第一课堂理论授课，6月项目申报答辩立项，7月安全培训及出征准备，8~9月学生外出进行第二课堂暑期社会实践，10月社会实践团队项目汇报及课程成绩评定，11月暑期社会实践经验分享及成果展示，12月暑期社会实践总结表彰及成果转换，1~2月开展寒假社会实践。

北京科技大学社会实践模式很好地实现了第二课堂与第一课堂的完美协同，堪称两个课堂协同育人的典范。在两个课堂协同中也实现了学生思想政治教育（德育），创新创业与学科竞赛作品的输出（智育），锻炼了学生身心体魄（体育）、深化了学生对大自然、社会的审美感受（美育），增强了社会劳动实践锤炼（劳育）。该模式通过第二课堂与第一课堂的协同育人实现了"德智体美劳"的"并举与融合"，促进了学生的全面发展。

该课程实施以来，每年设立社会实践专题，例如："砥砺奋进七十载，青春建功新时代""投身助力十三五，青春奋进中国梦""青春喜迎十九大，初心不忘悟真知"等，结合社会热点和专业学科特点，围绕美丽中国、乡村振兴、区域协调发展、创新驱动、改善民生、精准扶贫、"一带一路"、校友访谈等主题组建社会实践团队分赴全国各地开展社会实践活动。近 20 年来，北京科技大学累计第一课堂教学超过 6236 学时，第二课堂组织社会实践团队 6348 支，2004 级到 2019 级本科生共 53839 人。

（三）课程项目

借鉴第一课堂课程教学模式，设计开发第二课堂课程是第二课堂课程建设规范化、科学化的重要方式方法，也是提升第二课堂质量的保障。把第二课堂项目或活动进行课程化，设立必要的课时和学分，能够实现教学大纲规范化、教师指导跟进、教学过程监督、考核方式明确等。把课程化作为第二课堂的教学方法能够显著提升第二课堂教学的质量水平。大部分第二课堂的项目活动都可以实现课程化开发和设计。

科创竞赛第二课堂课程案例①

课程目的与性质：该课程旨在通过让学生参加科技创新类竞赛，增加学生参加竞赛的知识储备，帮助其顺利完成参赛作品的制作和展示，通过竞赛培养学生的科技创新思维和创造力，激发学生对科技的兴趣和爱好。

课程内容：竞赛相关知识培训和进入竞赛小组实践，共 8 个课时。

授课形式：以竞赛小组的形式开展，包括集中培训与讨论、进入竞赛小组实践和参加科技创新竞赛。

考核方式：以竞赛知识培训、进入竞赛小组实践、撰写实践报告等环节为评定基础，根据参与积极性、比赛级别和成绩综合评定。

---

① 该部分案例整理自天津大学、山东工商学院等第二课堂课程建设手册。

特点：本课程以科技创新竞赛体系为基础，以参加科技创新类比赛为主要内容，采用多种形式的教学方式，旨在提高本科生科技创新竞赛能力和水平，进一步激发其在第一课堂的学习动力。

教育类经典阅读第二课堂课程案例

课程目的与性质：运用课堂交流和讨论的形式，引导学生了解和掌握教育经典著作中的教育思想及其精神要义；通过专业教师的教学和引导，帮助学生学习研读教育专业文献的方法，养成钻研教育书籍的习惯，提高教育理论水平。

课程内容：介绍教育学理论体系、讲授教育类等书籍阅读技巧、分组交流与讨论、PPT 展示读书报告，共 8 个课时。

授课形式：以讲授+分组讨论+汇报的形式开展，包括集中讲授、分组讨论、PPT 展示汇报。

考核方式：以出勤率为基础，根据参与积极性及课后作业反馈综合评定。课后作业以读书报告的形式提交。

特点：授课教师拥有教育学博士背景，是资深教育专家，在大教育观的指导下，以通识为特色，以多元为取向，以教育学理论体系为基础，以交流讨论的课程教学形式，指导学生阅读教育学类书籍，提升教育专业学生的综合素养。

社团干部工作履历类第二课堂课程

课程目的与性质：本课程以培养学生责任意识、发挥其潜能、提高其综合能力为基础，以大学生在校期间可能参与的各种社团、班团工作为主要教学内容，采用实践教学形式，综合训练学生的组织能力和竞争能力。旨在鼓励学生通过在校期间参与社团并组织活动，在为广大学生提供服务的同时锻炼自我，使其人生态度更加积极向上，创造潜能得以更大发挥，提高其综合素质，训练其组织能力和人际交往能力，并让其个性得以发展。

课程内容：分为岗位培训和活动组织。

授课形式：采用实践教学形式，学生须独立或联合开展具体实践，所开展的活动应对活跃校园文化氛围、陶冶学生情操、丰富学生课余生活等具有帮助，或对学校的教学、科技、管理等工作具有帮助。

考核方式：学生需要在学校各类班团、社团中有明确任职，任职时间为一年（可累加），任职期间需要组织一定次数的班团活动，活动次数不少于 2 次。对于兴趣类社团，学生必须参与组织社团活动，参加社团而未参与活动组织者不符合本课程要求。

特点：授课形式以实践为主，让学生活跃在社团、班级平台，积极组织参与丰富多彩的集体活动，丰富同学们的课余生活，同时自身也将蜕变为"社团达人""活动小能手"。

四、CCTSF 教师素养

高质量的教师队伍是高质量课程体系建设的重要保障。课程的实施需要作为课程实施主体的教师在课程实施的过程中不断提升自身的课程领导力、理解力和反思能力等专业素养[1]。唯此方能更好地贯彻落实课程目标，提高课程实施的实效，构建课程实施与课程改革的良性互动机制。教师的课程能力一般包含课程内容的组织力和解释力、课程技术的信念感与运用力。传统意义上，知识、技能、性格是教师课程能力的三维度。具体到大学第二课堂教师课程能力，对第二课堂课程德智体美劳内容的把握和挖掘能力是最重要的，需要全面把握课程目标及课程实施过程。另外，大学第二课堂课程的实施需要借助互联网新技术，课程实施的信息化程度越来越高，这就需要教师具有能够驾驭信息技术融入课程教学的能力。大学第二课堂与第一课堂契约性协同教学模式下，教师课程领导能力直接决定了大学第二课堂课程体系建设的质量，只有不断提升教师的基本课程领导素养和协同能力才能有效推动大学第二课堂课程体系高质量发展。

单就教师的协同能力而言，未来教学应当成为一项"协作的事业"[2]。建构一种教学模式需要主体教师具有运用指代不明的素养，这也是教学模式实施的必备条件。契约性协同教学模式需要教师具备教育的契约精神，协同第一、第二课堂的能力以及五育融合能力等专业素养。教师教学理念的更新是第一位的，教育的社会契约精神要求教师把革新教育教学模式作为一种常态，教学方法要围绕合作、协同和团结的原则进行组织。正如《共同重新构想我们的未来：一种新的教育社会契约》指出的，"教学不是一个人在紧闭的教室里带领学生进行活动或者上课，教师个人的天赋和才能需要通过协作支持来加强"[3]。要避免教师传统教学的"鸡蛋箱模式"（the egg-crate model）即学生被根据不同的特征分配到不同的教室内上课，不同的教室像不同的"鸡蛋箱"一样叠加在一起。教师只对自己的教学材料负责，缺少与他人的互动交流，这种封闭的教学模式只是"鸡蛋

———————————

① 马云鹏，金轩竹，白颖颖. 新中国课程实施 70 年回顾与展望 [J]. 课程·教材·教法，2019，39（10）：52-60.

② 林可，王默，杨亚雯. 教育何以建构一种新的社会契约？——联合国教科文组织《一起重新构想我们的未来》报告述评 [J]. 开放教育研究，2022，28（1）：4-16.

③ UNESCO. Reimagining our futures together：A new social contract for education [R]. 2021.

箱"不断地叠加，并未从根本上改变教学模式和教师角色。因此，新的教学模式就需要教师成为"协作型教师"，要为教师提供更多开展合作的机会。此外，教师必须与学生建立起信任的关系，并通过师生合作来构建教育目标，教师和学生既是知识文化共同体，更是课程价值共同体，教师在秉持学生德智体美劳全面发展的理念，践行"五育融合"的行动路径。五育元素的挖掘能力是 CCTSF 教学模式对教师的基本要求，教师要善于从"五育融合"的视角去发现课程中"五育融合"的育人价值点，进而转化为"五育融合"的教学目标和教学行动，整体形成"融合育师"新格局和新体系[1]，同时协同能力也是教师必备的技能，教师需要根据课程内容选择合适的第二课堂课程教学方法，并在课程实施过程中进行监督指导。教学模式的变革需要教师角色的转换或者拓展，教师从原来单纯讲授型的课堂"讲师"转化为帮促者、指导者、发展中的专家、研究者、课程开发者、合作学习者等，协同和融合成为教师日常教育教学的自觉。

---

① 李政涛，文娟．"五育融合"与新时代"教育新体系"的构建［J］．中国电化教育，2020（3）：7-16.

第五章　第二课堂成绩单：大学第二课堂的课程评价

　　按照"大课程观"课程体系构建基本框架，课程评价是第二课堂课程体系构建的重要环节。本书大学第二课堂课程评价以课程实施效果即学生成绩（学分）为主要评价内容。"第二课堂成绩单"制度就是以大学第二课堂课程学习效果为评价内容的教育评价制度。实施"第二课堂成绩单"制度是为了落实习近平总书记在全国高校思想政治工作会议上的讲话中指出的"要重视和加强第二课堂建设"的重要要求，推动高校思想政治工作改革与创新的重要举措。2020年10月，中共中央、国务院印发的《深化新时代教育评价改革总体方案》也提出完善学生综合素质评价体系，促进德智体美劳全面发展，增强综合素质的要求。为充分发挥第二课堂对青年人才培养的独特作用，中共中央、国务院在《中长期青年发展规划（2016－2025年）》中明确要求实施"第二课堂成绩单"制度，通过这一制度的实施，帮助学生开阔视野、了解社会、提升综合素质。为此，共青团中央和教育部专门联合下发了《关于在高校实施共青团"第二课堂成绩单"制度的意见》。"第二课堂成绩单"契合了新时代教育评价改革和提升学生综合素质的需求，毫无疑问，在这种形势下，要全面推行"第二课堂成绩单"制度并取得预期成效，就必须厘清"第二课堂成绩单"的逻辑内涵，确证"第二课堂成绩单"的时代价值，铺就"第二课堂成绩单"的行动路径。

第一节　"第二课堂成绩单"的逻辑内涵

　　"第二课堂成绩单"内涵的界定可以采用逻辑学上常用的"被定义概念＝属概念＋种差"的方式进行。定义"第二课堂成绩单"需要找到包含"第二课堂成绩单"的上位属概念，然后再把"第二课堂成绩单"所具有的种差加到属概念之上，以限制上位的属概念。

　　"属"是比被定义项更大一级的范畴的概念，确定了被定义项的"属"就明确了被定义项所反映对象的类别。"第二课堂成绩单"上位属概念的寻找需要遵循一定的历史逻辑。长久以来，大学教育存在大学课堂教学组织形式沿用苏联教育模式导致人才培养过于狭窄，大学生素质教育没有形成落实机制，大学生参与第二课堂缺乏科学、规范的记录标准和评价体系等痛点。2002年，为推动高校素质教育的实施，团中央、教育部、全国学联发布了《关于实施"大学生素质拓展计划"的意见》，主要通过整合教学主渠道外有助于提升大学生综合素质的各种活动和项目，推动学生主动参与素质拓展活动。随着德智体美劳等全面发展理念与教育方针的变化，第二课堂的重要性在新时代更加凸显。互联网大数据技术推动第二课堂教育评价的专业化，为"第二课堂成绩单"制度的实施提供了外部条件。党的群团工作会议召开以来，共青团改革力度空前，着力把"第二课堂成绩单"制度作为高校共青团围绕育人中心任务实施的牵引工程。2018年，共青团中央、教育部联合下发了《关于在高校实施共青团"第二课堂成绩单"制度的意见》，标志着"第二课堂成绩单"作为一种制度形态正式诞生。两个制度反映了21世纪以来，我国大学生参与第二课堂课程的国家教育评价制度的变化，比较两个相隔16年的制度更能凸显第二课堂人才培养的内在统一性、继承性和发展性。从"大学生素质拓展计划"到"第二课堂成绩单"制度的实施，反映了国家对大学生全面成长成才的关注和重视，更是高校围绕"立德树人"根本任务，全面加强和改进高校思想政治工作的制度产品，目的在于推动高校攻克第二课堂课程碎片化、无序化、随意化、娱乐化等沉疴痼疾，寻求一种科学规范的第二课堂课程评价制度，这与"第一课堂成绩单"的内在机理是契合的。如果说"第二课堂成绩单"是"大学生素质拓展计划"项目的升级版，那这个升级的意义主要在于第二课堂课程内容的变化、互联网工具的运用和新的学分制评价方式的应用。"第一课堂成绩单"的工作体系经过不断实践和完善已经相对成熟且具有一定的可信度，"第二课堂成绩单"与"第一课堂成绩单"共同构成"大学学业成就评价成绩单"的两种基本形式。因此，我们把"第二课堂成绩单"的上位属概念定位为"大学学业成就评价成绩单"。

　　"种差"是被定义项所特有的属性，与其同属的概念的差异性，是被定义项本质属性的体现。"第二课堂成绩单"是相对于强调标准化、权威性的"第一课堂成绩单"而言的。"第二课堂"概念的提出被认为是教育思想的一次重大创新，第二课堂作为培养人才的一个"课堂"的提出是对以第一课堂为中心的传统教育思想的变革。① 第二课堂是相对于第一课堂的专业教学即长久以来的夸美纽斯提出的班级课堂教学制度而言的。历史上，第二课堂曾被命以"课外活动""第二渠道"等称谓，因而有了"课内"与"课外"之分。但"第二课堂"与"课外活动"有着本质的区别，"第二课堂"的内涵比"课外活动"更加丰富。随着第二课堂活动重要性的日益凸显，"第二课堂"的称谓逐步被采用，这是一种课程意识层面的认同，"第一课堂"与"第二课堂"同属于大学教学活动。从"课内"与"课外"到"第一"与"第二"的演变凸显了"第二课堂"作为人才培养的载体进入高等教育人才培养的体系，开始承载教育的使命，并突破了"第一课堂"教学时空的局限性，同时彰显了"第二课堂"与"第一课堂"育人功能的差异性。第二课堂的课程内容、组织形式、时空界限、运行模式都区别于第一课堂，这即"第二课堂成绩单"概念的"种差"。摆脱非此即彼的二元思维，从整体论的角度上讲，第一课堂与第二课堂属于大学课程体系共同体的范畴。

通过以上分析可以得出，教育学话语体系内，"大学学业成就评价成绩单"是"第二课堂成绩单"的上位属，"第二课堂"区别于"第一课堂"的特殊性是其特有属性。因此我们界定"第二课堂成绩单"是高校围绕"立德树人"根本任务，参照"第一课堂成绩单"的运行机制和工作原理，遵循第二课堂课程的特殊性，依据包含科学、规范、系统设计大学第二课堂的评价内容，应用网络平台技术，进行学分评价记录，开展过程控制管理，输出记录评价结果，进行数据分析反馈等内容的工作体系而建立的大学生参与第二课堂课程的"综合素质"学业成就评价制度。

第二节 "第二课堂成绩单"的本质规定

一、"第二课堂成绩单"是一项科学规范的教育评价制度

教育评价是教育发展的指挥棒。21世纪初，团中央、教育部实施的"大学生素质拓展计划"作为一种适应青年学生成长成才、开发大学生人力资源的制度措施，最终手动记录并认证形成"大学生素质拓展证书"。"第二课堂成绩单"制度是新时代"大学生素质拓展计划"的总结再提升，二者具有内在统一性、

---

① 蔡克勇，冯向东. 大学第二课堂 [M]. 北京：人民教育出版社，1988：53-60.

继承性和发展性。"第二课堂成绩单"的提出，不仅修正弥补了新时代大学生学业成绩评价的偏差和缺陷，而且将第二课堂课程评价上升固化为一项永恒实施的科学规章制度。因此，正是基于"第二课堂成绩单"的原初发生动机和内在价值取向，本书认为，"第二课堂成绩单"的第一要义和基本逻辑内涵即第二课堂学业成绩评价制度。与此同时，第二课堂课程内容丰富多彩，形式灵活多样，而且诸多信息稍纵即逝、不易捕捉。鉴于此，要对参与第二课堂课程及其成果进行客观而全面的记录和评价，就必须加强评价制度实施的科学性和规范性，因而专门指向第二课堂学业成就评价的"第二课堂成绩单"也就相应地将科学化和规范化作为自身的应有之义和必然要求，这也为最终解决第二课堂课程评价缺乏科学、规范的记录标准和评价体系这一现实问题提供了可能。同时，由于第一课堂课程评价模式已经相对成熟可靠，所以充分借鉴第一课堂课程评价模式的"第二课堂成绩单"也必将具有较强的科学性和规范性。共青团中央、教育部联合下发的《关于在高校实施共青团"第二课堂成绩单"制度的意见》，既标志着"第二课堂成绩单"作为一种教育评价制度正式诞生，也标志着大学第二课堂课程评价开始走向科学化、规范化。

二、"第二课堂成绩单"是一个独具特色的课程体系范畴

"第二课堂成绩单"制度构建的逻辑机理就是充分借鉴第一课堂课程教学育人机理和工作体系，整体设计第二课堂课程内容、项目供给形式、评价机制和运行模式，实现工作的规范化、科学化、制度化、系统化。因此，"第二课堂成绩单"必然预示着要运用教学论、以需求为导向，通过组织、协调、过程控制等管理手段，对第二课堂课程要素进行统筹，以达到"第二课堂成绩单"的规范化运行。"第二课堂成绩单"的制度载体和运作场域是大学第二课堂，这意味着"第二课堂成绩单"独具特色，同时作为一种教育评价制度具有重要价值。"第二课堂成绩单"进入高等教育人才培养体系，突破了第一课堂课程评价的时空限制，彰显了"第二课堂成绩单"与第一课堂课程评价的差异性。"第二课堂成绩单"与第一课堂课程评价的本质区别主要表现在以下几个方面：

一是评价目的不同，第一课堂课程评价指向学生广博深厚的知识储备以及敏锐严谨的科学思维能力，而"第二课堂成绩单"则主要指向培养学生的兴趣、特长和潜质，提升学生的综合素养和就业创业能力。

二是评价内容不同，第一课堂课程评价的内容主要包括学科专业知识和跨学科公共知识，而"第二课堂成绩单"的评价内容则主要包含思想引领、文艺体育修养培养、创新创业能力提升、志愿公益实践和自我管理服务等方面。

三是评价方式不同，第一课堂课程评价的方式往往以目标评价、测验评价和绝对评价为主，而"第二课堂成绩单"则主要运用档案袋评价、实作评价、相对评价等多种评价方式。总之，就概念间的逻辑内涵而言，正是基于第二课堂与第一课堂的差异性，"第二课堂成绩单"最终成为一个针对第二课堂的独具特色的课程体系范畴。

三、"第二课堂成绩单"是一套整体设计的课程工作体系

作为大学课程体系范畴内的学业评价制度，一套整体设计的工作体系自然而然地成为"第二课堂成绩单"的衍生性逻辑内涵，这也是"第二课堂成绩单"的本质规定性。具体而言，"第二课堂成绩单"是在参考借鉴第一课堂成绩单的基础上，从课程内容、项目供给、评价机制、运行模式等方面，全面构建以大学生第二课堂课程学业成就评价为中心任务的课程工作体系。本质上讲，"第二课堂成绩单"这一课程工作体系，具有独特的特征，彰显了其整体性和体系性，这些特征包括：

一是全时空。与第一课堂相比，大学第二课堂中的教学活动可谓是无时不在、无处不在，具有极强的扩展性和延续性，与此相应地，"第二课堂成绩单"这一课程工作体系的应有之义就是要全天候、全方位地开展大学第二课堂课程评价。

二是全要素。大学第二课堂中的教学活动本身包含诸多构成要素，同时还受到诸多因素的影响和制约，具有极强的复杂性和全息性，因此，"第二课堂成绩单"这一课程工作体系就要涵盖大学第二课堂课程的所有构成要素和所有影响因素。

三是全过程。大学第二课堂课程评价的过程包括学习活动的记录、学习效能的评价、学习结果的呈现以及学习成果的应用等不可或缺的环节，因而，"第二课堂成绩单"这一课程工作体系就应包容和贯穿大学第二课堂课程评价的全过程，做到可记录、可评价、可呈现、可使用。

四是"第二课堂成绩单"与第一课堂成绩单具有辩证关系。整体设计"第二课堂成绩单"课程工作体系必须尊重高校人才培养的客观规律，充分借鉴第一课堂成绩单成熟的模式，建立健全第一课堂与第二课堂协同育人的体制机制，其中的中心工作就是建立与第一课堂教务系统相匹配、相衔接、相融合的"第二课堂成绩单"教务系统。

第三节 "第二课堂成绩单" 的行动路径

一、构建适切的课程内容

构建适切的课程内容是"第二课堂成绩单"制度实施的基础性工作，这也是本书课程内容部分的重点。第二课堂课程的供给方是全校范围内所有部门和院系以及相关的校外机构，而不仅仅是学校团委和学生工作部门。第二课堂的课程内容取决于第二课堂的本质属性，第一课堂与第二课堂的本质区别不在于授课场所和范围的不同，而在于人才培养功能的不同，第一课堂一般以传授专业知识为主，而第二课堂则以思想道德养成、文体艺术修养提升、志愿公益实践锻炼、创新创业实习、技能特长培养、工作任职履历等为主，因此，第二课堂的课程内容应该围绕第二课堂人才培养的功能和目标去设计和开发。具体而言，其一，第二课堂课程内容应综合考虑高校人才培养目标、学生不同发展需求以及特定校园文化传统，设置可供学生选择的课程分类菜单，并根据形势变化随时动态调整课程内容。其二，第二课堂课程设计应着力凸显第二课堂的实践性，开发足量的课程项目，遵循"做中学"原则，让学生在丰富多彩的第二课堂课程中锻炼和提升相关方面的能力和素养。其三，第二课堂课程设计应充分体现第二课堂的生成性，正确处理课程的预设与生成之间的辩证关系，切实关照和保护学生的差异性和创造性，为学生的个性化表现留出足够空间，提供足够的机会。其四，第二课堂课程设计应协调处理与第一课堂课程之间的关系，坚持第一课堂课程以传授专业知识、培养大学生的智商和独立思考的能力为主，第二课堂课程以拓展大学生综合素质，发掘和培养大学生的兴趣、爱好、特长为主，涵盖学生发展的德智体美劳各方面，使第一课堂课程与第二课堂课程相辅相成、互补共生，真正完成第一课堂与第二课堂深度融合、协同育人的根本任务。

二、记录翔实的课程参与情况

记录评价体系是"第二课堂成绩单"制度实施的核心要素，主要是针对学生参与第二课堂课程的详细情况，建立健全记录、审核、评价机制。记录评价体系的建立一般应坚持"实时记录，客观为主，兼顾主观"的原则，以科学的量化标准或合理的主观定性方法为依据，可采用记录式评价、学分式评价两种类型的评价方式。记录式评价记录无法量化或者无量化价值的项目，学分式评价是

"第二课堂成绩单"记录评价的主要方式，是第二课堂学业成就实现的内在驱动力。在高等教育学分制改革的大背景下，借鉴第一课堂课程学分的设置方法，为第二课堂课程设置一定的学分，一方面能够显著提升学生对第二课堂的参与程度，另一方面也为第一课堂与第二课堂协同育人提供了可能性。同时，纳入高校人才培养方案的第二课堂必修学分制度，必须发挥"指挥棒"的作用，明确学生必须完成规定学分方可毕业，生成实体的"第二课堂成绩单"，盖章后装入学生档案，而且将"第二课堂成绩单"作为学生日常评奖评优、推优入党的重要依据。另外，学分式评价要坚持权威性原则，充分认识"第二课堂成绩单"学分的权威性，即纳入人才培养方案的第二课堂课程学分与第一课堂课程学分具有同等的效力，要杜绝"第二课堂成绩单"在学分管理过程中的"人情义务"，制定严格的学分管理制度并严格执行，以制度杜绝学分的"随意性"，这是"第二课堂成绩单"制度真正获得成效并持续、健康运作的关键。

三、认证达标的学习成果

对大学生第二课堂课程的学习成果进行达标认证，是实施"第二课堂成绩单"制度的关键环节。要顺利开展这项工作，需要重点注意以下三个方面的问题，或是着力做好三方面的基础性准备：

一是分门别类制定第二课堂学习成果的客观评价标准。按照思想道德养成、文体艺术修养提升、志愿公益实践锻炼、创新创业实习、技能特长培养、工作任职履历等不同分类，分别制定相应的评价标准，第二课堂课程学习成果的客观评价标准均可以用能力单元来表示，能力单元主要包括名称、编号、学分、能力、应用范围、评核指引和备注七个方面。

二是建立第二课堂课程学习成果认证的质量保证机制。首先，学校制定相关政策，对第二课堂课程所有类别学习成果认证的执行标准及其组织管理做出严格规定，确保第二课堂课程学习成果评审规则和认证程序的统一性和严肃性。其次，学校设立第二课堂课程学习成果评审机构，其成员主要由相关领域专家和从事学团工作的领导和教师组成，主要负责第二课堂课程学习成果的评审和认证，通过评审认证的学习成果即可赋予相应的学分。再次，以专家论证和广泛调研为基础，确立统一的学分概念和当量标准，解决第二课堂课程学习成果的通兑、折算问题。最后，学校管理部门和学院学团工作人员应为大学生第二课堂课程学习成果的获得、累积、认证以及与第一课堂学习成果的衔接和转换，提供必要的支持和服务，如在标准、程序、时间、技术及其他资讯等方面，给予大学生清晰的指引。

三是输出"第二课堂成绩单"。第二课堂课程学习成果经认证后可在系统自动生成并输出，"第二课堂成绩单"的最终呈现和输出形式可分为两种，一种是在实现第一课堂教务系统与第二课堂网络管理系统互联互通以及第二课堂课程学分制融入学校总体人才培养方案的基础上，将"第二课堂成绩单"总体的学分嵌入第一课堂专业课程成绩单；另一种是参照借鉴第一课堂课程学业评价制度，设计相对独立的"第二课堂成绩单"，成绩单内容包含学生基本信息、课程分类模块、课程学分记录、总体学分、标识系统等基本要素（见表5-1）。

表5-1　"第二课堂成绩单"输出样式

××大学"第二课堂成绩单"

学生基本信息

姓名：×××	学号：20181203	性别：男	培养层次：本科
学院：教育学院	专业：心理学	班级：2018级3班	入学时间：2018.09

成绩明细

第二课堂课程类型	时间	内容	级别	学分数量
思想成长类	2018.09	军事训练	校级	1.0
思想成长类	2018.10	专家讲座	校级	0.3
文体艺术类	2018.11	歌手大赛一等奖	校级	1.5
实践公益类	2018.12	校庆志愿服务	校级	0.2
实践公益类	2018.12	寒假社会实践	校级	1.0
创新创业类	2019.01	创新创业大赛二等奖	省级	3.0
技能特长类	2019.05	社团会长	校级	1.0

成绩汇总

学分名称	数量	单位
"第二课堂成绩单"学分	8	学分

四、反馈权威的评价结论

　　在新技术推动大数据教育评价日益专业化的时代，教育评价数据采集的无损、价值判断的精准和结果交付的高效已成为DT时代数据分析的逻辑理路[①]。对经过评审和认证而形成的关于第二课堂课程学习成果的权威结论进行实时准确

---

　　①　朱德全，马新星. 新技术推动专业化：大数据时代教育评价变革的逻辑理路［J］. 清华大学教育研究，2019，40（1）：5-7.

的反馈，是实施"第二课堂成绩单"制度的重要举措。第一，利用"第二课堂成绩单"信息采集系统，全过程、全样本、全自动地采集高校整体或者学生个体第二课堂数据，全面提升信息和数据的质量，着力实现第二课堂大数据采集的无损化和可靠性，确保反馈信息的权威性。第二，对"第二课堂成绩单"信息采集系统产生的海量数据进行分析和处理，充分利用关联规则分析、神经网络分析、决策树分析、多层线性分析等大数据处理技术对第二课堂数据进行对比、交叉、聚类等分析，将数据转变为半结构化、结构化数据，进而科学精准判断第二课堂数据背后蕴藏的本质和规律。第三，将第二课堂权威结论的反馈分为整体与个体两个层面，对高校整体结论可采用定期数据分析报告的形式呈现，对学生个体的结论可采用"数据画像"的形式呈现。大数据技术可以实现第二课堂课程成绩反馈的智能化、可视化和实时性，可以通过建设"第二课堂成绩单"体验教育中心等实现第二课堂数据树形结构、放射层次圆环结构、条状图形结构等智慧形态的动态性展示。总之，"第二课堂成绩单"数据分析反馈聚焦"第二课堂成绩单"产生的基础性数据资源，进行战略性、前瞻性数据研究和挖掘，科学掌握大学生的成长轨迹，精准分析高校第二课堂的内容结构，为"第二课堂成绩单"制度的决策与实施，提供权威、科学的数据支撑和全面、精准的数据服务。

五、开发便捷的信息平台

"第二课堂成绩单"网络信息平台的设计开发是在互联网时代实现"第二课堂成绩单"客观公正的记录评价功能的物质前提和必由之路。"第二课堂成绩单"网络信息平台既要服务于高校"第二课堂成绩单"制度的有效实施，又要服务于学生科学规划课外时间、高效拓展综合素质、更好实现成长成才。具体而言，"第二课堂成绩单"网络信息平台在顶层设计上要突破大学校园信息孤岛林立、迭代性差、体系化缺失等藩篱，设计开发具有简洁性、易操作、快速迭代的产品，同时要满足学生用户、管理用户和社会用户的需求。学生用户端的设计要为学生提供可依据"兴趣"选择的第二课堂活动与课程信息，进而通过 Web 端或手机移动端"报名参与"活动与课程。管理用户端的设计要满足"第二课堂成绩单"管理部门的权限设置管理、活动课程管理、学生组织管理、记录评价管理、数据统计分析、成绩单管理、数据挖掘反馈等需求，要确保数据信息的真实性、可靠性和权威性，而且要实现 Web 端或手机移动端并行操作。社会用户端的设计要满足社会用户选人用人的实际需求，设计开发可供社会用户查询大学生"第二课堂成绩单"的便捷端口和通道，实现社会、学校、学生三者之间的无缝连接和有机统一。"第二课堂成绩单"网络信息平台可由高校"校本化"自主研发，也可直接利用跨学校跨地区的统一平台，但无论该平台的设计方是谁，在设计开发和运行管理过程中都要重点关注并不断提升信息本身的有效性及信息使用的便捷性。

六、确立可控的保障机制

"第二课堂成绩单"制度的运行，需要严格规范的过程控制，以实现信息的接收、处理、传输和使用，并根据控制效果对这一复杂系统进行动态的调整和管理。"第二课堂成绩单"制度的过程控制需要做到有制度、有机构、有监督、有反馈。"有制度"是指"第二课堂成绩单"制度要制定包括学分制度、课程开发制度、课程审核制度、课程发布制度、课程督查制度、举报反馈制度等在内的一系列规章制度，并保障"第二课堂成绩单"制度执行的权威性和规范性；"有机构"是指"第二课堂成绩单"制度应有专门的实施机构，配备专门的工作人员，明确各自的任务分工，按照第二课堂的职能开展工作，并实现与第一课堂工作的顺畅衔接和有机整合；"有监督"是指"第二课堂成绩单"制度的实施应建立专门的第二课堂督查队，督查第二课堂活动和课程的开展情况，同时可对网络信息平台设置举报功能，实现对第二课堂运行过程的全程监控，保证第二课堂的严肃性和规范性；"有反馈"是指实施"第二课堂成绩单"制度时，要依托"内容+平台+终端"的新型传播体系，建立健全"第二课堂成绩单"反馈机制，对第二课堂工作运行过程中发现的问题进行即时的反馈和处理，以保证课程工作体系的持续迭代和高效运作。总之，通过建立有制度、有机构、有监督、有反馈的"四有机制"，形成"事前规范、事中监督、事后反馈"的完整工作闭环，能够切实保障"第二课堂成绩单"制度的顺利实施和预期成效。

"第二课堂成绩单"制度是新时代第二课堂教育价值理念的再次彰显，是第二课堂课程育人评价科学化、规范化的大胆探索，是互联网时代高校第二课堂工作走进学生生活世界的大胆尝试，更是深化新时代教育评价改革，重视过程评价，树立科学成才观念，促进学生德智体美劳全面发展，完善综合素质评价体系的重要举措。"第二课堂成绩单"制度的构建是一项复杂、系统的工作，需要坚持整体性原则、差异性原则、权威性原则。整体性原则可以分为两个方面：一是"第二课堂成绩单"制度是融入高校人才培养方案的制度建构，需要高校以人才培养"一盘棋"思维做好制度的顶层设计。二是"第二课堂成绩单"制度各环节之间要整体推进，组成和谐有序的结构，发挥整体功能大于部分功能之和的功效。差异性原则是要正确认识第一课堂课程与第二课堂课程的联系和区别，第一课堂课程以传授专业知识，培养大学生的智商、独立思考的能力为主，第二课堂课程以拓展大学生综合素质，发掘和培养大学生的兴趣、爱好、特长为主；权威性原则就是要充分认识"第二课堂成绩单"学分的权威性，纳入人才培养方案的第二课堂学分与第一课堂学分具有同等的效力。中国的大学具有很强的熟人社会气质，其本质是人治。① 要杜绝"第二课堂成绩单"运行管理过程中的"人情义务"，要制定严格的学分制度规范并严格执行，以制度规范杜绝学分的"随意性"，这是"第二课堂成绩单"制度长久运行和持续发展的关键所在。

第四节 "第二课堂成绩单"的问题建议

通过线上问卷星调查，结合"第二课堂成绩单"制度实施高校的走访调研情况以及笔者所在单位的工作经验积累，呈现"第二课堂成绩单"制度实施中存在的问题及相应的建议如下②：

一、"第二课堂成绩单"存在的问题

（一）思想认识片面

目前，高校对实施"第二课堂成绩单"制度的思想认识还不够统一，理解还不够全面。例如，片面地认为高校人才培养体系中第一课堂课程最为重要，忽略第二课堂课程的重要价值和育人贡献。还未从落实习近平总书记提出的"要重视和加强第二课堂建设"的重要要求，推动高校思想政治工作改革创新，创新中国特色社会主义教育制度的高度去认识"第二课堂成绩单"制度；还未从适应高等教育综合改革，构建高水平人才培养体系，全面发展素质教育的角度去理解"第二课堂成绩单"制度；还未从完善学生成长成才发展服务体系，促进学生德智体美劳全面发展以及综合素质提升的层面去认识和把握"第二课堂成绩单"制度。

（二）协作机制欠缺

在制度落实中，还存在着协作机制不完善、工作推进不平衡不充分、工作指导和评价制度跟进滞后等问题。例如，在制度的实施推广过程中，主要是团组织在主导推动，其他部门的作用还没有充分发挥出来，存在"一头热"现象。一些部门之间的沟通互动还不够紧密，协同联动程度还不高，一体化推进力度有待

---

① 胡娟. 熟人社会、科层制与大学治理［J］. 高等教育研究，2019，40（2）：10-17.
② 该部分内容参考了 2016 年共青团中央基层建设部邀请作者本人和河北建材职业技术学院张进宝赴北京全国学校共青团研究中心共同起草的《高校"第二课堂成绩单"制度实施情况报告》。

加强。例如，有的还没有成立相应的工作组以及联席会议制度，无法为该制度的实施提供必要支持和资源保障，很多高校没有实施"第二课堂成绩单"制度的工作基础，造成部分高校实施该制度起步艰难，进度缓慢，推进乏力。

（三）政策体系单薄

目前，高校围绕"第二课堂成绩单"制度的顶层设计与总体谋划略显不足，政策体系还不够健全，相关配套制度还不够完善，政策供给还不能满足第二课堂工作的实践需求。例如，除对制度实施的重要意义、总体要求、工作内容及工作要求作出明确指导之外，相关的配套文件还是空白，相应的政策解读跟不上改革实践的步伐。对制度实施的长远发展谋划不够，实施路线图与时间表尚不明确，政策导向久不落地。

（四）育人成效低下

目前，"第二课堂成绩单"制度的实施还处在起步阶段，制度的科学化规范化水平还有待提升，自身的评价指标体系还不完善，人才培养的显性成果不够。例如，在实施过程中发现，部分学生还存在着第二课堂课程学分"功利化"倾向；第二课堂的课程和第一课堂课程相比，培养目标还不聚焦，课程内容质量还有待提高；第二课堂和思想政治理论课的对接还不够全面，联系还不够紧密，在"大思政"工作格局中的地位和作用还不够凸显。

（五）价值应用有限

制度实行至今，"第二课堂成绩单"的结果应用和价值发掘还不够明显，服务大学生就业创业的功能还有待进一步强化。例如，有些高校还没有将"第二课堂成绩单"和综合素质测评、评奖评优、升本推研、推优入党等挂钩；用人单位普遍还没有接收到"第二课堂成绩单"的强烈信号，在选人用人过程中"第二课堂成绩单"的利用参考率还不高，"第二课堂成绩单"的社会知晓度和认可度还有待进一步提升。

（六）队伍建设缺位

高校实践中，"第二课堂成绩单"制度的执行者和组织者以团干部、辅导员、专业教师等为主体，构成了工作推进的重要保障。但是，从目前来看，高校基层工作队伍建设还有待加强，各参与主体的权责利不够明晰，工作合力不强，还没有形成"一盘棋"的工作意识。例如，有的高校团干部对制度实施的信心不足，有畏难情绪，主动性创新性不强，缺乏魄力动力，能力水平有待提高；辅导员、专业教师对第二课堂的参与意愿不强，参与程度不高，相关的指导性激励性政策措施缺位。

二、"第二课堂成绩单"的建议措施

强化第二课堂与第一课堂协同育人，实施"第二课堂成绩单"制度，已经取得了一定的成果，呈现出了旺盛生命力，在一定程度上丰富了高校人才培养的模式，也形成了相对完整的第二课堂人才培养闭环运行体系。下一步，第二课堂制度的实施必须坚持立德树人的整体性与人才培养的系统性，把促进学生德智体美劳全面发展作为基本人才培养共识，协同推进该项工作。

（一）加强组织领导，确保制度落地实施

高校要加强组织领导，狠抓制度贯彻落实。积极把实施"第二课堂成绩单"制度作为"三全育人"综合改革和落实"五育并举"的重要抓手和实践举措，将第二课堂工作纳入高校事业发展规划和人才培养方案；要积极推动高校第一课堂与第二课堂的互促互补、互动互融，探索将第二课堂课程纳入学分制管理；要在政策、经费等方面，为实施"第二课堂成绩单"制度提供必要的资源支持和保障。

（二）加大管理指导，建立协同推进机制

各相关部门要加强沟通协调，明确责任分工，建立协同推进常态机制。通过成立工作组，推动形成"第二课堂成绩单"协同工作机制，一体化推动"第二课堂成绩单"制度的贯彻落实；要进行第二课堂课程质量保障建设，开展"第二课堂成绩单"制度实施的质量评估；要逐步探索将实施"第二课堂成绩单"制度纳入高校评估体系，发挥指挥棒的导向作用。

（三）强化顶层设计，提升政策服务水平

高校要做好"第二课堂成绩单"制度的顶层设计与总体规划工作，明确该制度实施的路线图与时间表，推动出台相关配套制度，构建起系统完备、科学规范、运行有效的一整套工作体系和工作制度。要做好"第二课堂成绩单"制度的专项研究，推出一批制度化、机制化工作成果与研究成果，为各制度实施提供思想支撑、理论支持和决策参考。

（四）推动供给改革，突出第二课堂实效

要着力推动第二课堂课程内容"供给侧改革"，打造第二课堂"金课"，不断增强学生素质能力提升的"获得感"；要发挥第二课堂实践育人优势，推动第二课堂"五育融合"并与"思政课程"对接融合，积极融入学校人才培养工作格局；要研究制定内容全面、指标合理、方法科学的第二课堂课程评价体系，让第二课堂在大学生德智体美劳全面发展中的贡献更加清晰，更加突出；要充分借鉴第一课堂育人机理和工作体系，探索制定基于学生素养提升的第二课堂课程评价标准以及人才培养方案，提升第二课堂的系统化、规范化水平。

（五）注重宣传推广，全面提升应用价值

要加强"第二课堂成绩单"应用价值的挖掘。要向用人单位和社会广泛推介"第二课堂成绩单"，扩大知晓度和认可度，凸显服务学生就业功能，通过"第二课堂成绩单"为用人单位选人、用人提供依据，实现学生、学校、社会的有效连接；要积极争取组织、宣传部门等其他部门支持，加强"第二课堂成绩单"工作成果的总结展示与分享传播，营造浓厚的舆论氛围。

（六）加强队伍建设，增强工作合力效能

要完善和加强学校第二课堂基层工作队伍建设，统一思想认识，齐抓共管，提高工作合力效能。要加强工作培训，充分利用好"第二课堂成绩单"制度专题培训班的成熟载体，扩大培训范围，增加培训轮次，优化培训课程；要加强政策引导和制度激励，在教师职务（职称）评聘、评优奖励等方面，将第二课堂工作实效作为重要参考指标，积极推动高校专业教师和辅导员等主体全员全过程全方位参与第二课堂。

第六章　××大学：大学第二课堂的课程实践

实施"第二课堂成绩单"制度是适应高等教育综合改革、全面落实立德树人根本任务、全面发展素质教育的必然行动，更是促进学生德智体美劳全面发展的需要。××大学从 2003 年设置 5 个第二课堂课程创新学分开始，经过多年实践探索，以 2016 年学校被确立为全国首批 36 所[①]"第二课堂成绩单"制度试点高校为契机，将第二课堂课程全面纳入人才培养方案，并设置 11 个必修学分，助力大学生全面提升综合素质。经过多年实践探索，××大学以"第二课堂成绩单"制度建设为牵引，建构了第一课堂和第二课堂协同育人的人才培养模式，探索出了"第二课堂成绩单""4+1"工作模式以及七步骤工作方法，打造了全国首个"第二课堂成绩单"体验教育中心，召开了全国首次"第二课堂成绩单"现场观摩会。经过多年积累，××大学《应用型本科院校第一课堂与第二课堂协同育人创新模式研究与实践》获得 2018 年山东省教学成果一等奖。前文是对大学第二课堂课程内容、第二课堂课程实施、第二课堂课程评价的理论探索，该部分主要是对前面理论的实践检验。

第一节　××大学第二课堂课程建设的实践探索

××大学第二课堂课程建设具有一定的历史积累和实践根基。学校将第二课堂课程有机地融入人才培养方案，以第一课堂与第二课堂协同育人为主线，逐步

---

① 2016 年 9 月，团中央学校部下发了《关于印发〈高校共青团"第二课堂成绩单"制度试点工作实施办法〉的通知》，确定了北京、江苏 2 个试点省份，北京师范大学、北京航空航天大学、北京科技大学、同济大学等 36 所试点高校，××大学是山东省唯一试点高校。

推进第一课堂与实践教学无缝融合、信息技术与第二课堂深度融合、教研成果与教学实践转化融合，坚持能力导向、问题导向、育人导向、协同联动和保障先行等原则，通过实施"第二课堂成绩单"制度，构建基于专业社团的多层次实践平台，完善第一、第二课堂两张课程"成绩单"的交织交融设计，实现了一、二课堂紧密对接的全员育人、全过程育人、全方位育人的全人教育体系，逐步形成了制度建设、管理系统应用、教学大数据分析于一体的协同育人新模式。

一、××大学第二课堂课程建设的顶层设计①

（一）优化设计第二课堂课程制度

学校积极进行第二课堂与第一课堂协同育人的实践与探索，结合教育部、团中央联合提出的"大学生素质拓展计划"，2005 年学校出台了《××大学第二课堂与创新学分管理与实施办法》，逐步构建起了科技创新、学术竞赛、文体活动、技能拓展、社会实践、国内外合作交流"六位一体"的第二课堂课程体系和工作保障机制。基于良好的实践与研究基础，2009 年，学校成为山东省委高校工委批准建立的省内唯一的社团研究基地——山东省大学生社团工作研究基地。2012 年，学校在《关于加强山东省大学生社团工作研究基地建设工作的意见》（党发〔2012〕23 号）中提出，"加强该基地建设对基地科学研究、人才培养、学术交流、咨询服务的作用"，"鼓励二级学院（部）依托专业成立相关学术性社团，引导学生参与科技创新（学科）竞赛、专业实践和课题研究工作"，"大学生社团是第一课堂与第二课堂建设的重要载体，是我校培养具有新儒商精神的高素质应用型人才的重要平台"。同年，结合国务院《国家中长期教育改革和发展规划纲要 2010-2020 年》中强化实践教学环节的要求和教育部《关于进一步加强高校实践育人工作的若干意见》中，学校开始选点试行"基于应用型人才培养模式的财经类专业学生创新能力评价研究"等教学改革项目，并获评省级教改立项。此后陆续将系列教学研究应用于教学实践中。2014 年，学校在《关于进一步深化教育教学改革全面提高应用型人才培养质量的实施意见》中明确提出"延伸传统课堂，推进协同培养"：以第一课堂为基础，大力鼓励教学创新，强化启发式教学，全面提高课程的兴趣度、学业的挑战度和师生的互动性。第二课堂重视学生全面发展，全面推进创新创业教育。2016 年"第二课堂成绩单"制度作为高校共青团改革的龙头项目和创新举措写入共青团中央、教育部联合发布的《高校共青团改革实施方案》。××大学改革适逢其时，其紧密结合高等教育综合改革要求以及中共中央、国务院《中长期青年发展规划（2016-2025 年）》

---

① 该部分内容主要参考了××大学申报教学成果奖材料，笔者参与了相关撰写工作。

等文件精神，在《××大学综合改革方案》中明确提出推进"第一课堂"与"第二课堂"协同育人，将"第二课堂成绩单"制度建设融入本科生人才培养计划，以此助推人才培养模式改革，全面提高应用型人才培养质量。2016 年 9 月，学校被共青团中央学校部确定为全国首批 36 所、山东省唯一的高校"第二课堂成绩单"制度试点单位。2017 年 9 月，学校出台了《××大学"第二课堂成绩单"学分认定及实施办法》（见附录二），全国高校"第二课堂成绩单"制度建设现场会也在××大学召开。

（二）强化第二课堂课程内容建设

学校强化对实验教学、实习（实训）、社会实践、毕业论文设计和课外科技活动等实践性教学环节的整体优化和系统设计，积极引导大学生进行自主性实践教学活动。培养方案中增加实践教学学时，重点突出第二课堂课程实践创新学分，提高实践教学学分质量和数量要求，理工类专业实践学分比例要达到 30%，人文社科类专业要达到 20% 以上，其中第二课堂课程实践学分明确为 11 个学分。实践教学环节包括专业实践和第二课堂课程实践。设置实践教学环节旨在使理论课程与实践教学有机结合、相互支撑，提高学生的实践创新能力和知识综合运用能力。11 个第二课堂课程学分中包含教育部规定的 6 个思想政治教育实践学分，学校认定的社会实践、就业创业实践、创新实践等都属于该范畴。社会实践主要包括思想政治理论课配套实践活动、社会考察调研活动、志愿公益服务活动、寒暑假"三下乡"活动等，引导学生走出校门，认识社会，提高学生问题解决能力。就业创业实践主要包括大学生就业和创业教育、团学联与社团活动等，提升学生的职业素养。创新实践主要包括学生参加教师科研项目、学科竞赛、发明创造、创新创业项目、学术报告与讲座等，侧重培养学生的创新能力。

（三）创新第二课堂课程教学方法

××大学马克思主义学院教学团队创新基于双创思维的思政课程五步教学法，突出价值引领和创新引导。创新思政教育第一课堂与创新创业教育第二课堂的融合，升级迭代大学生社会实践活动与思想政治理论课教学改革相结合的长效机制和教学模式。思政教育与双创教育协同育人教学模式既不是"在思政课堂上搞创业培训"，也不是"在创业课上讲思政理论"，而是将马克思主义理论教学贯穿于创新创业教育之中，用马克思主义理论指导学生进行创新创业实践。另外，用马克思主义唯物辩证法的思维方法推动思政课堂教学改革，培养大学生的创新创业思维和能力，进而实现创新创业教育实践与思政教育理论协同融合提升，为两方开辟了新的生长空间、拓展了教育的内涵。基于第一课堂思政教育与第二课堂创新创业实践教育协同育人教学模式，学校开发了思政课五步教学法，坚持以马克思主义认识论为指导，综合运用连接、呈现、体验、反思、应用五类教学活动，打造以学生为中心的"故事化讲授、人生化导向、合作式学习、游戏化教学、智能型助教"新的可操作、可复制的教学范式，开展了有趣、有效、有用的思政课教学。

（四）发挥社团第二课堂独特优势

学校构建基于专业社团的商工融合的多层次创新实践平台，注重精准施策。将提高学生综合素质树立为教学目标，积极发挥专业性社团优势，让第二课堂充分发挥育人作用。按照"依托兴趣爱好、提升专业技能、服务社会需求"的专业社团建设工作理念，重视专业社团建设，发挥社团的实践育人作用，促进社团科学化、多样化发展，满足社团成员成长成才需求。强化理论学习型和学术科技型社团在校园文化建设中的中坚作用，逐步提高社团文化活动的学术性、创新性、实践性。根据专业方向设置学生专业社团①，以电子信息类专业为例，设置创意设计协会、数码网络协会、电子技术协会、智能控制协会等。如图 6-1 所示，创意设计协会对大学一年级学生进行创意启发培训；数码网络协会对大学一至二年级学生进行软件应用技术培训；电子技术协会对大学二至三年级学生进行电子电路、单片机等硬件的应用培训；智能控制协会对大学三至四年级学生进行软硬件联合应用的培训。四个专业社团按照时间和功能顺序定位，从大学一二年级专业兴趣培养，到大学三四年级组织参与各项学科比赛，最后形成高年级学生引导低年级学生成长的良性循环。

图 6-1　××大学"第二课堂成绩单"体验教育中心

建立了专业社团组织下的多层次实践创新活动体系。依托成立的相关学术性社团，把社团活动与专业教育相结合，引导学生参与科技创新（学科）竞赛、

---

① 隋金雪，朱智林，华臻等．应用型专业学科竞赛协同机制建设与实践［J］．电气电子教学学报，2021，43（1）：172-175.

专业实践和课题研究工作。以电子信息类专业组织学科竞赛为例，基于专业型社团，在专业教师的指导下，构建包含4个阶段（院级、校级、省区级、国家级竞赛）、4个层次（基础、专业、综合型、创新型竞赛）、4种能力（基本、专业、综合、创新能力）的全方位学科竞赛体系，循序渐进，层层选拔，环环相扣，逐步提高，由点到面，打通专业教育的平台。

学校建立了第二课堂社团活动指导和管理的有效机制。实施社团指导工作"双师制"，每个学院团总支联系本单位所管社团以外的2个校级社团，安排专人负责，指导社团组织建设。每个社团至少聘请一位业务指导教师，指导业务培训和实践活动，鼓励大学生社团报经团委批准后聘请校外指导教师或顾问。建立"教师—专业教研室—二级学院—教务处—学校创新创业教育工作领导小组"和"学生—第二课堂活动—学院团总支—团委—学校创新创业教育工作领导小组"的双阶梯式第二课堂实践创新活动管理机制，顶层是涵盖教务处、团委等多个学校职能部门的学校创新创业教育工作领导小组，既有学校的顶层设计，又有社团的组织和专业教师的指导。梯队中最基础的是学生社团，层层选拔，环环相扣，形成上下指导、级级反馈的平台体系，团级部门、院级部门和校级部门形成相互交流、相互合作的协同关系，使整个第二课堂课程实践创新活动科学而高效。

二、××大学第二课堂课程建设的工作体系

学校在实施"第二课堂成绩单"制度的过程中，探索建立了"4+1"工作模式和七步骤的工作机制。"4+1"工作模式包含"课程体系、评价体系、数据体系、运行体系"和1个产品即"第二课堂成绩单"。该模式围绕高校立德树人的根本任务，以促进学生德智体美劳全面发展为目标，以第二课堂与第一课堂协同育人为实践模式，实现全校教师均可开设第二课堂课程，实现活动课程化，满足大学生成长成才的需求。第二课堂的学分制度规定，学生需按时获得学校规定学分才能毕业，生成的"第二课堂成绩单"需装入学生毕业档案。第二课堂课程学分作为学生日常评奖评优、推优入党的重要凭证，逐步推动学生由"被动"参与第二课堂转向"主动"参与第二课堂，形成统筹全校第二课堂课程的全方位提升大学生综合素质的、完整的、科学的工作体系。

（一）第二课堂课程"4+1"工作模式

1. 第二课堂课程内容体系

学校充分借鉴第一课堂课程教学模式，对能够课程化的第二课堂项目活动进行课程化建设，对不能够课程化的第二课堂项目活动进行规范化建设，充分挖掘其中的"五育"元素并进行第二课堂与第一课堂的协同建设。鉴于德育、智育、体育、美育、劳育第二课堂课程内容的充分性和互融性，更为了便于统计分析和评价，学校将"第二课堂成绩单"课程内容体系分为思想成长、社会实践、志愿公益、创新创业、文体活动、工作履历、技能特长及其他八个类别①，针对每一部分学校和各二级学院每学期都设置相应的第二课堂课程内容菜单，提升第二课堂课程供给量，满足学生修读第二课堂课程学分的需求。学校制定出台了《××大学第二课堂课程开设办法》，明确第二课堂课程开设的基本要求、课时数、班级规模等，全面加强课程质量控制，出台《××大学教师开设第二课堂课程工作量计算办法》，明确将教师开设第二课堂课程计入教学工作总量并发放课时费。

2. 第二课堂课程评价体系

大学生参与第二课堂的记录方式是第二课堂课程评价的基础和关键所在。学校坚持即时性、客观性、便捷性、写实性等原则，结合学校第二课堂课程建设情况，采用记录式评价和学分式评价相结合的方式进行记录。记录式主要是真实客观记录学生参与第二课堂课程的情况，不设置学分或积分。学分式主要与学校"第一课堂"学分制相结合，学校制定了《××大学"第二课堂成绩单"学分认定及实施办法》（见附录二），设立 11 个第二课堂课程学分纳入学校总体人才培养方案，规定全部本科生在第七学期结束前必须修满 11 个第二课堂课程学分方可毕业。对于第二课堂课程，学生按照参与活动的方式在"第二课堂成绩单"管理系统参与打卡，课程课时完结后由任课教师进行评价。

3. 第二课堂课程数据信息体系

互联网大数据时代，客观即时的信息记录能够保证记录的真实性和客观性。学校采用团中央学校部与全国学校共青团研究中心共同指导开发的"到梦空间""第二课堂成绩单"网络管理系统作为学校第二课堂的数据信息网络系统。通过该系统，学校可以发布课程、审核课程，大学生可以通过该系统搜索活动信息、选择活动、评价反馈以及生成自己的"第二课堂成绩单"。第二课堂课程数据信息体系除了网络端，还实现了通过 App 端方便学生搜索信息、参与活动等，提升了大学生参与第二课堂的便捷性。

4. 第二课堂课程运行体系

第二课堂课程的管理运行是一个复杂的"系统"，要严格参照第一课堂的教务工作模式，以保证第二课堂课程运行的严肃性和高质量。学校制定《××大学"第二课堂成绩单"学分认定及实施办法》《××大学第二课堂课程学分网络管理系统活动发布规范》《××大学第二课堂课程学分网络管理系统使用办法》等相关工作规范制度。运行机制方面，学校成立了第二课堂课程工作领导小组和"第二课堂成绩单"运营管理中心，配备了专职工作人员，建立了明确的分工机制和联

---

① 第二课堂课程内容建设理论详见本书第三章。

动机制，以全校"一盘棋"的思维格局共同推进第二课堂课程建设工作，全力做到了"有制度、有人员、有机制、有合作"。

5. 一张第二课堂成绩单

第二课堂课程运行最后的关键在于生成一张大学生第二课堂课程参与情况、记录情况以及评价情况记录的"第二课堂成绩单"，这是第二课堂课程价值应用的关键。根据新时代学生综合素质评价的需要，学校将"第二课堂成绩单"全面纳入《××大学"五育并举"大学生综合素质测评办法》，把第二课堂课程参与情况作为综合素质测评、评奖评优、推优入党等重要依据，并规定将成绩单装入毕业档案。学校积极推进将"第二课堂成绩单"与学生毕业求职相结合，积极向社会企业单位提供规范并具有公信力的成绩单，逐步实现"第二课堂成绩单"应用的社会价值（××大学"第二课堂成绩单"输出样式见附录三）。

（二）第二课堂课程"七步骤"工作方法①

1. 明确工作价值

第二课堂课程是落实立德树人根本任务、践行"三全育人"、促进学生德智体美劳全面发展的重要内容。学校高度重视第二课堂课程对大学生成长成才的作用，党委会专题研究推进工作，形成了"第一课堂要严、第二课堂要实"的工作理念。全校师生达成共识即形成价值愿景：明确该项工作的育人指向和在大学生成长成才中的重要价值，让更多的大学生在参与第二课堂课程中收获自信、收获全新的自我，让第二课堂成为大学生活的重要组成部分。

2. 建构课程内容

学分制下的第二课堂的运行，需要提供充分的课程学分以满足学生修读学分的需求。学校充分扩大学分供给主体，学校机关各部门、二级学院教师以及校外兼职教师都可以开设第二课堂课程，逐步实现课程活动化、活动课程化。每学期开学初，学校会梳理校内各层级组织以及其他部门开展的第二课堂活动，经科学论证、征求意见，确定可纳入"第二课堂成绩单"的项目清单，以供学生选择，并组织申报第二课堂课程，进行第二课堂课程的立项建设。

3. 建立评价体系

科学、规范的"第二课堂成绩单"记录评价体系可以让第二课堂课程可测量化，使第二课堂人才培养的贡献看得见、摸得着。明确学校选择的评价方式即记录式评价、学分式评价和综合性评价方式的选择，细化哪些内容采用哪种评价方式，第二课堂覆盖面广、内容模块多，要根据活动种类及等级、活动参与方式的不同，明确记录中要反映的要素。学校制定了《××大学"第二课堂成绩单"

---

① 第二课堂课程评价制度以及制度运行体系详见本书第五章。

分类活动学分分值表》，细化明确了课程项目活动的评价标准。其中，学校结合第二课堂课程实际，将学生担任学生干部、获得非比赛类奖励等作为特殊成绩记录在"第二课堂成绩单"，不计学分，参加军事训练可获得 1 学分计入"第二课堂成绩单"。

4. 完善运行机制

学校成立了校长任组长的专门工作领导小组，在校、院、班团组织以及学生组织中组建工作队伍，同时严格第二课堂课程的发布、审核等职责。具体运行层面，学校团委设立第二课堂工作部，成立第二课堂成绩单运营中心，制定《××大学"第二课堂成绩单"到梦空间课程发布规范》《××大学"第二课堂成绩单"到梦空间课程流程图》等运营规范性文件。构建起横向沟通、纵向分工的多部门联动项目牵引工作体系，建立"事前规范、事中监督、事后审查"的完整工作闭环。加强制度建设，一是院级建立"第二课堂成绩单"制度运行工作机制，每个学院都建立基于"第二课堂成绩单"制度的队伍培训、项目运行、日常管理等工作机制；二是校级层面，建立学校教务处、学生处、团委等各部门和二级学院协同运行机制。

5. 搭建数据平台

学校"第二课堂成绩单"网络管理应用采用团中央学校部与全国学校共青团研究中心共同指导开发的"到梦空间"系统①。为实现工作的信息化运行管理，定期开展工作流程、活动审批程序的培训，保证工作的规范性和流程性。推动"到梦空间"系统与教务处系统互联互通，实现信息的直接读取，学校每年发布《××大学"第二课堂成绩单"数据报告》，为第二课堂课程建设提供决策依据。

6. 推动学生参与

一是通过《××大学"第二课堂成绩单"学分认定及实施办法》（见附录二）的规定要求，推动学生由"被动"参与第二课堂活动转向"主动"参与第二课堂活动。二是设计制作了"到梦空间"系统参与活动以及发布活动流程图，制作了动画视频，设计了"二课小星"卡通任务，让"第二课堂成绩单"能够走进学生生活，让其接地气、聚人气、涨士气，学生愿意用、主动用。

7. 生成"第二课堂成绩单"

学校采购了"第二课堂成绩单"自助打印机，基于网络系统自动生成第二课堂成绩单的功能，学生根据需要可对"第二课堂成绩单"进行打印，经相关

---

① 很多高校采用自己开发的系统，如浙江大学、西南交通大学自主研发了"第二课堂成绩单"网络管理系统，南京工业大学联合社会力量开发了"Pocket University"平台。

部门认证，作为学生综合素质测评、评奖评优、推优入党的权威认证。

（三）"第二课堂成绩单"体验教育中心

2017 年 9 月，学校成立了"第二课堂成绩单"体验教育中心，该中心由团中央学校部与××大学领导共同揭牌。该中心是学校第二课堂课程学分制度实施、教育体验、指导监督的执行机构。体验教育中心具有制度展示、数据展示、应用体验、教育教学、成果展示、文化展示、特色品牌等功能。该中心初步建设了第二课堂微创实验室、第二课堂荣誉室、第二课堂体验教育中心、孔子学堂等场所，充分发挥决策系统、咨询系统、执行系统、信息反馈系统、监督系统、传媒系统"六维系统"机制作用，服务第二课堂工作。学校初步形成了以"第二课堂成绩单"体验教育中心为"一核"，以工科创客实验室、商学实验中心、中科创业学院、联通未来青春创业社等为"辐射带"的第二课堂课程实践育人"一核一带"空间布局。重点彰显"第二课堂成绩单"体验教育中心为"一核"的引领优势；加强"第二课堂成绩单"理论与实践的互动研究，强化第二课堂理论研究，致力打造第二课堂工作的新型智库，为第二课堂的组织和工作创新提供思想支撑、理论支持和决策参考。充分发挥"辐射带"的联动效应，着力营造第二课堂活跃氛围，提升第二课堂课程的"供给侧"水平，全面满足学生素质拓展和修读学分的需求。

第二节　××大学第二课堂课程建设的成效经验

一、工作取得的成效

（一）人才培养质量有所提高

用人单位满意度有所提升。学校面向用人单位做了毕业生跟踪调查，用人单位对毕业生的沟通表达能力、学习能力、创新能力、组织管理能力、执行能力和专业技能的"非常满意"和"满意"的比例近五年分别为 92.69%、87.32%、95.61%、91.24%、91.71%。毕业生满意度显著提升。学校对近五年毕业生"对母校教育教学是否满意"的调查结果显示，"满意"的比例分别为 86.91%、87.63%、91.87%、94.86%、96.34%，呈逐年上升的趋势。学校就业率持续增长。依据山东省人力资源和社会保障厅提供的就业数据，近五年全校就业率分别为 97.21%、97.97%、97.37%、98.23%、98.40%。师生课堂的互动性显著提升，学生精神状态呈现积极乐观阳光，学生科技创新工作逐年实现突破。

（二）师生参与第二课堂积极性提升

通过学分制课程方面的制度设计，设定学分的第二课堂课程，都可以赋予教师一定的授课工作量。以"到梦空间"网络管理系统为平台，全校各部门、各学院的教师均可开设第二课堂课程，实现活动课程化，吸引了更多的教师参与第二课堂课程设计与开发，不仅满足了大学生成长成才的需求，而且有利于第二课堂与第一课堂的协同育人。按照学校第二课堂课程学分规定，学生必须完成规定的 11 个学分方可毕业，并且毕业时"第二课堂成绩单"盖章后装入学生档案，成绩作为综合素质测评、评奖评优、推优入党的重要凭证，实现了大学生由"被动"参与第二课堂活动转向"主动"参与第二课堂活动。

（三）育人模式获得社会广泛关注

初步形成了可复制、极具推广价值的第二课堂课程建设经验。2017 年 9 月，全国"第二课堂成绩单"制度建设及网络管理系统应用培训班在××大学举行，团中央、全国学校共青团研究中心、新华社、中国青年报等有关同志及来自全国各地 170 余所高校的 270 余人参加了会议。与会人员现场观摩了学校第二课堂与第一课堂的协同育人成果展，并给予了高度评价。学校第一课堂与第二课堂的协同育人实践卓有成效，被团中央确立为全国首批 36 所、山东省唯一的高校"第二课堂成绩单"试点单位，并先后六次在全国高校"第二课堂成绩单"工作推进会、全国学校共青团学术年会等会议上做典型报告和经验推广。改革的示范效应引发了社会的广泛关注，山东省教育厅教育工作简报、《大众日报》《中国青年报》等曾先后 5 次专题报道了学校第二课堂与第一课堂协同育人成果。学校先后受邀多次赴江苏、广西、西藏等省份的高校做"第二课堂成绩单"工作的典型报告，逐步形成了全国第二课堂课程建设的名片。

二、工作的基本经验

（一）第二课堂工作体系化

高校的第二课堂一直处于做加减法的过程中，"碎片化""娱乐化""随机化""游击化"的第二课堂活动课程让大学生感觉"被活动"，主要在于缺乏对第二课堂工作的宏观把控和系统化设计。"第二课堂成绩单"制度能够从源头上对学校第二课堂课程进行"清单化"的整体架构和系统梳理，从顶层设计上形成一个大学第一课堂与第二课堂协同育人的阵地。

（二）第二课堂活动课程化

"第二课程成绩单"制度运行的内在机理就是第一课堂成熟的教学模式和运行机制，但又不是完全照搬，第二课堂建设运行中，实现活动的课程化是关键的步骤。充分梳理第二课堂活动中具有课程化条件的项目，按照第一课堂课程建设的标准，赋予一定的学时、学分，确定课程目标和教学方法，最终形成第二课堂活动课程化的"菜单式"供给，方便学生进行选择。第二课堂活动课程化能够实现第二课堂活动的正规化和严肃性，不仅能提升第二课堂活动的育人效果，也能够更好地实现第二课堂与第一课堂的协同和联结，更有利于第一课堂和第二课堂两张"成绩单"的融合。

（三）学生培养个性化

第一课堂是共性的教育，而第二课堂是个性的教育。因材施教、个性发展一直是人才培养的目标。以"第二课堂成绩单"制度为"牛鼻子"对第二课堂课程进行全面系统的设计，并通过网络管理系统即时真实记录每一名大学生的活动参与情况，全面记录大学生在校期间的第二课堂课程经历，结合大数据分析，能够为每一名大学生进行精准的"自画像"，体现学生培养的个性。

（四）工作效果社会化

"立德树人"是高校人才培养的重要使命，要从培养社会主义事业建设者和接班人的高度，坚持"第二课堂要实"的原则建构第二课堂课程体系。要把社会导向的育人效果作为重要的行动起点，将第二课堂建设成为社会评价大学生就业创业竞争力的重要参考，搭建起学生、学校和社会之间的有效连接平台，使社会企业通过一张"第二课堂成绩单"就能够获悉学生在校的学习生活情况，准确地判断学生的综合素质，判断其是否符合社会企业的需求。

结　语

什么是好的教育？"好的教育一定是适合的教育，是完整的教育，是赋能的教育，是指向学生健全人格养成的教育。"① 第二课堂就是"好的教育"的重要组成部分。以"第二课堂成绩单"为起点的新时代第二课堂课程育人实践是迄今层次最高、规模最大、影响最广、规范性最强的整体性探索②。新时代开展大学第二课堂研究，契合了新时代发展素质教育、德智体美劳"五育并举"和"五育融合"、新时代教育评价改革、三全育人等顶层制度设计的现实需要，更契合了新时代大学生成长成才多样化发展和高校高质量发展的需要。"第二课堂的提出是认识上的一次飞跃，是教育思想的一次重大变革。"③。新时代大学第二课堂在互联网信息技术的助力下，必将成为大学课程变革的重要方式和大学生金色光阴生活的重要载体。其也必将超越单纯的知识课堂，成为联通大学学科和真实生活世界的桥梁，为教育注入更多的活力和价值。

一、研究总结与结论

基于新时代教育背景，本书以笔者大学时代参与第二课堂收获的经验以及从事高校第二课堂课程建设工作的实践为逻辑起点，采用文献梳理、质性访谈、比较研究、问卷调查以及案例分析等研究方法对大学第二课堂课程进行了相对系统的研究。在梳理国内外相关研究文献资料的基础上，本书对大学第二课堂的概念和邻近概念以及相关理论进行了全面分析，搭建了研究的理论基础。通过质性访谈研究的方法，笔者访谈了 25 所高校的 80 名学生，选择 40 份访谈资料进行了深入分析，运用 Nvivo 质性分析软件通过编码频次统计对文本进行了分析，提炼

---

① 石中英.破除"唯分数论"，切实立德树人［N］.光明日报，2022-03-26（10）.

② 共青团中央《深化高校共青团"第二课堂成绩单"制度工作指引》中提出：到 2021 年底，全国 60% 以上的高校实施"第二课堂成绩单"制度，用 3 年左右的时间，推动覆盖全国 80% 以上高校。

③ 蔡克勇，冯向东.大学第二课堂［M］.北京：人民教育出版社，1988：58.

出了大学生参与第二课堂的成长和收获的价值即课程目标。基于新时代德智体美劳"五育并举"和"五育融合"的需要,本书全面分析了德育、智育、体育、美育、劳育中的第二课堂内容以及学校财商教育第二课堂内容,构建了大学第二课堂的课程内容。基于联合国教科文组织《共同重新构想我们的未来:一种新的教育社会契约》的呼唤和协同理论,本书构建了包含目标倾向、教学步骤、教学方法、教师素养要求的第二课堂与第一课堂契约性协同课程实施的教学模式。针对大学第二课堂课程评价,分析了"第二课堂成绩单"制度的内涵价值,构建了其实施的理论框架。另外,本书还对××大学近年来第二课堂课程建设实践进行了全面总结介绍。具体而言,本书开展了如下探索:

第一,大学生参与第二课堂的成长和收获是大学学习的重要内容,具有重要的价值。本书通过质性访谈资料分析,得出大学生参与第二课堂课程能够在认知与技能、过程与方法、情感态度价值观三个维度上,得到学术与认知能力、沟通协调能力、人际交往能力、职业认知与规划能力、态度和价值观、自我效能感几个方面的改善和提升。大学第二课堂的课程目标指向的是学生全面发展。通过课程目标即价值澄清,可总结得出:大学生参与第二课堂是"自我塑造"的教育需求,大学第二课堂体现的是一种"高影响力"的教育、一种具有生活价值的教育,大学第二课堂的参与度体现了大学生"融入大学"的程度。

第二,"五育并举"实现了第二课堂课程内容的整体性。从"五育并举"的视角去解构全面的教育,目的在于建构全面完整的第二课堂课程内容。通过系统的解构分析和理性的建构得出,大学德育第二课堂课程包含"思想政治理论课"第二课堂课程、"课程思政"第二课堂课程、公民道德教育第二课堂课程、心理健康教育第二课堂课程;大学智育第二课堂课程包含学科竞赛、创新创业比赛、研究性学习;大学体育第二课堂课程包含竞技类体育比赛、社团类体育俱乐部、群众性体育活动;大学美育第二课堂课程包含艺术教育展演、美育艺术实践、美育社团活动、经典书籍诵读;大学劳育第二课堂课程包含日常性生活劳动、服务性志愿劳动、职业性生产劳动、校园劳动文化活动。大学财商教育第二课堂是学校特色建设需要,亦可本然地融入五育之中。五育本然是一个整体,在个体身上不存在单独的德育、智育、体育、美育、劳育,"五育融合"是"五育并举"的课程落实行动。

第三,研究建构了第二课堂与第一课堂契约性协同教学模式(CCTSF)。基于教育社会契约精神、建构主义教学理念和协同理论,CCTSF倾向于实现第二课堂与第一课堂的协同育人,促进学生的全面发展。CCTSF教学步骤包含挖掘课程的五育元素、确定课程的协同内容、选择合适的教学方法、实施课程的教学行动、进行课程的总结评价五个阶段。CCTSF多采用讲座沙龙、社会实践、课程项目的教学方法。教师要善于从"五育融合"的视角去发现课程中"五育融合"的育人价值点，进而转化为"五育融合"的课程目标和教学行动。

第四，研究建构了"第二课堂成绩单"制度实施的理论框架和行动路径。"第二课堂成绩单"是一项科学规范的教育评价制度、是一个独具特色的课程体系范畴、是一套整体设计的课程工作体系。制度实施需要从构建适切的课程内容、记录翔实的课程参与情况、认证达标的学习成果、反馈权威的评价结论、开发便捷的信息平台、确立可控的保障机制方面去行动。

第五，研究介绍了××大学第二课堂课程实践探索。××大学在前期第二课堂工作实践的基础上，以"第二课堂成绩单"制度试点为契机，探索实践了包含第二课堂课程内容体系、第二课堂课程评价体系、第二课堂课程数据信息体系、第二课堂课程运行体系+一张第二课堂成绩单的第二课堂"4+1"工作模式和包含明确工作价值、建构课程内容、建立评价体系、完善运行机制、搭建数据平台、推动学生参与、生成"第二课堂成绩单"的第二课堂"七步骤"工作法。

二、研究反思与前瞻

通过以上总结可以看出，本书围绕"大学第二课堂课程体系构建"这一主线进行了从理论到实践的探索，特别是通过××大学的第二课堂课程实践积累了一些经验，在全国也形成了"第二课堂成绩单"建设的"全国名片"，但受限于个人经验和能力，以及工学矛盾，本书仍存在一些不足之处。

大学生参与第二课堂成长和收获部分采用质性研究访谈法，从访谈数量上看是充足的，但由于多方原因，大部分访谈都是通过微信视频或者委托学生所在高校共青团干部完成的，访谈质量一般。为了提升访谈资料的质量和水平，从80份访谈文本中选取了40份作为分析资料，但仍存在访谈质量不高的问题。另外，由于运用扎根理论编码分析考验的是研究者的理论挖掘能力，需要具有较高的理论功底，限于研究者理论功底的水平和分析软件运用不专业，本书采用手工的方式进行编码统计分析频次，提升的理论深度不够。

本书试图构建的第二课堂与第一课堂契约性协同教学模式（CCTSF）仅处于框架构建阶段，虽然该模式的构建思路是源于当下大学第二课堂课程实践的现象经验，但缺乏相对成熟的理论模型，更没有画出该教学模式的框架图和实施步骤图，该模式的教学方法部分只是举例说明，第二课堂课程教学方法仍需要加大总结凝练的力度。未来，需要通过不断研究和实践完善该教学模式，推动该教学模式走向成熟，特别是在"五育融合"的协同思路下进行大学课程教学模式变革。

大学第二课堂整体的育人效果在某种程度上是超越单纯第一课堂的。关于大学第二课堂的其他相关研究中，充分证明了大学第二课堂课程对大学生成长影响的重视。无论是威尔逊（Wilson）认为的"大学生在高校的学习成果有70%以上来源于课堂教学以外即第二课堂的经历"①，还是理查德·莱特（Richard J. Light）在《穿过金色光阴的哈佛人：哈佛大学生成功访谈录》中陈述的"课堂外的学习特别是在宿舍以及课外活动（比如艺术活动）中发生的学习行为，对学生来说至关重要。统计数字显示，所有对学生产生深远影响的重要的具体事件，有4/5发生在课堂外"②，加之本书对本土大学生参与第二课堂获得成长和收获的价值，都说明了大学第二课堂课程对大学生德智体美劳全面发展的至关重要性。本书认为，大学教育本质上是指向五彩缤纷的社会生活的，包含专业生活、精神生活、休闲生活等，大学教育必须包含第二课堂与第一课堂的课程内容。

没有德、智、体、美、劳全面的课程内容，没有第二课堂与第一课堂的协同，就没有全面发展的学生。大学第二课堂是一个"走向生活世界"的课堂，实现了第一课堂与社会生活的联结，充当了桥梁和纽带的作用。课程论的始祖博比特所设计的课程是以社会为最终指向的，即教育是为未来生活做准备的。因此，大学的课程最终也是以社会为导向的。新时代，大学第二课堂应然主动融入高校人才培养的大局，深度融入课程教学改革，走向第二课堂与第一课堂深度融合，特别是在大学"五育并举"走向"五育融合"的进程中，第二课堂与第一课堂契约性协同育人教学模式应引领大学课程教学的变革。未来，两个课堂必然融为一个课堂，即一个大学生全面成长成才的大课堂，或者以第二课堂为主体的课堂。

一定程度上讲，德智体美或者德智体美劳全面发展，一直是我们的教育理念，但是好像仅停留在理念的层面。但在新时代，我们的教育理念能否转化为教育行动？新时代教育评价方案是否能够真正落实？关键在于我们能否落实我们的教育理念，关键在于我们能否真正树立学生科学成才观念以及完善综合素质评价体系。其中，大学教育理念尤为重要，置身于大学教育场域中的人的观念至关重要。大学的行政管理者和教师需要树立"让每位大学生充分利用大学时光，真正成长成才"的观念，并要为此改进教学方法和做出科学合理的人才培养决策进而采取积极的行动。例如，大学生可以通过参与第二课堂中的志愿服务活动进行观察和思考，进而确定自己的研究选题，并且可以通过阅读和讨论进一步清晰化该选题。这个过程中，就需要大学教师充分把第二课堂与第一课堂协同起来，让学

① Wilson E K. The Entering Student: Attributes and Agents of Change [M]. Chicago: Aldine, 1966.

② ［美］理查德·莱特. 穿过金色光阴的哈佛人：哈佛大学生成功访谈录 [M]. 范玮，译. 北京：中国轻工业出版社，2002：8-9.

生在两个课堂课程中获得成长。因此，大学行政领导和大学老师的积极性在大学第二课堂课程建设中作用的发挥很重要。

还有一个至关重要的问题，也是我们在实践探索中遇到的棘手问题。第二课堂课程是否需要实施学分制？高校学分制收费改革是否应该把第二课堂课程学分纳入收费范畴。结合实践经验，为了保证大学生由被动参与第二课堂活动转向主动参与第二课堂活动，把第二课堂课程纳入总体的学分体系是十分必要的。至于第二课堂课程学分是否收费，本书给出两条路径：一是第二课堂课程学分收费，这样保证了第二课堂课程学分与第一课堂课程学分的平等性和严肃性。但可能会遇到大学生参与志愿服务活动或者劳动课而获得学分，收取这部分学分学费是否合适的问题，本书建议志愿服务活动以及劳动课等也是需要教学投入的，应同等对待，需要做好教育引导工作。二是第二课堂课程学分实行积分制度，不收取学费，但积分等同于学分，大学生需要修满一定的第二课堂课程积分（学分）方可毕业，这样就避免了参与志愿服务活动或劳动课等第二课堂而收取学费引发争议的问题。这个在实践中遇到的问题，也反映了大学第二课堂与第一课堂相结合的实践过程中需要理念的转变和认同。正如富兰所言："变革是一段旅程而非一张蓝图，任何改革都无法一蹴而就，教育变革具有复杂性和不确定性，注定课程改革中充满问题和困难。"①

第二课堂是一种相对独立的课程，是超越"知识本位"转向"人的全面发展本位"的课程哲学变革。新时代，"如何将立德树人作为教育评价的根本目的，将德智体美劳'五育并举'、全面发展作为教育评价的重要导向，建立立德树人与'五育并举'的评价机制，引导和促进人的全面发展，成为教育研究和改革的重要热点"②。总之，纯粹以知识积累为教育目的的第一课堂课程已无法满足学生全面成长成才的教育需求，而能够显著提升大学生人际交往能力、沟通协调能力、自我效能感、学术与认知能力、职业认知与规划能力的第二课堂课程更具有需求性。大学"第二课堂成绩单"制度实施以来，大学第二课堂课程更能够发挥提升高校人才培养质量的作用，更能有效实现新时代大学生德智体美劳全面发展的目标。德智体美劳"五育并举"的评价需求，让大学第二课堂更具生命力，大学第二课堂应然不是第一课堂的延伸和补充，而是一种相对独立的课程。从一定意义上讲，关注第二课堂标志着大学课程改革进入真正注重大学生的

① ［加］迈克尔·富兰. 变革的力量——透视教育改革［M］. 中央教育科学研究所，加拿大多伦多国际学院，译，北京：教育科学出版社，2000.

② 宣小红，檀慧玲，曹宇新. 教育学研究的热点与未来展望——基于2021年度人大复印报刊资料《教育学》转载论文的分析［J］. 教育研究，2022，43（2）：70-82.

核心素养培养和全面发展的时代。

　　构建大学第二课堂的课程体系并不是要把第二课堂的活动完全按照第一课堂的教学形式模式化。大学第二课堂有其独特性，不能完全照搬或者机械化模仿第一课堂的课程建设。大学第二课堂的课程体系建设需要借鉴第一课堂的课程体系框架，遵循大学第二课堂的特殊性，推动大学第二课堂建设的规范性和科学性，如此更能体现第二课堂与第一课堂的同等重要性，不会导致大学第二课堂的应试化或同质化。

附　录

附录一　大学生参与第二课堂成长和
收获访谈提纲

导语：

　　大学第二课堂是在第一课堂以外，开展的具有全面发展意义的教育活动类课程，具体可分为德育类第二课堂、智育类第二课堂、体育类第二课堂、美育类第二课堂、劳育类第二课堂（或按照思想道德养成、文体艺术修养提升、志愿公益实践、创新创业实习、技能特长培养、工作任职履历的分类）。具体包含内容如下：

　　德育类第二课堂主要是参加党校、团校培训，参加理想信念、价值观念相关教育活动以及包含公民道德教育内容的社会实践和志愿服务活动、升国旗教育活动、开学和毕业典礼、重大纪念日活动、主题党团日活动、英模榜样事迹报告会等。

　　智育类第二课堂主要是学生参与"挑战杯"全国大学生课外学术科技作品竞赛，"创青春"全国大学生创业大赛，国创计划及各级各类学术、科技、创业比赛、教育的经历。

　　体育类第二课堂主要指学生参与竞技类体育比赛、社团类体育俱乐部、群众性体育活动等。

　　美育类第二课堂主要是指学生参加艺术教育展演、美育艺术实践、美育社团活动、经典书籍诵读活动等，主动培养健康的兴趣、爱好，具有审美情趣和一定的审美能力。

　　劳育类第二课堂主要是指学生参加劳育实践活动，包含日常性生活劳动、服务性志愿劳动、职业性生产劳动、校园文化劳动活动等内容。

1. 同学，简单介绍一下你自己好吗？

2. 你所在学校的第二课堂课程丰富吗？对学校第二课堂满意吗？

3. 你都参加过哪些第二课堂课程？

4. 你能讲述一下参加第二课堂课程的过程吗？

5. 你能描述一下参加第二课堂的心情吗？

6. 你参加第二课堂课程最大的收获是什么？其他收获呢？

7. 你认为参加第二课堂课程对未来有什么影响？

8. 你还有什么要补充的吗？

附录二　××大学"第二课堂成绩单"学分认定及实施办法

第一章　总　则

第一条　为更好地服务于高素质应用型人才培养目标，创新人才培养模式，提升人才培养质量，推动第一课堂与第二课堂相互促进、相互融合，加强学生创新创业精神和实践能力的培养，通过第一、第二课堂两份成绩单客观记录、认证学生在校期间的学习、活动的经历和成果，为学校人才培养评估、学生综合素质评价和社会单位选人用人提供重要依据，特制定《××大学"第二课堂成绩单"学分认定及实施办法》（以下简称《办法》）。

第二条　《办法》引导学生在坚持第一课堂学业为主的同时，积极参加第二课堂活动。学校针对学生在思想成长、创新创造、就业创业、社会实践、志愿公益、文艺体育、身心情感、工作履历、技能特长、军事训练、劳动实践等方面的普遍需求，进行工作内容、项目供给和评价机制的系统设计和整合拓展。

第三条　第二课堂由各牵头部门和二级学院联合组织实施，每个本科生在校期间第二课堂学分要求不低于11学分，各学院通过"第二课堂成绩单"网络管理系统采用学分式评价和记录式评价相结合的方式实时记录学生实践活动的经历和成果。学生毕业时，"第二课堂成绩单"与"第一课堂成绩单"共同装入学生档案，并作为日常评奖评优、推优入党的重要依据。

第四条　各二级学院为第二课堂活动内容设计和项目供给的主要责任单位。各学院、各部门应创造条件，多方鼓励教师围绕学科专业以及第二课堂工作内容积极开设第二课堂课程与实践活动，并可向校内外募集相应的第二课堂项目供给，提升第二课堂活动的质量，满足学生素质拓展和修读学分的需求；学生应根据第二课堂的教育教学要求，结合自己的专业、能力、特长、兴趣和爱好，自主选择参加相应的第二课堂活动和课程，完成相应的实践，取得规定的学分。

第五条　教师为第二课堂活动和课程学分认定的主体。第二课堂课程教学工作量根据"第二课堂成绩单"网络管理系统记录的课时数予以核算，各学院、各部门应参考学校相关文件中第一课堂工作量的计算办法，给予开设第二课堂活动和课程的教师相应的教学工作量认定，并作为教师职称评定以及相关荣誉评选的重要依据。

第二章　学分认定标准

第六条　学生按照"第二课堂成绩单"网络管理系统规定的项目分类，通过以下第二课堂活动获得学分：思想成长、创新创业、社会实践（志愿公益）、文体活动、工作履历、技能特长及其他。具体加分细则见附件《××大学"第二课堂成绩单"分类活动学分分值表》。

（一）思想成长类

"思想成长"模块主要记载学生军事训练，入党、入团情况，学生参加党校、团校培训经历，思想成长、心理健康、职业规划类第二课堂课程的情况，听取讲座与报告会，参加其他思想引领类活动的经历以及获得的相关荣誉。

（二）创新创业类

"创新创业"模块主要记载学生参与各级各类学术科技活动、创新创业竞赛、学科竞赛和创新创业活动的经历及获得的相关荣誉，以及发表论文、出版专著、取得专利等情况。学生须在完成大学生创新创业项目的全过程后，经考核合格后方可获取相应学分。

（三）社会实践、志愿公益类

"社会实践"模块主要记载学生参与"三下乡"社会实践活动、实践实习、志愿公益类第二课堂课程及其他实践活动的经历，参加与港澳台及国际交流访学的经历，以及获得的相关荣誉。"志愿公益"模块主要记载学生参与"大学生志愿服务西部计划"及支教助残、社区服务、公益环保、赛会服务、海外服务等各类志愿公益活动的经历，以及获得的相关荣誉。

（四）文体活动类

"文体活动"模块主要记载学生参与文艺、体育、人文素养、美学教育等各级各类校园文化活动的经历，以及获得的相关荣誉。

（五）工作履历类

"工作履历"模块主要记载学生在校内党团学（含学生社团）组织的工作任职履历、在校外的社会工作履历，创办公司以及获得的相关荣誉。

（六）技能特长类

"技能特长"模块主要记载学生参加各级各类技能培训的经历、技能培训类课程，以及获得的相关荣誉。

（七）其他

各学院可结合专业特点和人才培养方案制定特色第二课堂学分认定模块，满足学生专业素质拓展需求。凡《××大学"第二课堂成绩单"学分认定及实施办法》中未涉及的，但需要予以确认学分的项目，需上报学校团委审核备案通过后实施。

第七条 学生需在第七学期结束前，修满第二课堂学分不低于 11 个；第二课堂总学分超过 11 个学分时，超出部分可以申请冲抵公共选修课学分，最多可冲抵 2 个公共选修课学分；每学年，学生参与第二课堂活动获得学分不足 6 学分将予以预警，低于 2 学分者不得参与该学年评奖评优、推优入党。

各专业纳入第一课堂课程体系的学科竞赛项目，获得的 2 学分计入"第一课堂成绩单"，由竞赛获得的重点奖项可以特殊成就的方式申报"第二课堂成绩单"加分；军事训练（含军事理论）部分，集中安排 2 周，记 1 学分，军事理论教学穿插其中进行，由学生处和二级学院联合组织实施；劳动课部分，按照集中或分散安排 1 周，不计学分，以记录式评价方式计入"第二课堂成绩单"，由后勤管理处和二级学院联合组织实施；其他第二课堂项目记 10 学分（其中包含思想政治理论综合实践 6 学分），由团委、马克思主义学院和二级学院等联合组织实施。

第三章 审核工作

第八条 "第二课堂成绩单"学分原则上以一学年为审核和上报的时间单位，各学院负责日常运行以及审核督查预警工作，团委、教务处为联合终审单位。

第九条 "第二课堂成绩单"学分依托"第二课堂成绩单"网络管理系统进行实时网上认证管理或特殊成就录入。学生在每年 10 月的第一周登录"到梦空间"，上网打印各自的"第二课堂成绩单"学分成绩单，各班级汇总结果报各学院审核，学院审核结果经统一公示后于每年 10 月底报学校团委存档，并进行审核和预警。

第十条 每年 4 月初开展毕业生第二课堂学分认定工作，各学院按照规定开展学分认定工作,将修满"第二课堂成绩单"学分的学生名单及相应的"第二课堂成绩单"一式两份报送学校团委,学校团委、教务处对累计修满相应学分的毕业生进行统一审核,审核无误后盖章返回各二级学院,二级学院负责装入毕业生档案袋。

第四章　组织领导和管理

第十一条　"第二课堂成绩单"工作由××大学创新创业教育工作领导小组负责指导实施,领导小组下设第二课堂管理办公室,办公室设在团委,负责全校第二课堂学分的具体规划、指导和监督等工作。

第十二条　各二级学院对应成立第二课堂学分工作领导小组,组长由院长担任,具体组织实施第二课堂相应工作。

第十三条　各团支部成立由学生干部和学生代表组成的5~7人的第二课堂学分工作小组,由团支书任组长,具体组织实施班级学生第二课堂学分审定、公示和上报工作。

第五章　附　则

第十四条　各学院可根据本实施办法,结合本学院人才培养方案制定相应的实施办法,并报团委和教务处备案。

第十五条　本办法自2017级学生开始正式实施,由团委和教务处负责解释。

附录三 ××大学"第二课堂成绩单"输出样式示意

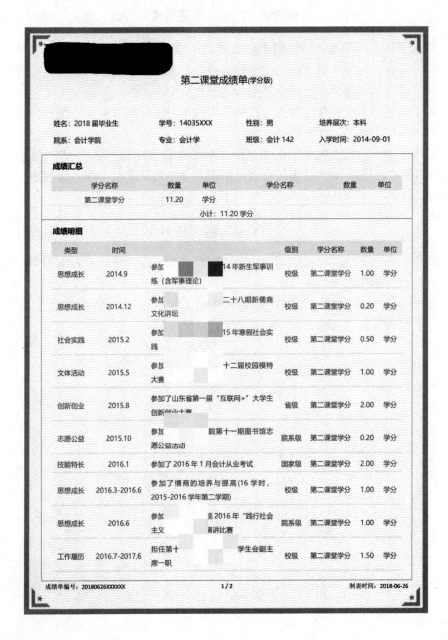

第二课堂成绩单(学分版)

姓名: 2018 届毕业生　　学号: 14035XXX　　性别: 男　　培养层次: 本科

院系: 会计学院　　专业: 会计学　　班级: 会计 142　　入学时间: 2014-09-01

成绩汇总

学分名称	数量	单位	学分名称	数量	单位
第二课堂学分	11.20	学分			
	小计: 11.20 学分				

成绩明细

类型	时间		级别	学分名称	数量	单位
思想成长	2014.9	参加 █████ ███14 年新生军事训练（含军事理论）	校级	第二课堂学分	1.00	学分
思想成长	2014.12	参加 ████二十八期新儒商文化讲坛	校级	第二课堂学分	0.20	学分
社会实践	2015.2	参加 █████15 年寒假社会实践	校级	第二课堂学分	0.50	学分
文体活动	2015.5	参加 ████十二届校园模特大赛	校级	第二课堂学分	1.00	学分
创新创业	2015.8	参加了山东省第一届"互联网+"大学生创新创业大赛	省级	第二课堂学分	2.00	学分
志愿公益	2015.10	参加 ████院第十一期图书馆志愿公益活动	院系级	第二课堂学分	0.20	学分
技能特长	2016.1	参加了 2016 年 1 月会计从业考试	国家级	第二课堂学分	2.00	学分
思想成长	2016.3-2016.6	参加了情商的培养与提高(16 学时, 2015-2016 学年第二学期)	校级	第二课堂学分	1.00	学分
思想成长	2016.6	参加 ████克 2016 年"践行社会主义 ████演讲比赛	院系级	第二课堂学分	1.00	学分
工作履历	2016.7-2017.6	担任第十 ████学生会副主席一职	校级	第二课堂学分	1.50	学分

成绩单编号: 20180626XXXXXX　　1/2　　制表时间: 2018-06-26

附录四　大学生第二课堂学业成绩访谈要点节选

1. AHGYDX 蒋同学，担任班长、文艺部长、学院科创中心学生负责人等，参加过很多学科竞赛项目，经验丰富，大四推免至北京邮电大学读研

大一期间，我没有接触过学科竞赛，主要以文艺活动为主，大二主要偏重于学科竞赛。参加第二课堂活动提高了我的各项能力，有些东西是在课本上面学习不到的。丰富大学生活，又能提高自己的认知水平，还能交到很多很好的朋友，一起学习、一起玩乐，挺开心的，何乐而不为呢？

我觉得参加第二课堂活动促进了我的学习。有人觉得鱼和熊掌不可兼得，我觉得在一定条件下，鱼和熊掌是可以兼得的。以学科竞赛为例，我们平常上课学习的专业基础课，可以在竞赛中得到应用，学科竞赛又提升了大家的动手实践能力。在专业课本上学习到的东西又运用到比赛中，运用专业技能来巩固专业课的学习，这是一个相互促进相互融合的关系。

"你若盛开，蝴蝶自来"，这一直是我的一个座右铭。自己的能力得到提升，不管是就业还是读研都是一个很好的优势。大学就是一个小社会，我们只有不断地丰富自己、提高自己的各项能力，才可以在众多毕业生中脱颖而出。能够顺利保送研究生，主要得益于参加学科竞赛类社团得到的锻炼和参与第二课堂活动得到的提升。

2. AHGYDX 王同学，担任班长、学院团委副书记、党支部组织委员、辅导员助理等

大学期间，我学习勤奋刻苦，获得国家奖学金、中天钢铁奖学金、校特等奖学金等。科技创新方面，主持、参与国家级大学生创新创业训练计划项目各一项，以第一作者发表论文一篇，授权专利七项，获挑战杯省赛金奖、国赛铜奖、互联网+省赛铜奖等奖项。

我参加过各类文体活动、技能竞赛、志愿公益和社会实践，比如班歌比赛、挑战杯系列讲座培训、植树节活动、清洁公园环境活动等。在活动组织者的精心策划与安排下，参加第二课堂使我心情愉悦，既丰富了课余文化生活又起到了强健体魄、增强动手实践能力、保障身心健康等作用，使我的大学生活变得更加丰富多彩。

丰富多彩的第二课堂活动，让大家在学习之余能得到充分的放松，有助于大

家陶冶情操、缓解学习压力，进而能促进第一课堂的学习。参加第二课堂活动，不仅有益于自己各项能力的培养和发展，还可以开阔眼界和知识面，不断提升自己，对未来发展有很好的促进作用。

3. AHGYDX 张同学

参加不同的第二课堂活动，我会有不一样的心情，但是每个活动都让我觉得参与感满满。2019 年和 2020 年，我连续两年参加了脱贫攻坚相关的暑期社会实践活动。在实地调研的过程中，我深刻体会到驻村干部在落实脱贫攻坚上付出的辛劳，他们像对待亲人一样对待那些贫困户，通过各种方法努力提高他们的获得感和幸福感。我受到了很大的震撼，基层干部的实干精神让我刻骨铭心。

第二课堂活动丰富了我的见识，增长了我的才干，增加了自主学习、自我提高的能力，培养了我自觉、积极、主动的良好品质，让我在行动上更加自律，在思维上更加发散。

4. AHGYDX 张同学，志愿者

从大一到现在，我参与了许多第二课堂活动，如演讲比赛、志愿公益活动等，尤其是新冠疫情时参与了疫情防控志愿服务活动。

我觉得第二课堂上自主寻找活动是件很令人兴奋的事情，像挖宝藏，可以发现许多惊喜。并且，和小伙伴一起参与活动是一件特别温暖和激动的事情，就像一团火一样炽热。当参与活动付出努力后看到第二课堂学分"入账"，更能感受到一种满满的成就感。

参与第二课堂活动，有很多的好处，能看到许多书本、课堂学习之外的趣味活动，也能找到专业相关的练手活动，还能了解校园近期的相关动态。当然参与活动，有个人也有团体，不仅能提高个人的能力也能遇到许多优秀的小伙伴，收获友谊、收获热情、收获能力。正是多种多样的第二课堂活动，让我认识了许多优秀的人，见识到了许多创新的点子，让我的大学生活丰富多彩，自身能力得到提升，尤其在创造力和表达力方面有明显的提高。

5. DHDX 刘同学，社会实践部主任

我从大一就加入了学校团委担任学生干部，社会实践部负责组织策划工作，我学会了如何策划和安排活动，如何协调各样事物。空闲的时候我也会外出参与志愿者活动，不仅是为社会服务，还能够开阔自己的视野。比如说社团组织，锻炼了我的团队协作和统筹协调的能力。志愿者活动，帮助自己增长见识，培养与人相处和合作的能力。我认为第二课堂和学习并不存在冲突的地方，它并不会影响我们的学习成绩，反而能更好地帮助我们学习专业以外的技能，促进德智体美劳全面发展。

6. DHDX 钱同学

我从大一刚入学时就积极参加社会工作。大一时，担任班级学习委员和宣传委员，并加入学校团委青春东华传媒中心，在其中锻炼了我的编稿和排版的能力。大二时担任班级组织委员并在校团委实践部担当主任，提升了自己的策划能力。大量的社会工作让我提升了自己的能力，受到了很大的鼓舞。

参加学校举行的一次数学建模比赛时，我心情激动却有点不自信。但我们的小组经过团队合作、大家共同努力和激烈的讨论，最终取得了一定的成果，这让我体会到了满足感。在小组中我负责沟通协调任务安排，要做到分工明确又能彼此协作。非常感谢学校给我参与这次校级比赛的机会，这不仅提高了我的数学建模能力，也提升了我的领导力和团队合作能力。除此之外，其他的社会工作经历提升了我的执行力和策划能力，我也会不断地从活动中吸取经验。

总的来说，我认为参加第二课堂促进了我的学习。首先，参加第二课堂会锻炼我很多能力，这些能力不仅适用于活动当中，也适用于我的学习当中，会让我在学习过程中改掉拖延的习惯。其次，会提升我的自信心和满足感，所以会在学习中更加勤奋和努力。最后，会提高我平衡社会工作和学习的能力。无论我将来选择继续深造还是工作，都会让我更有动力、更有冲劲、更加认真，在人际交往方面或领导力方面也会对我有所帮助。

7. HEBGYDX 陆同学，任经济管理学院团委副书记

在第二课堂上的学习、交流和发展，帮助大家塑造积极向上的心态，不怕挫折，有较大的学习毅力，创造了一个良好的学习氛围。并且第二课堂的相关活动，使我具有了更高的鉴赏力，不为物质生活所累，不为庸人知识所困扰，能更正确地评价自己。一方面是自我的认可，接受属于自己的一切，从而形成对自己较为积极的看法。另一方面使自我客观化，对自己的缺点有一个明确的认识。

精彩的第二课堂注重兴趣，让我们减压，对素质教育起到举足轻重的作用，增强发展素质教育方面的自觉性。尤其对我们工科类的学生，通过第二课堂，加深了自己对技能方面的了解和提升，为我们后续的学习培养了兴趣。我觉得第二课堂的活动，在一定程度上促进了我的学习。我在第二课堂中，学会了如何与人相处、与人合作、与人共同生活，第二课堂也引导我转变自我为中心的观念，让我学会了宽容和理解。

8. HBDZDX 闫同学

每次参与第二课堂活动时，我都十分期待，因为我认为这是一个自我提升的机会，参与到其中，慢慢就会享受这个过程。就像当初筹备书画摄影大赛，我和我的搭档们在前期工作确实很繁杂，很辛苦，但是熬过初期，看到赛程顺利推进，选手对我们的付出也表示理解的时候，就会觉得这一切都是值得的。如果要

回到最初，问我是否要筹备这个活动，我相信我们还是会选择参加筹备的。一如当初，壮志满满。

我认为，参与第二课堂活动能有效地提高我的专业水平。我参与的专家讲座基本上是围绕我所在的会计专业展开的。从案例论文的撰写到数据库的使用，各位专家风趣幽默的讲解能够切实解决我在专业学习中遇到的问题，并且带我接触到新的知识领域，加深我在专业方面的思考。同时他们丰富的人生经历也确实能给我带来激励。印象最深的就是欧阳桃花教授关于 mpacc 和 mba 案例研究论文写作的一场讲座，在案例研究这一领域潜心研究多年的欧阳教授让我明白原来论文也可以写得很生动，研究的过程原来也并不枯燥乏味，只要用心去感受去发现，专心做一件事，总能有所收获、有所成长。同时，我觉得第二课堂活动提高了我的人际交往能力。本科期间在参加或筹备活动的过程中，我结交了一群志同道合的小伙伴，认识了各种性格的朋友，自然而然地提升了我的人际交往能力。

9. HBGYDX 何同学，大学生实践服务中心主席

从我个人角度来讲，我比较喜欢参加各类第二课堂活动，过程是非常开心的，是非常充实的，也是非常有成就感的。很多第二课堂活动都非常的有意义，可以充实我们的大学生活，让我们的能力得到锻炼和成长。

我认为收获也是多方面的。首先，在很多活动中我的理想信念得到了提升，在团日活动和党史学习活动中不断提升自身的理想信念。其次，在能力上也有所提升。学术科技活动锻炼我的学习能力和体育素质，文化艺术活动增强我的文艺修养，实践活动锻炼我的组织能力，当然收获最多的还是作为志愿者的幸福感和成就感。

我认为第二课堂活动是大学生活不可或缺的一部分，第二课堂不会妨碍我的学习，反而会促进我的学习。参与第二课堂活动会丰富我的眼界，让我在实践中体验与第一课堂的经历，并且能锻炼我的人际交往能力，这让我在未来工作中能比较从容地参与工作，也能让我在现在以及未来一直保持一个积极向上的心态。第二课堂活动会增强大学生活的体验感，充实课余时间，让我整个人保持一个积极向上的精神状态，这非常有利于我充分利用学习时间，好好学习。

10. HBGYDX 刘同学，担任大学生田径协会主席及校艺术团助理，担任工程管理协会主席

大学四年，我参加了近百次的第二课堂活动，对我的性格、生活，以及未来的工作发展都带来了巨大的影响。初入校园之时，我腼腆、胆怯，在班级同学面前说句话都会脸红、声音颤抖。而如今，我感觉我身上更多的是通过参加各类第二课堂活动带给我的自信心，能力的提升、价值的塑造以及各方面的不断成长与突破。

从大一开始，我就积极参加各类团日活动、校园文化活动以及学术沙龙，让我更加坚定了自己的理想。凡事在班级中都发挥模范带头作用，时刻想着为学院、为学校贡献自己的一份力量。我还参加了各项创新创业竞赛，帮助我拓宽了自己的眼界与思维。我加入了学校田径队，感受到了体育精神的魅力，也让我腼腆的性格中多了一丝豪放与开朗。参加校艺术团的工作也让我体会到了青春奉献的美好。四年来，我帮助老师做好了迎新晚会、毕业晚会等演出的幕后工作，虽然没有一次登台表演的机会，也没能在台下看过一场完整的节目，但是听到台下同学们的掌声，内心就满是欢喜。

丰富的第二课堂活动带给我的不仅是激情的校园生活，更有沉甸甸的收获，充实且多彩，忙碌而不枯燥。由于我专业的特性，就业本来就比较困难，并且当时正值疫情时期，给我增加了巨大的就业压力和心理负担。通过第二课堂校企合作平台，我有幸参加了我校联合十余所高校与中建二局公司联合举办的建模大赛，我和其他三个学院的五位同学成功组队，在校内导师和企业导师的共同指导下高效地完成了北京某实验学校3万多平方米的模型以及其在绿色施工方面的运用，斩获了全国一等奖。在这个活动中，我们展现了自己的能力、素质和良好的团队合作精神，得到了企业领导的认可，也让我在大三期间就提前拿到了心仪的offer。这次校企合作的活动也让我从企业需求的角度了解了怎样将所学的知识运用到实践中去，明确了自己努力的方向。赛后，很多学弟学妹前来与我交流，他们说自己以前对未来感到比较迷茫，担心自己毕业之后就业难，而这样的比赛给大家都打了一针强心剂，让大家都有了更加充足的奋斗动力。第二课堂活动给我们的影响不仅停留在校园生活里，更应该是在未来的工作生活中。而我也会始终秉持着校训，将积极昂扬的态度、强烈的责任心、甘于奉献的精神融入未来的岗位之中，带着母校给予我们的力量继续潜心学习、全面提升。

11. HBGYDX 王同学

我参加科技创新和国创计划一类的活动比较多。我作为负责人参加过"互联网+"大赛、挑战杯、创青春等科创比赛，也参加过化工设计竞赛、会计知识竞赛等学科竞赛。

一开始参加竞赛的时候非常紧张，后来同学之间的交流和老师的指导帮助我树立了自信。让我印象最深刻的是，当我们在参加化工设计竞赛代表学校答辩的时候，每次答辩之前我们都会喊"××××，谁与争锋"这样的口号来激发斗志。当我们站在答辩台上面对着不同学校的评委老师包括一些设计院的评委老师的时候，内心总是充满着非常强烈的使命感和责任感。我想，这就是第二课堂给我带来的收获之一。此外，其他的收获也是非常多的，比如在比赛过程中，很多事情都不是非常顺利。在参加竞赛的时候，我们也经常是斗志满满，可结果却是铩羽而归。但是我们始终保持着非常积极的态度，越挫越勇，总结经验。所以我想，增加逆商也是收获非常大的一点。

参与第二课堂活动肯定是促进了我的学习的。参加这些学科竞赛，对我来说收获最大的就是提升了自学和创新能力。在参加这些竞赛的过程中，我会自学很多高年级的专业课程以及许多专业的化工软件，拓展了很多的专业知识，扎实了自己的基础。而且在参加竞赛的时候，要思考如何在很多作品中脱颖而出，这就需要锻炼我们的创新能力，包括摸索一个新供应的过程，也锻炼了我分析与解决复杂问题的能力。这些在我的学习过程中都是非常重要的能力。

12. HBJC 李同学，在班级内担任团支书

参与第二课堂活动的过程是幸福的。有些大学生沉溺于网络里的虚拟世界，第二课堂让我们放下手中的手机、电脑等电子产品，和同学们在一起团结协作，在活动中不断增强同学们感情上的交流，让同学们能够享受到集体活动带来的幸福感。

参与第二课堂的心情让我感到非常愉悦，第二课堂将我们重新聚集到一起，共同进步，帮助德智体美劳全面发展，享受到集体的乐趣。对我个人来说是乐在其中的，每次参加完活动都是满满的幸福感。首先让我意识到了团结的重要性，意识到了专业知识的必要性，更意识到了志愿公益的伟大意义。另外，对于我自己的社会实践能力也有了相当程度的提高，在其中更收获了友情。每次活动都能够让我与各种各样的人接触和交流，很幸运，我找到了一些志同道合的朋友，我们可以在以后的学习生活中相互扶持地走下去，我认为这是我最大的收获。

13. HLJBY 马同学，田径队大队长，中国大学生自强之星

大学 4 年，两个暑期一共 30 天，合计 720 小时，我先后到林甸、贵州开展两次义务支教活动，让我切身感受到了中国农村的淳朴，看到了贫困地区的现状，从中领悟到青年一代的时代与责任。在决定去还是不去的时候，心里有些犹豫和忐忑。刚到支教地点的时候，有些陌生，也有些不适应。当支教结束的时候孩子们抱着我哭得稀里哗啦，问我什么时候回来的时候，又有些依依不舍、难舍难分。参与第二课堂活动能锻炼我独立思考问题、解决问题的应变能力，在冗杂的工作内容中既要选定目标，又要攻坚克难，对以后走上工作岗位有很大的帮助和提升。

14. HLJBY 李同学，担任学院团委副书记

我参加的第二课堂活动非常多，如"挑战杯"园林建设创新设计大赛等。在参加这些活动的时候，我感觉我的思维得到了充分的开发，因为这类活动需要创新思维，所以在准备期间我会构思出活动方案。在完成我的方案，参加活动的时候，我非常开心，因为参加活动的本质就是锻炼自己，我的能力得到了

提高，是一件好事，所以每次参加活动，虽然很辛苦，但是，也非常享受这个过程。

15. **HLJBY 石同学，担任校广播站播音部部长，校主持人团队成员，篮球队田径队成员**

我参加了很多第二课堂的活动，比如主持人大赛、演讲比赛、公益类爱心徒步等。在刚开始的时候，有一点摸不到头绪，但是，在参加了几个活动之后，就感觉非常有趣，整个过程非常开心。在繁忙的学业之余，可以有这么多丰富多彩的活动，不会觉得生活那么枯燥。我很喜欢参加各类活动，并且作为学生骨干，更要起到带头作用，所以能参加的活动，我都会积极报名。

在活动中，不仅可以收获很多荣誉，最重要的是可以提升自己的能力，做很多有意义的事情，陶冶自己的文化情操，提升思想觉悟。做更多能够帮助他人的公益活动，也让我的沟通能力和组织能力有了很大的提升，性格也更开朗了。参加活动并不会影响我的学习，反而会促进我努力学习。在学习疲劳的时候，用这些活动来进行放松，不会让自己变得懒散，能够一直保持学习的动力。

16. **JLDX 胡同学**

在体育方面，我率队出战了学校组织的越级杯，取得了亚军的成绩。在学术交流方面，我是学校国际组织和全球视野人才培养继承人。参加了爱丁堡大学的交流项目并成功入选了牛津奖计划，暑期会有相应的学术交流。在学生工作方面，我先后加入了院学生会、校社联和校学生会，并且在大学生艺术团主持队进行过学习，还加入了演讲队，这些活动基本上涵盖了大学课余生活。

在大一的时候，我开展了一个大创项目。一开始我先确定选题。做的时候，有些懈怠了，觉得一年期限还长，到最后的时候会有焦虑，但每当我完成一小步的时候，也会有成就感。尽管有很多不足和缺陷，但也是自己独立完成学术的过程，很有价值，很有收获。

通过这个项目，收获了很多。首先，是相关议题，因为选定这个问题的时候并没有太多了解，但经过一年的研究和分析，更深入地理解了这个议题。其次，这个项目跟我专业相关，帮助我深入了解传播学的相关知识，对我本身学术素养的提高很有帮助。最后，独立的学术探索过程让我明白了人员的分工和协作是很重要的，负责人要具备良好的组织能力和统筹能力，帮助项目更好地推进和完成。

参与第二课堂对未来的影响是有的。一方面是职业探索。可以看自己的学术潜质，适不适合做学术。学生工作的话可以看看有没有做公务员的潜质。另一方面是个人的整体能力，包括为人处世、交往能力等，这些在课堂上很难学到，第二课堂给了我们一个很好的机会丰富自己，提高自己的情商。

17. JLDX 田同学

参与第二课堂活动，我觉得应该分成三个阶段来说：第一阶段是大一的时候，是热情和激动的，希望能够为同学办一些实事。第二阶段是大二的时候，还是这样的心态比较多，更多的是希望自我能力的提升。第三个阶段，大概就是现在这个阶段，多了一分慎重。作为一个活动的组织者，细枝末节的东西都要准备好，所以就非常慎重，大概是这三个阶段的心态吧。收获还挺多的。首先，是工作效率的提升。我觉得最重要的还是很多看不见的东西，比如说，自信的建立，为学生服务，从中能够收获很多获得感。

对于学习来说，我觉得妨碍谈不上，绝对是促进的。因为刚才也说了有一些你参加学生工作就会看到一些显著的自我能力提升。就比如说，你在做一件事情的时候能明白事情的本质，能抓住问题的关键所在，然后再到你学习的时候，就会事半功倍，而不是盲目地埋头做事也没有太大的收获。再比如说，可以减少情绪。如果你的情绪波动很大，做学生工作占用的时间就会使你着力于眼前的问题，而不会盲目地陷入情绪的旋涡当中，我觉得还是有促进作用的。

18. JLDX 翟同学

我参加的比较多的第二课堂类的活动，应该偏向于这个科技创新和国创计划。比如，我们化学专业本身，它是一个实验学科，我们需要在课堂学习之外深入实验室进行很多科技创新的探究，跟随老师进行一些研究。我在本科期间，先后在两个课题组进行过科研的实践，除了这两个课题组的科研实践，我参加并负责了我们学院液化农业废弃物改良盐碱地的一个扶贫项目，同时这个项目也是我报名参加"互联网+"和挑战杯两个比赛的项目。

我本人本科最长的一段科研经历，是在大二下学期的时候，借助我们学校的大学生创新创业训练的机会，我进入了我们学校无机合成与制备化学国家重点实验室的主任李老师的课题组，然后我在李老师的课题组学习了电机材料的制备与表征的一些方法、手段。同时，我申报了学校的科技创新项目——新型的锂离子电池负极材料钒酸锂的制备机器。借助这个项目，我针对钒酸锂这一类新型材料进行探究，一直从我大二下学期到我大四上学期，做了将近两年的时间。终于，这个项目在我大四上学期的时候，取得了一定的成果，我们制备的一些比较有意义的材料，也发表了一篇文章，最终在上个月的时候结题，并被评为了国家级优秀的项目。这就是我印象比较深刻的一个第二课堂的科研实践经历。当时参加的时候，其实挺懵的，因为年级比较低，对科研的了解也不是很多，但是就非常想了解一下科研生活到底是怎么样的，所以就报名参加了，也觉得我在这个过程中收获了很多。

具体来说，首先是我自己获得了一些成长，我进入了一个课题组去了解了科研到底是什么样子的。我们会有很多的同学低年级的时候不懂自己以后到底要不要从事科研，科技创新是什么样子的，能不能做出原创性的成果等。第二课堂的活动帮助我了解了这方面的知识，明确了我以后的生活可能是怎么样的，是不是适合我的生活，这就是我最大的收获。

对未来的影响，我刚刚谈到一点就是它让我明确了科研生活到底是怎么样的，我要不要以后继续在这个行当里待下去。另一点就是比较直观的，像去年我报名参加其他学校的夏令营的时候，他们都要求我讲述自己本科阶段的科研经历，以及我对科技创新和未来研究方向的看法，那我的这一部分看法就来自我的这一次第二课堂的经历。所以说，我觉得我学到了很多对未来有用的知识，也确实因为我的项目中的一个点做得非常好，所以我和我的导师达成了非常好的合作意向。

19. JLDX 张同学

在大学阶段，我主要参加学生工作和创新创业计划。在学生工作方面我担任了吉林大学学生会联络培训部的负责人。在创新创业计划方面，我作为国家级大创项目的负责人带领团队展开了一个创新项目的实施。

从这个大创项目的选题到中期的进展再到最后的成果发布，其实是一个非常艰难的过程。我们相当于从一个完全什么也不懂，对科研一无所知的小白，成长到最后可以独立地完成一篇学术论文。其实在这个过程中，得到了很多老师的支持，同时自己也真的学到了很多。如果说没有这个创新计划的话，我可能永远不会去尝试这个领域。它可能像一种激励的机制去促使学生更全面地发展。

我觉得参与第二课堂，是一件非常有成就感的事情，当你把一件事情从无到有完整地推进下来之后，会获得满足感。当我和团队成员一起攻克难题一起解决问题的时候，这其实是对我们能力的提升。而这种能力通常是课堂里学不到的。另外，我的学生工作也给我带来了一个很大的提升。在学生组织的工作经历，让我更多地明白了利他的重要性。就是在和同学们一起为学校、为其他同学服务的同时，我觉得我们每个人都获得了一种精神上的成长，看问题的眼光变得更加长远而不是只纠结于自己的得失，会从一个更加全面的角度思考这些问题，也会让我们得到成长。

除此之外，我觉得我收获最多的就是一份情感和成长。我在学生会交到了很多志同道合的朋友，我们一起为这个组织更好地发展贡献力量，同时我们每个人也在和这个组织一起成长，都在变成更好更优秀的自己。这个过程是我人生中非常宝贵的财富，既让我的大学生活变得更加充实，也是一段非常美好的回忆。我记得在参加学代会的时候，看到一句话叫作"学有所获，行有共鸣"。参加第二课堂的过程，其实就是一个这样的过程，对自己的心态和成长都有很大的帮助。

对我来说，第二课堂活动对我的学习有一个非常大的促进因素。首先，我认识了很多优秀的师哥师姐，见贤思齐，他们也传授了我很多学业上非常宝贵的经验。其次，我也可以更好地安排我的时间。如果我要从事一项学生工作，那么我今天的时间就会被安排得更满，做其他事情的效率需要得到提高，所以就不得不放弃娱乐时间，我觉得这是对我一个很大的鞭策。

对未来的影响，首先从看得见的地方来说，国创项目和学生工作的经历都对我的求学或者说就业起到了非常大的促进作用。它是一个量化的结果，我有很多成果或者说有很多成熟的经历，让我更能匹配这个岗位或者匹配这个学业项目。其次我觉得更大的影响，是在我的心态上，我会变得更加成熟，对分析问题的角度也会和他人不一样。

20. JNDX 李同学

在参与第二课堂时，我觉得我的心情是既激动又紧张，激动在于得到了挑战自己的机会，紧张肯定是对各项竞赛结果的一种期待吧。

我认为参与第二课堂首先丰富了我的专业知识，提升了掌握专业知识的能力。其次它也提高了我的小组合作能力，我在这么多次小组合作中收获了很多友谊。最后是第二课堂活动，有时需要我们去进行实地调研，或者是文献查阅等，这开拓了我的眼界。第二课堂丰富和充实了我的大学生活，也使我从中得到了自信心。

最主要的还是对我的学习起到了促进作用，因为在参与第二课堂的过程中，比如挑战杯比赛、社会实践等活动都需要发挥我自己的专业所长，并且要求我将自己所学的知识应用到实践当中，这很大程度上夯实了我的学习成果，并且使它们与实践相结合，更具有实用价值。

21. JXHJ 郑同学

参与第二课堂，收获很大，改变了我很多。刚进大学的时候，我是一个比较内向，不怎么爱说话的人。在"第二课堂成绩单"制度实施之后，我参加了很多活动，不仅学习了很多专业上的东西，更是德智体美劳的全面发展。相对于我刚进大学的时候，现在的我提升了一个层次，对自己的组织能力、参与能力、语言表达能力等各方面的能力都有比较大的提升，也为我们大学生以后更容易更快地步入社会奠定基础。

22. LZDX 彭同学

参与第二课堂，就觉得收获挺大的。在学校里面，除了上课的时候同学们彼此有联系、有交集，下了课之后，最多的还是跟舍友接触得更多。在参与第二课堂的时候有很多班级的活动或者学院的活动大家可以一起，我觉得大家一起，齐心协力做好一件事情的时候就很快乐，能够促进同学关系，自己也收获到了心情上的愉悦。情感上得到了比较开心、比较快乐的体验，同时也是自我价值的一种体现。不管是做志愿活动还是去参加体育类的竞技活动、社会实践等，这些我觉得都是自我价值的一种展现方式。在第二个课堂的过程中，你跟同学会有更多的交流和接触，可能会改善你的人际关系。

23. LNKJDX 郭同学

就我而言，参加第二课堂的活动也是自己心情上的放松，因为平时第一课堂的学习任务也比较重，其次参加一些挑战类的、工艺类的活动，对于自己来说也是一种提升、一种锻炼。我感觉组织参与第二课堂的活动，能够使我的人际交往能力、组织策划能力得到提升。参加文体类的活动，有助于培养我们的兴趣和爱好，开阔我的视野。参与思想成长类的课程，提高了我的思想觉悟。参加创新创业类课程，有利于培养我的创新创业和创造能力。参加志愿公益类活动，有助于促进我的个人素质全面提高。参加实践实习类活动，也提升了我的动手实践能力。

24. LCDX 季同学

参与第二课堂活动，可以很好地利用我的课余时间，可以让我自己的生活变得更有意义，同时很多活动也可以处理掉自己很多的闲置物品，就比如说公益志愿箱，这帮助我既解决了生活中的一些箱子占地方的问题，也可以尽自己所能去帮助别人。还有收获就是社会实践等方面，比如去幼儿园实践，可以帮助我明确未来的就业到底是选择从事新媒体行业还是从事公务员行业，我觉得这个也是比较有帮助的一点。

25. QZSF 顾同学

我觉得参与第二课堂的话，得到的还是蛮多的。首先，增强了我的组织能力。因为像在第二课堂，我就要去对接老师，老师会给我很多的工作任务，然后我要跟进现场活动的举办，可能在组织能力上得到了一个提升。其次，拓宽了知识领域。像我们第一课堂的话，是在自己的学院或者自己的专业以内去学习本专业的东西。但是第二课堂的话，我们可以跨校跨学院，甚至说还可以与其他的学校去联办一些特别有意义的其他类型的活动。所以在知识领域得到了一个非常好的拓展。再次，提升了管理能力。在第二课堂这个平台上给了我一个锻炼自己管理方式的特别大的平台。最后，锻炼自己的交流能力。第二课堂要去跟学院交流，跟同学交流，所以在交流方面，我得到了一个特别大的锻炼，会认识很多的小伙伴，与老师拉近了距离。

26. QFSD 孙同学

通过参加第二课堂活动，我收获的不仅仅是一张张的证书和一份份的荣誉，更重要的是我的成长过程。我尝试了许多之前没有涉猎过的领域，在各个方面都取得了非常大的进步。在参加国家级和省级创新创业比赛的过程中，我将自己所学的专业理论知识应用到实践的过程中去；在完成各项工作的同时，我锻炼了未雨绸缪、遇事不惊、冷静分析、调理应对的能力；在学习上，培养了钻研探究、大胆创新的理念；在生活中，充分领悟到了永不言弃、勇于尝试的真谛。

我认为学习不只是指学习课本上的理论知识，生活是一个时刻学习的过程。在参与第二课堂活动的同时，我的综合素质得到了全面发展，学习能力得到了很大的提升，对我来说这就是包括专业知识在内的各方面学习的一种有力促进。你的气质里藏着你读过的书和走过的路，每个人参加过任何一项活动都会潜移默化地对未来产生一定的影响。参与第二课堂活动能帮助我们培养广泛兴趣，高效安排时间，科学拓展素质，将来更好地融入社会中去。

27. QFSD 王同学

我觉得第二课堂是我们日常学习生活之外为我们提供的一个丰富的平台，让我们锻炼自己，提升自己的能力，丰富我们的课外生活。同时在这个过程当中，能培养和锻炼我们的很多能力，如团队协作能力、良好的沟通能力。我们还能锻炼自己的很多技能，如公文写作能力，收集材料等实践类的能力。

参与第二课堂，能让我从不同的角度去观察自己，比如说在一些活动当中我能够发现自己的一些优点和缺点，能够在跟小伙伴们的沟通和协作过程中更好地学会怎么与人打交道，怎么高效地处理问题，如何去分工合作完成一项内容很多工作量很大的活动。同时我们也可以在这个过程中学习他人的优点，可以结交很多的朋友来丰富自己的生活。参与第二课堂可以培养锻炼我们的很多能力，可以让我们经历更多，在心态上更成熟，看待问题更全面，同时也会锻炼我们的人际交往能力，对以后应该是会有很大的帮助。

28. SDCJDX 魏同学

我参与过学校开展的一些创新创业类比赛，如"互联网+"、挑战杯等。当时第一心情就是感觉非常兴奋，因为这是我上大学以来第一次参与此种活动，而且想到自己马上就能跟志同道合的小伙伴见面了，并且能通过这种活动来锻炼自己，遇到更好的自己，就十分高兴。我认为第二课堂参与是我在大学中历练自己的一次机会，这是我在大学期间可能拿得出手的纪念册，我认为我在这段过程中，收获到了更好的自己，这就是我很宝贵的经历。

29. SDCJDX 张同学

我参加过很多第二课堂活动，比如说献血、志愿服务等，在泉城义工这个组织里的志愿服务时长已经超过了 280 个小时。

我觉得收获主要在两个方面吧，一方面，实习本身就是对自己专业课的知识的一个应用，更好地利用了专业课的知识。另一方面，青岛计划这种社会实践、实习类的活动，可以为我将来的就业工作等各方面提供一定的帮助。比如说我这一次寒假的实习，我就去真正地了解了银行背后是怎么运作的，它各个数据各个部门之间的流转是怎样的，如果我以后在银行部门从业的话，这些经验对我都是有极大帮助的。

30. ZGSYDX 祁同学

我比较喜欢利用自己的空闲时间参与各类的第二课堂活动，比如说青春心向党的合唱比赛、智能车大赛、结构设计大赛、各类志愿服务活动以及寒暑期的社会实践活动，个人比较喜欢参加社会实践与志愿服务活动。我以参与社会实践为例说一说自己的感受。首先是非常开心，因为做的事情都是我们自己热爱的，而且还有一群志同道合的朋友陪伴着我们去做；其次是感激，感谢学校能够大力支持我们去参与这些我们喜欢的活动，这对于我们的实践能力、全面表达能力都有很好的提高。参与学科前沿的讲座，可以提高我们的视野；参与志愿服务，可以让我们收获帮助他人的乐趣；另外，参与第二课堂活动中，更能让我去结交一批志同道合的朋友。

31. YNMZDX 罗同学

在我参加第二课堂活动的时候，我是非常开心和期待的，特别是自己喜欢的活动。比如说参加某个晚会在台下当观众，或者是参加某个比赛，如果是知识类的讲座，那么我会以学习的态度去听，并记录重要的内容。在一次次的活动中，我认识了很多好朋友。在去年的乒乓球明星杯中，我认识了许多一起打球的朋友，直到现在，只要有空闲时间，我们都会一起约着去打球。另外，作为活动的负责人，在一次次活动中，我也学会了如何和别人合作交流，也体会到了大家一起辛苦却又收获满满的感动。我觉得对未来的影响是在大学校园里参加第二课堂的某些活动就如同在社会上打拼。在一个社团里担任干事就像是在公司里担任职员，每个人都有自己要完成的任务，并且要和不同的人对接。我觉得多参加第二课堂的活动会对将来找工作有所帮助，或许经过社团里的历练，你会变得更加开朗活泼，会更懂得如何与别人沟通交流，并且你的办事效率可能也会得到提高，因为有可能你在社团工作的时候已经做过类似的任务了。所以说，我觉得只要是在不影响正常学习的情况下参加第二课堂的活动对未来的个人发展还是很有好处的。

32. SDGSXY 辛同学

参与第二课堂，我觉得我的自信心有很大的变化，刚开始说实话，我是一个比较内向的人，不喜欢在人前讲话。但是经过三年，特别是在参与第二课堂过程中得到了很大的锻炼。我上台讲话的能力也有很大的提升，还有就是因为参加的活动比较多，一些思考的方式发生了很大的变化。对我来说，第二课堂是我的一块"垫脚石",没有成为我的一块"绊脚石",我把我的目光放长远的话,其实就是现在提升的这些能力对我未来一定有帮助和作用,就像刚才我讲到的自信心,还有我上台讲话的能力,还有我思考问题的一些角度。

33. SDGSXY 李同学

我是比较荣幸能够在最大的第二课堂活动组织——校级学生会经历了三年,也更多地参与了第二课堂的全过程。我从大一、大二和大三,三个学年分开来说。

大一期间,作为活动的参加者,更多的是本着一种学习的态度。在参加比赛的时候,更多的是想着如何获得收获,获得成长,或者如何赢得比赛,是一个寻找初心的过程。大一作为活动组织方的一员,更像是一个执行者,一颗螺丝钉,我从中也学到了很多对待工作的态度,比如说作为一个执行者应该少说话多做事,对于自己的任务能够有更多的细心和关注。

大二期间,作为活动的参加者,更多的是同一些志同道合的朋友一起参加能够获得收获的活动。这个收获既可以是提高自身短板,也可以是发挥自身优势的一些活动,如演讲比赛,更多的是为了获得一些荣誉,提升团队凝聚力,提升自己的沟通表达能力等。大二期间作为一个组织者,相对来说参与的也更多,主要包括活动的前期宣传、活动准备以及活动执行等方面。在此期间也能够锻炼自己的灵活应变能力,以及在活动组织过程中的及时补位意识、沟通表达能力和团队归属感。

到了大三变成了一个活动的统筹把控者,从整体把控到细节的落实,以及从活动的优良传承到创新发展,在举办活动的过程中更应该去明白活动的意义。在此期间也在如何让同学满意,提升内部组织技能等方面下功夫,在这方面提升了自己的意识和格局,提升了整个团队和自己在整个团队中的荣辱感和使命感等。当然从大一、大二再到大三的整个过程,也锻炼了自己的抗压能力、组织协调能力和团队凝聚力等各方面的管理思维,在三观和思想意识等方面也有了较大的提升,尤其内心在面对困难和挫折时的态度也有了一个显著的提升。另外,在学生会期间,对于国家和社会的情怀也进一步增强。

34. SDGSXY 曲同学

通过参与第二课堂活动,首先是性格方面的成长。在学生工作方面的历练,让我从内向逐渐转变成了乐意表达自己,与人交流的状态,从这个过程中也收获了很多志同道合的朋友,以及让我受益匪浅的老师。其次是在待人处事方面,因为第二课堂变得更加成熟。比如在沟通方面,要引导大家通过正确的方式进行沟通,在对事情的处理上,学生工作经历帮助我逐渐可以在较短的时间内对事情进行判断,并且对事情的处理时刻抱严谨的态度。再次是学术水平方面,本科阶段的创新创业项目使我对论文有了初步的认识，那时的结项成果也是人生中完成的第一篇论文，也为我埋下了考取研究生，继续进行学术研究的第一颗种子。最后是眼界方面。第二课堂给予我们除了课堂知识之外的更多的、多元化的锻炼机会，让我可以从社会各种兴趣爱好以及学生干部等多种角度去探索世界。不同的角度，不同层次的锻炼，使我不拘泥于眼前的景色，不因一叶障目而不识神秀带宗，不为一朝风月而不解万古长空。

参考文献

一、著作类

[1]［美］肯·贝恩.如何成为卓越的大学生［M］.孙晓云，郑芳芳，译.北京：北京大学出版社，2015.

[2] 蔡克勇，冯向东.大学第二课堂［M］.北京：人民教育出版社，1988.

[3] 梁樑.大学生第二课堂指南［M］.合肥：合肥工业大学出版社，2020.

[4] 庞国伟，姜利寒，龙柯.高校第二课堂建设：以立德树人和人才培养为中心［M］.成都：四川大学出版社，2021.

[5] 瞿葆奎.课外校外活动［M］.北京：人民教育出版社，1991.

[6] 常天义，郑崇辉.高等学校素质教育与第二课堂［M］.哈尔滨：哈尔滨工程大学出版社，2007.

[7] 宋洪峰，余晶莹.全面发展视域下高校第二课堂素质育人新解［M］.北京：光明日报出版社，2020.

[8]［美］布鲁斯·A.金博尔.什么是博雅教育［M］.沈文钦，朱知翔，李春萍，译.北京：北京大学出版社，2020.

[9] 邹佩.构建文化空间：全人教育视角下高校书院制建设研究［M］.北京：九州出版社，2020.

[10] 朱为鸿，李炳全.大学文化视域的书院制理论建构［M］.北京：高等教育出版社，2013.

[11]［美］莱特，R.J.穿过金色光阴的哈佛人：哈佛大学生成功访谈录［M］.范玮，译.北京：中国轻工业出版社，2002.

[12]［美］托马斯.J.萨乔万尼.校长学——一种反思性实践观［M］.张虹，译.上海：上海教育出版社，2004.

[13] 王炳书.实践理性论［M］.武汉：武汉大学出版社，2002.

[14] 张伟胜.实践理性论［M］.杭州：浙江大学出版社，2005.

［15］［英］怀特海．教育的目的［M］．徐汝舟，译．北京：生活·读书·新知三联书店，2022.

［16］［英］约翰·亨利·纽曼．大学的理念［M］．高师宁，何可人，何克勇，等译．贵阳：贵州教育出版社，2006.

［17］沈文钦．西方博雅教育思想的起源、发展和现代转型：概念史的视角［M］．广州：广东高等教育出版社，2011.

［18］黄达人．大学的声音［M］．北京：商务印书馆，2012.

［19］［美］霍华德·加德纳．多元智能［M］．沈致隆，译．北京：新华出版社，1999.

［20］联合国教科文组织国际教育发展委员会．学会生存——教育世界的今天和明天［M］．华东师范大学比较教育研究所，译．北京：教育科学出版社，1996.

［21］联合国教科文组织．教育—财富蕴藏其中［M］．联合国教科文组织总部中文科，译．北京：教育科学出版社，2001.

［22］［德］雅斯贝尔斯．什么是教育［M］．邹进，译．北京：生活·读书·新知三联书店，1991.

［23］傅进军等．大学生活动论——素质教育背景下的大学课外教育［M］．北京：科学出版社，2008.

［24］陈向明．质的研究方法与社会科学研究［M］．北京：教育科学出版社，2000.

［25］［法］皮埃尔·布尔迪厄，J C 帕斯隆．继承人：大学生与文化［M］．邢克超，译．北京：商务印书馆，2021.

［26］［法］米歇尔·福柯．规训与惩罚（修订译本）［M］．刘北成，杨远婴，译．北京：生活·读书·新知三联书店，2019.

［27］［法］皮埃尔·布迪厄，［美］华康德．实践与反思：反思社会学导引［M］．李猛，李康，译．北京：中央编译出版社，2004.

［28］瞿葆奎．德育［M］．北京：人民教育出版社，1989.

［29］戚万学．冲突与整合：20世纪西方道德教育理论［M］．济南：山东教育出版社，1995.

［30］戚万学．活动道德教育论［M］．天津：南开大学出版社，1994.

［31］唐爱民．道德教育范畴论［M］．北京：北京师范大学出版社，2012.

［32］彭小兰．中国大学德育课程发展研究［M］．北京：人民出版社，2013.

［33］陆有铨．皮亚杰理论与道德教育［M］．济南：山东教育出版社，1984.

［34］班华．提高德性素养享受道德人生：班华德育原理文集［M］．北

京：中国社会科学出版社，2020.

[35] 江琦，侯敏．教育神经科学视野中的道德教育创新［M］．北京：教育科学出版社，2016.

[36]［澳］约翰·G. 吉克．教育神经科学在课堂［M］．周加仙，主译．上海：上海教育出版社，2020.

[37] 郭强．当代美国高校德育研究［M］．上海：同济大学出版社，2014.

[38]［德］康德．道德形而上学原理［M］．苗力田，译．上海：上海人民出版社，2002.

[39]［美］柯尔伯格．道德教育的哲学［M］．魏贤超，柯森，等译．杭州：浙江教育出版社，2000.

[40] 顾明远．教育大辞典［M］．上海：上海教育出版社，1986.

[41] 皮连生．智育心理学［M］．北京：人民教育出版社，2008.

[42]［苏］M. H. 穆欣．瓦·阿·苏霍姆林斯基．论智育［M］．王义高，译．北京：北京师范大学出版社，1985.

[43]［英］赫伯特·斯宾塞．教育论：智育、德育和体育［M］．王占魁，译．北京：中国轻工业出版社，2016.

[44] 陈爱国．教育神经科学视野中的体育教育创新［M］．北京：教育科学出版社，2016.

[45] 季浏，胡增荦．体育教育展望［M］．上海：华东师范大学出版社，2001.

[46] 潘宏波，李广，赵玲华，等．大学体育教育［M］．北京：北京理工大学出版社，2015.

[47]［美］约翰·瑞迪，埃里克·哈格曼．运动改造大脑［M］．浦溶，译．杭州：浙江人民出版社，2013.

[48] 曹廷华，许自强．美学与美育［M］．北京：高等教育出版社，2007.

[49] 郭峥，周奕含．高校美育理论与实践路径研究［M］．重庆：重庆出版社，2019.

[50] 周清毅．美的常识［M］．北京：人民美术出版社，2021.

[51] 曾繁仁．美育十五讲［M］．北京：北京大学出版社，2012.

[52] 哈佛委员会．哈佛通识教育红皮书［M］．李曼丽，译．北京：北京大学出版社，2010.

[53]［美］弗朗西丝·H. 劳舍尔，［德］维尔弗里德·格鲁恩．音乐教育神经科学［M］．南云，等译．上海：上海教育出版社，2020.

[54] 张建．大学美育［M］．北京：高等教育出版社，2017.

［55］陈元贵．大学美育［M］．北京：高等教育出版社，2014．

［56］钟仕伦，李天道．中国美育思想简史［M］．北京：中国社会科学出版社，2008．

［57］刘向兵，等．新时代高校劳动教育论纲［M］．北京：社会科学文献出版社，2019．

［58］柳友荣．新时代大学生劳动教育［M］．北京：高等教育出版社，2021．

［59］陈国维．大学生劳动教育［M］．北京：高等教育出版社，2020．

［60］李琦，鲍鹏，刘强．劳动教育实践活动手册［M］．北京：电子工业出版社，2020．

［61］蔡瑞林，张根华，张国平．大学劳动教育［M］．北京：高等教育出版社，2021．

［62］刘向兵．劳动通论［M］．北京：高等教育出版社，2021．

［63］裴娣娜．现代教学论基础［M］．北京：人民教育出版社，2015．

［64］王一军．当代大学课程秩序论：在“高深学问”和“个人知识”之间［M］．北京：教育科学出版社，2014．

［65］万伟．课程的力量：学校课程规划、设计与实施［M］．上海：华东师范大学出版社，2016．

［66］柳士彬．德性教学的存在之思［M］．北京：高等教育出版社，2008．

［67］柳士彬．教学变革的形上之思［M］．北京：北京师范大学出版社，2016．

［68］李定仁，徐继存．教学论研究二十年（1979~1999）［M］．北京：人民教育出版社，2001．

［69］郭德红．中国大学课程管理制度演变研究［M］．北京：中国书籍出版社，2018．

［70］彭苏勉，翟怀远．大学生综合素质与能力测评：体系研究及系统实现［M］．北京：中国经济出版社，2012．

［71］［美］罗伯特·纳什．德性的探询：关于品德教育的道德对话［M］．李菲，译．北京：教育科学出版社，2007．

［72］戚万学，等．道德教育的文化使命［M］．北京：教育科学出版社，2010．

［73］王文肃．教育思想若干问题［M］．重庆：西南师范大学出版社，1987．

［74］胡钦晓．大学社会资本论［M］．南京：南京师范大学出版社，2008．

［75］［意］维柯．大学开学典礼演讲集［M］．张小勇，译．上海：上海人

民出版社，2019.

[76] [美] 诺丁斯. 幸福与教育 [M]. 龙宝新，译. 北京：教育科学出版社，2009.

[77] [美] 威廉·富特·怀特. 街角社会：一个意大利人贫民区的社会结构 [M]. 黄育馥，译. 北京：商务印书馆，2005.

[78] [美] 约翰·富兰克林·博比特. 课程 [M]. 刘幸，译. 北京：教育科学出版社，2017.

[79] 张红霞，吕林海，孙志凤. 大学课程与教学：原理与问题 [M]. 北京：教育科学出版社，2015.

[80] 李庆丰. 大学课程知识选择的实践逻辑研究 [M]. 北京：北京师范大学出版社，2014.

[81] 王攀峰. 走向生活世界的课堂教学 [M]. 北京：教育科学出版社，2007.

[82] [美] 劳伦斯·阿瑟·克雷明. 学校的变革 [M]. 单中惠，马晓斌，译. 济南：山东教育出版社，2009.

[83] 冯刚. 大学生思想政治教育工作概论 [M]. 北京：北京师范大学出版社，2020.

[84] 刘晓东. 大学生社会实践理论与实务 [M]. 北京：高等教育出版社，2014.

[85] 石新明. 大学生素质拓展计划理论与实践 [M]. 北京：中国青年出版社，2009.

[86] 冯狄. 质性研究数据分析工具 NVivo12 实用教程 [M]. 北京：人民邮电出版社，2020.

[87] 武彩鸿，王兴. 多维一体立德树人——当代大学生综合素质提升研究 [M]. 北京：经济管理出版社，2017.

[88] 张子睿，张志辉. 青春加油站：大学生第二课堂素质提升教程 [M]. 北京：中国铁道出版社有限公司，2020.

[89] 曲霞，党印. 2020 年度中国劳动教育发展报告 [M]. 北京：社会科学文献出版社，2021.

[90] 李志峰. 大学生劳动教育概论 [M]. 武汉：武汉大学出版社，2021.

[91] 曾天山，顾建军. 劳动教育论 [M]. 北京：教育科学出版社，2020.

[92] 李效东. 大学生劳动教育概论 [M]. 北京：清华大学出版社，2021.

[93] 王海韻. 第二课堂 [M]. 南京：南京师范大学出版社，2015.

[94] 刘金玉. 课堂教学的革命 [M]. 武汉：长江文艺出版社，2016.

［95］傅国涌．新学记：中国现代教育起源八讲［M］．北京：东方出版社，2018.

［96］［美］戴维·珀金斯．为未知而教，为未来而学［M］．杨彦捷，译．杭州：浙江人民出版社，2015.

［97］张家勇．哈佛大学本科生课程改革研究［M］．广州：广东教育出版社，2011.

［98］肖正德，王荣德，吴银银．大学课堂教学组织与管理［M］．上海：上海教育出版社，2020.

［99］［日］金子元久．大学教育力［M］．徐国兴，译．上海：华东师范大学出版社，2009.

［100］谭维智，赵瑞情．学生社团生活：一种学习的新视野［M］．济南：山东教育出版社，2013.

［101］吴艳．大学课堂教学危机研究［M］．北京：北京大学出版社，2014.

［102］周光明．大学课堂教学方法研究［M］．重庆：西南大学出版社，2007.

［103］唐德海．大学课程管理的理论与方法研究［M］．北京：中国科学技术出版社，2002.

［104］陈中．信息化环境下的大学课堂生态研究［M］．长春：吉林大学出版社，2020.

［105］李允．课程与教学论［M］．北京：北京大学出版社，2015.

［106］季诚钧，付淑琼．大学课程与教学［M］．上海：上海教育出版社，2018.

［107］［美］小威廉·E.多尔．后现代课程观［M］．王红宇，译．北京：教育科学出版社，2006.

［108］魏书生，刘继才，孟庆欣．素质教育理论与教学模式［M］．沈阳：东北大学出版社，1997.

［109］［美］布鲁斯·乔伊斯，玛莎·韦尔，艾米莉·卡尔霍恩．教学模式（第8版）［M］．兰英，等译．北京：中国人民大学出版社，2014.

［110］［美］布鲁斯·乔伊斯，玛莎·韦尔，艾米莉·卡尔霍恩．教学模式（第9版）［M］．兰英，等译．上海：华东师范大学出版社，2021.

［111］［美］托马斯·H.埃斯蒂斯，苏珊·L.明茨．十大教学模式（第7版）［M］．盛群力，徐海英，冯建超，等译．上海：华东师范大学出版社，2020.

［112］钟志贤．大学教学模式革新：教学设计视域［M］．北京：教育科学

出版社，2008.

［113］［美］兰祖利，里斯．丰富教学模式：一本关于优质教育的指导书［M］．华华，戴耘，包容译．上海：华东师范大学出版社，2000.

［114］杨梅玲，毕晓白．大学课堂教学设计［M］．北京：清华大学出版社，2015.

［115］许明，洪明．当代国外大学本科教学模式的改革与创新［M］．福州：福建教育出版社，2013.

［116］罗妍妍．西南交通大学第二课堂质量保障工作手册［M］．成都：西南交通大学出版社，2021.

［117］王秋兰，张晓琪．大学生社会实践活动研究与探索［M］．北京：中国纺织出版社有限公司，2021.

［118］张晓琪，王秋兰．大学生科技社团建设研究与探索［M］．北京：中国纺织出版社有限公司，2021.

［119］徐同文．大学课程设计［M］．北京：教育科学出版社，2011.

［120］朱晓刚．大学课程哲学：基于马克思主义实践哲学视域的探讨［M］．青岛：中国海洋大学出版社，2012.

［121］张利群．大学课程教学研究［M］．北京：人民日报出版社，2014.

［122］教育部课题组．深入学习习近平关于教育的重要论述［M］．北京：人民出版社，2019.

［123］黄振中．整合式批判性思维教学模式的探索：一项基于大学工科生通识教育的研究［M］．北京：社会科学文献出版社，2021.

［124］何聚厚．高校教学模式创新与实践研究（2017年）［M］．西安：陕西师范大学出版总社，2019.

［125］［美］约翰·I.古德莱得．一个称作学校的地方（修订本）［M］．苏智欣，胡玲，陈建华，译，上海：华东师范大学出版社，2014.

［126］谢孟军．对外贸易驱动汉语国际推广研究：理论及实证［M］．北京：人民出版社，2023.

二、期刊文章

［1］杨昌勇．学术论著注释和索引的规范与功能［J］．中国社会科学，2002（2）：194-204+209.

［2］俞啸云，胡豪，吴慧．论"第二课堂"建设与人才培养［J］．上海青少年研究，1984（7）：11-17.

［3］韦姣，朋腾．21世纪重温苏霍姆林斯基教育思想——澳大利亚莫纳什大

学艾伦·科克里尔博士专访［J］.比较教育研究，2018（11）：30-35.

［4］陈桂生."课外活动"辨［J］.上海教育科研，1996（12）：15-16+12.

［5］董祥智.论课外活动——兼评"第二课堂"［J］.教育研究与实验，1985（3）：85-91.

［6］欧晓霞.苏霍姆林斯基论课外活动［J］.枣庄师专学报，1997（4）：58-61.

［7］吕型伟.关于"第二渠道"的几个问题［J］.上海教育，1984（7-8）.

［8］刘舒生.课内教学与课外活动我见——兼评"两个课堂"和"两个渠道"的提法［J］.课程·教材·教法，1986（4）：32-35.

［9］王占春，耿培新.论课外体育活动在学校体育中的地位与作用［J］.学校体育，1986（1）：39-42.

［10］包启昌."第一"、"第二"课堂有主有次［J］.人民教育，1984（5）：12.

［11］徐正贞.培养新时期人才需要"第二课堂"［J］.华东师范大学学报（教育科学版），1986（3）：87-90.

［12］蔡克勇，冯向东.第二课堂的产生是教育思想上的一次变革［J］.高等教育研究，1985（4）：13-19.

［13］沈崴."第三课堂"思想政治教育功能研究［J］.思想教育研究，2016（7）：112-115.

［14］任祥华，柳士彬.人工智能时代教学以何存在［J］.中国电化教育，2021（5）：87-93.

［15］王鉴.实践教学论：回归课堂生活的研究［J］.教育理论与实践，2003（19）：42-45.

［16］余国江.应用型本科实践教学一体化改革初探［J］.江苏高教，2014（5）：98-99.

［17］徐继存.实践教学的理性［J］.山东师范大学学报（社会科学版），2020，65（3）：64-71.

［18］潘海涵，汤智.大学实践教学体系的再设计［J］.中国高教研究，2012（2）：104-106.

［19］张英彦.论高校实践教学目标［J］.教育研究，2006，27（5）：46-49+58.

［20］时伟.论大学实践教学体系［J］.高等教育研究，2013（7）：61-64.

［21］王鉴.关于实践教学论的几个理论问题［J］.教育理论与实践，2005

（21）：34-37.

［22］李薇薇．"大学生社会实践教育"的概念探析［J］.高教探索，2014（6）：34-38.

［23］都基辉，刘晓东，胡智林．改革开放以来大学生社会实践的历程、经验和启示［J］.思想教育研究，2015（3）：97-101.

［24］李保强．大学生社会实践活动不能"走形式"［J］.人民论坛，2018（1）：112-113.

［25］王伟明，张鹏．大学生社会实践科学化组织模式探索［J］.中国青年研究，2012（12）：84-88.

［26］张建明，唐杰．高校社会实践引领大学生思想发展的路径研究——基于中国人民大学"千人百村"项目的实践［J］.思想教育研究，2017（4）：119-122.

［27］沈文钦．《大学的理念》中的博雅教育学说——缘起、观点及其影响史［J］.北京大学教育评论，2014（3）：141-159.

［28］申国昌．博雅教育的文化内涵与实践路径［J］.国家教育行政学院学报，2016（11）：10-16.

［29］魏善春．博雅教育视野下对大学教育改革的思考［J］.教育探索，2009（9）：69-70.

［30］沈文钦．从博雅到自由——博雅教育概念的历史语义学分析［J］.清华大学教育研究，2013，34（1）：39-48.

［31］查强．当代中国大学博雅教育发展模式初探［J］.复旦教育论坛，2019，17（4）：5-10.

［32］李曼丽．再论面向21世纪高等本科教育观——通识教育与专业教育相结合［J］.清华大学教育研究，2000（1）：81-87.

［33］陈向明．对通识教育有关概念的辨析［J］.高等教育研究，2006（3）：64-68.

［34］谢鑫，王世岳，张红霞．哈佛大学通识教育课程实施：历史、现状与启示［J］.高等教育研究，2021，42（3）：100-109.

［35］张应强，方华梁．从生活空间到文化空间：现代大学书院制如何可能［J］.高等教育研究，2016，37（3）：56-61.

［36］黄荣怀，郑兰琴．解读"多元"智力：多元智力理论与智力三元论述评［J］.中国电化教育，2004（3）：25-28.

［37］曾晖．从多元智力理论看素质教育［J］.当代教育论坛，2005（2）：81-83.

［38］［美］霍华德·加德纳，李嘉曾．"多元智力"理论二十年——在美国教育研究协会的特邀演讲［J］．中国大学教学，2003（6）：20-23．

［39］张家勇．多元智力理论对我国高教发展的启示［J］．江苏高教，2003（3）：114-116．

［40］霍力岩，赵清梅．多元智力理论的评价观及其对学生发展评价的启示［J］．比较教育研究，2005（4）：45-50．

［41］顾明远．马克思论个人的全面发展——纪念《资本论》发表150周年［J］．教育研究，2017，38（8）：4-11．

［42］张旭．新媒体技术下大学生全面发展的理论思考——以马克思主义"人的全面发展"理论为视角［J］．江苏高教，2020（1）：102-106．

［43］徐先艳，王义军．马克思主义人的自由全面发展理论与新时代青年发展［J］．中国青年研究，2018（8）：38-44．

［44］李婷．马克思人的全面发展理论的当代解读［J］．人民论坛，2017（17）：130-131．

［45］毛红芳．从素质教育到核心素养：全面发展教育的中国实践与理论发展［J］．国家教育行政学院学报，2018（3）：44-49．

［46］谢安邦，张东海．全人教育的缘起与思想理路［J］．全球教育展望，2007（11）：48-52．

［47］范琳．雅斯贝尔斯的"全人"教育理念述评［J］．中国电力教育，2014（11）：1-2．

［48］张雷．大学教育之自我生成：全人的培养——基于雅斯贝尔斯的精神交往教育观［J］．现代大学教育，2015（3）：13-20．

［49］李竹．从专业训练到全人培养：大学教育目的的迷失与回归［J］．江苏高教，2018（8）：52-55．

［50］周建松，邹宏秋．大学素质教育的责任与方略［J］．高等工程教育研究，2015（1）：125-129．

［51］王义遒．素质教育：回顾与反思［J］．北京大学教育评论，2019，17（4）：59-74+185-186．

［52］林小英．素质教育20年：竞争性表现主义的支配及反思［J］．北京大学教育评论，2019，17（4）：75-108+186．

［53］毛红芳．从素质教育到核心素养：全面发展教育的中国实践与理论发展［J］．国家教育行政学院学报，2018（3）：44-49．

［54］庞海芍，郇秀红．素质教育与大学教育改革［J］．中国高教研究，2015（9）：73-78．

［55］李和章．面向一流大学之道的大学素质教育担当［J］．国家教育行政学院学报，2017（6）：8-12.

［56］刘献君．在不断研究探索中深化大学素质教育［J］．中国高教研究，2017（6）：8-12.

［57］李和章，刘进．论大学素质教育本土话语体系构建［J］．中国高教研究，2017（7）：22-26+80.

［58］［美］帕特里克·T.特伦兹尼，鲍威，黄月．只见树木，不见森林：什么在影响美国大学生的学习［J］．北京大学教育评论，2018，16（1）：72-84+189.

［59］谷贤林．大学生发展理论［J］．比较教育研究，2015（8）：26-31.

［60］杨中超．大学对学生发展的影响：基于国外大样本元分析的证据［J］．外国教育研究，2021，48（3）：116-128.

［61］魏杰，黄皓明，桑志芹．"985废物"的集体失意及其超越疫情危机下困境精英大学生的"废"心理审视［J］．中国青年研究，2021（4）：76-84.

［62］谢爱磊，洪岩璧，匡欢，等."寒门贵子"：文化资本匮乏与精英场域适应——基于"985"高校农村籍大学生的追踪研究［J］．北京大学教育评论，2018（4）：45-64+185.

［63］刘益东，王坤．大学人才培养的现实之困与理念纾解［J］．国家教育行政学院学报，2020（3）：43-49.

［64］尹弘飚，史练，杨柳．中国大学生学习与发展研究（2015-2019）：主题、方法与评论［J］．华东师范大学学报（教育科学版），2020，38（9）：179-199.

［65］黄雨恒，郭菲，史静寰．大学生满意度调查能告诉我们什么［J］．北京大学教育评论，2016（4）：139-154+189.

［66］吕林海．"拔尖计划"本科生的"学习参与"及其发展效应研究——基于全国12所"拔尖计划"高校的问卷调查［J］．教育发展研究，2020，40（Z1）：26-38.

［67］李湘萍．大学生科研参与与学生发展——来自中国案例高校的实证研究［J］．北京大学教育评论，2015，13（1）：129-147+191.

［68］孙泑睿，丁小浩．大学生课外参与投入的适度性研究［J］．大学教育科学，2010（6）：53-61.

［69］李文利．高等教育之于学生发展：能力提升还是能力筛选？［J］．北京大学教育评论，2010，8（1）：2-16+188.

［70］魏戈．人如何学习：解读恩格斯托姆的《拓展性学习研究》［J］．北京

大学教育评论，2017，15（3）：169-181.

［71］岑逾豪．大学生成长的金字塔模型——基于实证研究的本土学生发展理论［J］.高等教育研究，2016（10）：74-80.

［72］周廷勇，周作宇，杜瑞军．大学生发展的影响因素模型：一个理论构想［J］.教育学报，2016，12（5）：68-80.

［73］李宪印，杨娜，刘钟毓．大学生学业成就的构成因素及其实证研究——以地方普通高等学校为例［J］.教育研究，2016（10）：78-86.

［74］王洪才．理想大学寻觅：一个现象学考察［J］.北京大学教育评论，2015（3）：95-109+190-191.

［75］刘生全．论教育场域［J］.北京大学教育评论，2006，4（1）：78-91.

［76］王文，王纾．学习投入研究的知识图景及趋势——基于科学引文数据库的分析［J］.教育研究，2021（8）：78-91.

［77］郭建鹏，刘公园，杨凌燕．大学生学习投入的影响机制与模型——基于311所本科高等学校的学情调查［J］.教育研究，2021（8）：104-115.

［78］孙玲，唐爱民．试论"广义狭义式"德育概念界定的逻辑纰漏［J］.当代教育科学，2013（15）：10-12.

［79］戚万学，唐爱民，唐笑．改革开放40年德育理论研究的主题及进展［J］.教育研究，2018（10）：20-31.

［80］戚万学．活动课程：道德教育的主导性课程［J］.课程·教材·教法，2003（8）：42-47.

［81］戚万学．活动道德教育模式的理论构想［J］.教育研究，1999（6）：69-76.

［82］戚万学．走出道德教育的两难境地［J］.教育研究与实验，1991（4）：11-16.

［83］戚万学.20世纪西方道德教育主题的嬗变［J］.教育研究，2003（5）：28-34.

［84］戚万学．道德教育的实践目的论［J］.山东师范大学学报（人文社会科学版），2001（1）：12-17.

［85］戚万学．当前中国道德教育的文化困惑与文化选择［J］.教育研究，2009（10）：23-29.

［86］陆有铨，戚万学．关于我国道德教育的几点思考［J］.华东师范大学学报（教育科学版），1990（2）：11-19.

［87］唐爱民．学校德育变革的社会基础：逻辑前提、动力支撑与实践路径［J］.高等教育研究，2021，42（3）：25-31.

［88］唐爱民．学校德育变革的文化生态：内在逻辑、社会基础与实践路径［J］．南京师大学报（社会科学版），2021（3）：54-61.

［89］王洁．道德需要教育何以可能——基于大学生德育的视角［J］．长沙大学学报，2013（6）：136-138.

［90］唐爱民．大学生道德人格的时代征候及其教化［J］．中国德育，2009（7）：13-18.

［91］戚万学．试论道德哲学对道德教育的贡献［J］．教育研究，1994（9）：8-13.

［92］戚万学．杜威道德教育理论初探［J］．山东师范大学学报（社会科学版），1988（2）：41-45.

［93］唐爱民．间接道德教育的合理性及限度［J］．当代教育科学，2004（5）：5-7.

［94］唐爱民．对错与善恶分别：道德的梯度及德育学辩护［J］．教育理论与实践，2004（7）：57-60.

［95］唐爱民．政治教育与道德教育的异趣与关联：一种德育学辩护［J］．当代教育论坛，2005（7）：57-60.

［96］唐爱民．法律教育≠道德教育：一种德育学辩护［J］．湖南师范大学教育科学学报，2005（2）：56-59.

［97］唐爱民．心理教育≠道德教育：一种德育学辩护［J］．河北师范大学学报（教育科学版），2005（3）：87-90.

［98］戚万学．日本道德教育的历史、现状及启示［J］．山东师范大学学报（社会科学版），1992（5）：49-52+16.

［99］唐爱民．真实的道德生活与德育课程生活资源的开发［J］．课程·教材·教法，2007（5）：47-50.

［100］焦荣华，刘晓东．回归自然：大学生德育的根本路径［J］．现代大学教育，2016（2）：80-85.

［101］唐艳婷．提升大学生道德能力的德育课程探索［J］．江苏高教，2019（8）：92-96.

［102］神彦飞，宋钧文．借鉴传统德育精华深化大学生思想政治教育［J］．国家教育行政学院学报，2014（11）：67-72.

［103］任少波，吕成祯．德育共同体：中国特色社会主义大学的新认知［J］．浙江大学学报（人文社会科学版），2019，49（5）：5-12.

［104］陈汉良．关于"智育教育的着眼点"［J］．教学与管理，1986（3）：34-37+47.

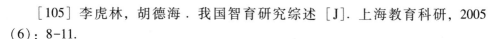

[105] 李虎林，胡德海．我国智育研究综述［J］．上海教育科研，2005（6）：8-11.

[106] 任廷库．略谈孔子智育思想［J］．青海师范学院学报（哲学社会科学版），1982（1）：66-70.

[107] 周广云．孔子智育思想的特点、影响及启示［J］．山东教育科研，1992（2）：66-70+37.

[108] 蔡克勇．论德育和智育的统一［J］．高等教育研究，1986（3）：28-33.

[109] 冯忠良．关于智育心理学问题［J］．北京师范大学学报，1981（1）：47-53.

[110] 皮连生．智育概论——一种新的智育理论的探索［J］．华东师范大学学报（教育科学版），1994（4）：41-49.

[111] 杜作润．智慧与智育漫话［J］．复旦教育论坛，2007（5）：16-21.

[112] 项贤明．"智育"概念的理论解析与实践反思［J］．课程·教材·教法，2021，41（5）：40-46.

[113] 张小丽．"德育""智育""体育"概念在近代中国的形成考论［J］．教育学报，2015（6）：107-114.

[114] 王竹立．知识变迁与新智育［J］．今日教育，2021（4）：14-17.

[115] 王竹立．信息时代教育变革的底层逻辑与顶层设计［J］．今日教育，2020（7）：78-83.

[116] 瞿葆奎．劳动教育应与体育、智育、德育、美育并列？——答黄济教授［J］．华东师范大学学报（教育科学版），2005（3）：1-8.

[117] 贾蕊华．梁启超国民教育思想中智育与德育价值变化分析［J］．五邑大学学报（社会科学版），2020，22（2）：24-27+82+93-94.

[118] 刘朝武．从智育走向心育：现代大学师生交往空间立体化构筑模式探微——基于高校思政课师生交往的思考［J］．江苏高教，2017（7）：78-81.

[119] 张耀娟，李冬梅，陈雪．工科院校智育素质培养的途径［J］．长春工业大学学报（高教研究版），2014（3）：77-78+82.

[120] 周明阳，李向锋．基于学科背景的大学生德育、智育融合路径及实践模式研究［J］．江苏高教，2016（6）：131-133.

[121] 王宇静，曹海敏．新形势下学科竞赛驱动的高等教育创新人才培养模式——以工程管理专业为例［J］．教育理论与实践，2021（18）：13-15.

[122] 赵燕，赵春鱼，陆国栋．我国人文社科类学科竞赛发展现状与治理优化研究［J］．中国高教研究，2020（7）：93-97.

[123] 陆国栋，魏志渊，毛一平，等．基于主题、时间、空间和模式分类的学科竞赛研究与实践 [J]．中国大学教学，2012（10）：74-76.

[124] 赵春鱼，吴英策，魏志渊，等．高校学科竞赛：现状、问题与治理优化——基于 2012—2016 年本科院校学科竞赛评估的数据分析 [J]．中国高教研究，2018（2）：69-74.

[125] 张睿．高校拔尖创新人才创新素养的现状及其对创造力的影响研究——以全国"挑战杯"获奖者为例 [J]．复旦教育论坛，2019，17（6）：55-62.

[126] 张磊．大学生"挑战杯"竞赛实效性研究——基于 98 位参赛者的问卷调查与半结构化访谈 [J]．中国青年研究，2017（8）：105-109+63.

[127] 秦涛，范煜．"挑战杯"竞赛历程回顾和发展思考 [J]．青年发展论坛，2020，30（4）：48-55.

[128] 燕国材．非智力因素与教育改革 [J]．课程·教材·教法，2014，34（7）：3-9.

[129] 燕国材．一种新的学习理论的探索——关于智力与非智力因素结合论的学习理论的几点看法 [J]．教育评论，1986（6）：24-30.

[130] 郝德永，周武军．关于"非智力因素"几个有争议问题的探讨 [J]．华东师范大学学报（教育科学版），1993（1）：57-62.

[131] 林崇德．智力活动中的非智力因素 [J]．华东师范大学学报（教育科学版），1992（4）：65-72.

[132] 皮连生．论"智力因素与非智力因素"分类中的若干理论问题 [J]．华东师范大学学报（教育科学版），1993（2）：51-58.

[133] 李祖超，李蔚然，王天娥．国家最高科学技术奖获得者非智力因素分析 [J]．教育研究，2015，36（10）：78-89.

[134] 吴红耘．一种新的智育理论——用广义的知识看智育目标 [J]．宁波大学学报（教育科学版），1998（4）：1-6.

[135] 马佳妮，周作宇．美国大学生课外经验研究评述 [J]．现代大学教育，2014（5）：38-43.

[136] 马冬卉，柳润，李毅．美国高校大学生学术指导及启示 [J]．高等工程教育研究，2004（3）：60-63.

[137] 于勇，高珊．美国大学生批判性思维培养模式及启示 [J]．现代大学教育，2017（4）：61-68.

[138] 刘学东，袁靖宇．美国大学生批判性思维能力培养研究——以斯坦福大学为例 [J]．高教探索，2018（9）：44-50.

[139] 周海涛，董志霞. 美国大学生创业支持政策及其启示 [J]. 高等教育研究，2014，35（6）：100-104.

[140] 江露露. 美国大学生创新创业教育实践——基于《创新和创业型大学：聚焦高等教育创新和创业》的分析 [J]. 世界教育信息，2016，29（21）：20-26+33.

[141] 刘波，张贝尔，郭振. 大学体育口号与理念的谱系与解构——以清华大学为例 [J]. 体育学研究，2021，35（5）：1-8.

[142] 刘静民，刘波. 全方位体育教育的实践——清华大学经验介绍 [J]. 体育学刊，2017（4）：68-71.

[143] 李朝阳，张新萍，仇亚宾. "四年一贯制"大学体育综合课程：第一课堂与第二课堂高度融合 [J]. 体育学刊，2020，27（5）：96-101.

[144] 王守力，包希哲. "四位一体"学校体育理念下大学体育第二课堂的构建研究 [J]. 体育科技文献通报，2021（8）：77-80.

[145] 张新科. 大学体育略论：学科定位、时代担当及课程价值 [J]. 中国学校体育，2014（9）：31-34.

[146] 郎贺，王立军. 微学习时代下的大学体育教学方式转变 [J]. 中国教育学刊，2015（S2）：314-315.

[147] 王景连，赵崇珍，张燕. 终身体育思想——大学体育指导思想的时代定位 [J]. 体育与科学，1997（3）：56-59.

[148] 余二德. 大学体育课程的理论研究 [J]. 体育与科学，1997（3）：38-40+43.

[149] 王俊奇，董立涛. 马约翰的大学体育教育思想 [J]. 体育文化导刊，2002（1）：41-42.

[150] 陈颖川. 大学体育教育的沿革和发展途径 [J]. 南京体育学院学报，2000（4）：85-87.

[151] 吴瑞红，江文奇. 学校体育思想之身体教化指导的整体化研究 [J]. 体育学刊，2016（1）：109-111.

[152] 温宇蓉，郑旗. 新时代我国学校体育思想的基本向度与内在进路 [J]. 教育理论与实践，2020（18）：59-61.

[153] 高鹏，王华倬，刘昕. 新中国学校体育思想研究综述 [J]. 体育学刊，2019（1）：83-88.

[154] 潘绍伟. 改革开放40年中国学校体育思想探析 [J]. 体育学研究，2018（4）：21-30.

[155] 韦欧阳. 蔡元培体育思想对学校体育工作的启示 [J]. 体育科技文献

通报，2017（5）：152-155.

[156] 杨丽华，卢考纯. 中美大学体育课程的比较研究 [J]. 高教探索，1999（4）：80-81.

[157] 陈希. 对美国十所大学体育的考察与思考 [J]. 清华大学教育研究，1998（3）：112-121.

[158] 汤春华，刘合群. 大学体育社会化与体育俱乐部教学模式 [J]. 高等教育研究，2001（3）：81-83.

[159] 王智慧，刘书元，刘金凤. 大学体育课程评价体系与成绩评定模式的创新研究 [J]. 体育与科学，2008（4）：91-94.

[160] 齐立斌. 立德树人：大学体育的时代使命、价值基础与实践进路 [J]. 大学教育，2021（3）：144-146+151.

[161] 李瑞奇. 新中国成立 70 年来美育在教育政策中的嬗变研究 [J]. 湖北社会科学，2019（5）：155-161.

[162] 何齐宗，霍巧莲. 黄济先生美育思想探要 [J]. 教育研究，2021，42（7）：71-80.

[163] 林玮."算法一代"的诞生：美育复兴的媒介前提 [J]. 教育研究，2021，42（7）：81-93.

[164] 殷英. 新时代高校美育建设的探索 [J]. 人民论坛，2021（24）：92-94.

[165] 张典兵. 近十年我国大学美育研究的回顾与反思 [J]. 现代教育科学，2012（1）：32-35.

[166] 夏侯琳娜."立德树人"视域中的新时代高校美育理念建构 [J]. 理论学刊，2020（2）：127-134.

[167] 郭瑾莉. 新时代高等学校美育的改革理路与行动策略 [J]. 中国高等教育，2020（12）：54-56.

[168] 中国教育电视台《大学书苑》栏目组. 美育是时代的使命——仇春霖谈《大学美育》[J]. 中国大学教学，2003（4）：21-22.

[169] 邓佳，黄雪. 美育的神经基础 [J]. 华东师范大学学报（教育科学版），2017，35（5）：100-108+161.

[170] 宁本涛，杨柳. 美育建设的价值逻辑与实践路径——从"五育融合"谈起 [J]. 河北师范大学学报（教育科学版），2020，22（5）：26-33.

[171] 陆祖鹤. 美育的目的不是艺术，而是心灵——《美的常识》终结思想：中华之美走得更远 [J]. 美育，2021（4）：19-25.

[172] 王萌. 高校美育的逻辑起点、现实困境及突破路径 [J]. 国家教育行

政学院学报，2020（12）：68-75+95.

［173］蔡先金．大学美育论纲［J］．长春工业大学学报（高教研究版），2011，32（4）：1-5.

［174］周洁．大学美育课程体系建设的可实施策略分析［J］．大学，2021（31）：45-47.

［175］徐娜．高校美育三议：本质意义、价值指向与实践路径［J］．江苏高教，2021（6）：113-116.

［176］翟志强．从"美育救国"看蔡元培的美育思想和实践［J］．美育，2021（4）：10-18.

［177］陈理宣，尹达．把握美育新精神，探索美育新策略［J］．中国德育，2021（2）：5-8.

［178］丁予茜．以美育人 以美化人 加强高校美育工作［J］．中国高等教育，2018（24）：40-41.

［179］徐望．美育与文化资本理论的交互链接与双向新诠［J］．当代教育论坛，2021（6）：67-76.

［180］赵思童．美国雷德兰兹大学美育做法与启示［J］．中国高等教育，2019（5）：63-64.

［181］张志，邬思源．新中国成立以来高校劳动教育的发展历程及其经验探析［J］．青年发展论坛，2021，31（3）：71-81.

［182］余宏亮，王刚．大学劳动教育简论［J］．中国教育科学（中英文），2021（2）：100-106+30.

［183］王飞，车丽娜，孙宽宁．我国高校劳动教育现状及反思［J］．中国大学教学，2020（9）：75-79+85.

［184］柳友荣．中国共产党百年高校劳动教育实践与探索［J］．中国高等教育，2021（Z3）：18-20.

［185］刘向兵．深入贯彻党的十九届五中全会精神 全面推进高校劳动教育［J］．中国高等教育，2020（24）：10-12.

［186］沈军军．新时代大学劳动教育的实然处境与应然进路［J］．江苏高教，2020（12）：74-77.

［187］沈希，罗黎敏，杜学文．高校劳动教育的思考与实现路径——以专业学位人才培养为例［J］．中国高教研究，2021（9）：77-82.

［188］张拥军，李剑，徐润成．新时代大学生劳动教育现状及认知影响因素研究——基于湖北省部分高校大学生的实证分析［J］．思想教育研究，2020（6）：151-155.

［189］刘向兵，曲霞，黄国萍．高校劳动教育体系化构建的学理与实践［J］．中国大学教学，2021（9）：30-36.

［190］汤素娥，柳礼泉．高校劳动教育课程化的价值意蕴与实践方略［J］．思想理论教育导刊，2021（1）：99-103.

［191］刘向兵．新时代高校劳动教育的新内涵与新要求——基于习近平关于劳动的重要论述的探析［J］．中国高教研究，2018（11）：17-21.

［192］乐晓蓉，胡蕾．新时代高校劳动教育的价值考量与整体推进［J］．思想理论教育，2020（5）：96-101.

［193］唐洁，杨金才．新时代高校劳动教育的可持续发展作用［J］．江苏高教，2021（8）：81-84.

［194］张秀再，常建华，刘光杰．新时代高校劳动教育模式及实施路径探索［J］．中国大学教学，2021（7）：10-15.

［195］卢晓东，曲霞．大学劳动教育课程框架、特征与实施关键：基于劳动要素的理论视野［J］．中国大学教学，2020（2/3）：8-16.

［196］孟国忠．新时代扎实推进高校劳动教育的着力点［J］．中国高等教育，2019（21）：45-47.

［197］岳海洋．新时代加强高校劳动教育的价值意蕴与实践路径［J］．思想理论教育，2019（3）：100-104.

［198］黄小芳，黄红武．新时代高校劳动教育体系的构建路径［J］．中国高等教育，2021（3）：27-29.

［199］刘玉方，曲霞，田守雷．为劳育赋能，开创高校劳动教育新格局［J］．中国高等教育，2020（15/16）：12-14.

［200］刘祥玲．高校以服务学习课程开展劳动教育的路径探析［J］．中国高教研究，2020（10）：49-53.

［201］刘向兵，赵明霏．构建新时代高校劳动教育体系的理论逻辑与实践路径——基于知识整体理论的视角［J］．中国高教研究，2020（8）：62-66.

［202］罗建晖，高廷壁．加强新时代高校劳动教育　落实"立德树人"根本任务［J］．中国高等教育，2020（9）：6-7.

［203］胡君进，檀传宝．劳动、劳动集体与劳动教育——重思马卡连柯、苏霍姆林斯基劳育思想的内容与特点［J］．国家教育行政学院学报，2018（12）：40-45.

［204］谢菲．论欧洲可持续性设计教学模式及其启示——以诺丁汉大学和湖南大学建筑设计专业为例［J］．大学教育科学，2015（1）：54-58.

［205］李政涛，文娟．"五育融合"与新时代"教育新体系"的构建［J］．

中国电化教育，2020（3）：7-16.

［206］杨丽．"五育融合"的历史演进、现实困境及实现之策——基于新发展阶段背景下的分析［J］．当代教育论坛，2021（4）：1-10.

［207］陆康其，杨玲．以项目化学习推动五育融合的探索［J］．上海教育科研，2021（7）：83-87.

［208］郝志军，刘晓荷．五育并举视域下的学校课程融合：理据、形态与方式［J］．课程·教材·教法，2021，41（3）：4-9+22.

［209］刘志，梁晨曦．将培养学生社会与情感能力作为五育融合的有力抓手［J］．中国教育学刊，2021（2）：1-5+11.

［210］刘登珲，李华．"五育融合"的内涵、框架与实现［J］．中国教育科学（中英文），2020，3（5）：85-91.

［211］魏善春．基于五育融合的课堂教学重构：样态、理念与实施［J］．中国教育科学（中英文），2021，4（3）：91-100.

［212］黄炜，张治，胡爱花，等．基于"五育融合"的学生数字画像构建与实践分析［J］．教育发展研究，2021，41（18）：44-51.

［213］陈裕先．德国应用科技大学实践教学模式及其对我国应用型本科教育的启示［J］．国家教育行政学院学报，2015（5）：84-89.

［214］杨聚鹏，梁瑞．大数据时代大学课堂教学模式面临的挑战与变革［J］．电化教育研究，2017，38（8）：111-115.

［215］何晓瑾，金实，曹晶等．创新人才培养视阈下的大学教学模式变革——基于PBL模式的教学实践研究［J］．江苏高教，2016（6）：99-101+130.

［216］梁颖．不列颠哥伦比亚大学多维立体教学模式初探［J］．高等教育研究学报，2020，43（2）：82-87.

［217］李琼，杨格丹，李敏辉．"以学生为中心"的融合交互教学模式研究——以清华大学深圳国际研究生院为例［J］．现代教育技术，2021，31（10）：110-117.

［218］程俊．"师生对话"大学教学模式的必要性及其设计［J］．现代教育科学，2019（6）：112-117.

［219］王竹立．新建构主义教学法初探［J］．现代教育技术，2014（5）：5-11.

［220］黄明东，黄炳超，阿里木·买提热依木．建构主义视角下高校"三位一体"协同教学模式的重构［J］．教育理论与实践，2021，41（12）：43-47.

［221］李振兴，高春娣．协同理论下院级大学生创新能力培养协同模式研究［J］．思想教育研究，2018（11）：120-124.

［222］赵睿．协同理论视域下推进高校党团组织育人工作的思考［J］．思想教育研究，2018（12）：105-109.

［223］林可，王默，杨亚雯．教育何以建构一种新的社会契约？——联合国教科文组织《一起重新构想我们的未来》报告述评［J］．开放教育研究，2022（1）：4-16.

［224］张民选，卞翠．教育的未来：为教育共建一份社会新契约［J］．比较教育研究，2022（1）：3-12+22.

［225］郭卉，韩婷，余秀平，牛慧娟，田芷淇．理工科大学生参与科研活动的收获的探索性研究——基于"国家大学生创新创业训练计划"项目负责人的个案调查［J］．高等工程教育研究，2015（6）：59-66.

三、硕士博士论文

［1］崔晓丹．大学生思想政治教育主渠道与主阵地协同研究［D］．北京：北京科技大学，2021.

［2］呼和．大学生社会实践育人机理及运行机制研究［D］．北京：北京科技大学，2018.

［3］沈文钦．近代英国博雅教育思想及其古典渊源——概念史的视角［D］．北京：北京大学，2008.

［4］夏惠贤．多元智力理论与个性化教育［D］．上海：华东师范大学，2002.

［5］宫留记．布迪厄的社会实践理论［D］．南京：南京师范大学，2007.

［6］柳士彬．遮蔽与澄明——德性教学的存在之思［D］．南京：南京师范大学，2005.

［7］郭纯生．大学生生活园区德育研究［D］．上海：上海大学，2014.

［8］唐爱民．道德教育范畴论审理——德育范畴论初探［D］．济南：山东师范大学，2006.

［9］董宇艳．德育视域下大学生情商培育研究［D］．哈尔滨：哈尔滨工程大学，2011.

［10］查文静．先秦儒家思想在大学德育中的应用探讨［D］．昆明：云南大学，2018.

［11］王云强．大学生道德人格的结构、特点及其干预研究［D］．南京：南京师范大学，2009.

［12］王琦．研究性教学视角下的大学生学科竞赛问题研究［D］．西安：西北大学，2014.

［13］王秀强．中国百年大学体育文化的传承与发展战略研究［D］．上海：上海交通大学，2018.

［14］常益．大学体育的思想政治教育功能研究［D］．长春：东北师范大学，2019.

［15］陈慧萍．高校大学生第三课堂红色文化教育研究［D］．景德镇：景德镇陶瓷大学，2020.

［16］张倩．我国内地高校书院制建设研究［D］．咸阳：西北农林科技大学，2014.

［17］黎红．大学生德育生活化研究［D］．南昌：南昌大学，2012.

［18］杨文晓．关于大学生参与德育活动的调查研究——以山东某高校为例［D］．济南：山东师范大学，2012.

［19］高青．论杜威德育思想及其对新时期大学生德育工作的启示［D］．太原：中北大学，2012.

［20］李璐璐．增强大学生德育工作实效性方法论问题研究［D］．济南：山东大学，2012.

［21］颜叶芳．德智体美劳"五育"：从分裂到融合——以高校课堂教学为例［D］．长沙：湖南师范大学，2019.

［22］彭寿清．大学通识教育课程设计研究［D］．重庆：西南大学，2006.

［23］胡弼成．高等学校课程体系现代化研究［D］．厦门：厦门大学，2004.

四、英文文献

［1］Polanyi M. The Study of Man［M］．London：Routledge & Kegan Paul，1957.

［2］Carnegie Foundation for the Advancement of Teaching. Missions of the College Curriculum：A Contemporary Review with Suggestions［M］．San Francisco：Jossy-Bass Publishers，1977.

［3］Gardner H. Frame of Mind：The Theory of Multiple Intelligences［M］．New York：Basic Books，1983.

［4］Ron Miller. Holism and Meaning［C］//Ron MILLER. Caring for New Life：Essays on Holistic Education. Brandon，VT：Foundation for Education Renewal，2000.

［5］Feldman K A，Newcomb T. M. The Impact of College on Students［M］．San Francisco：Transaction Publishers，1988.

［6］Harvard. Roport of the Task Force on General Education［R］．Harvard University Press, 2007.

[7] DU Zhihui. Exploration on the Cultivating Innovation and Practice Ability of Students Based on "Project-Driving+the Second Classroom" [J]. Advances in Education, 2021, 11 (6): 2015-2021.

[8] Li G, Zhang L P. Research on the Second Classroom? Education in Local Colleges and Universities [J]. Learning & Education, 2021, 10 (4).

[9] Zhang L. Research on the Cultivation Path of Outstanding Student Cadres in Colleges and Universities under the Background of "The Second Classroom Report Card Implementation" of the Communist Youth League [J]. Advances in Higher Education, Volume 4, Issue.

后　记

　　本书是在我教育博士学位论文的基础上修改完成的，为适应学校特色建设，加入了部分财商教育内容，但总体的逻辑框架未变。

　　"教育博士专业学位论文选题应来源于教育、教学和教育管理实践中具有重要现实意义和应用价值的关键问题。"2016年3月，我到全国学校共青团研究中心挂职开始接触"第二课堂成绩单"，逐渐发现"大学第二课堂的课程体系构建"是个亟待研究的有价值的课题，于是才有了读博的经历和这本著作。此时，山东工商学院也被确定为全国第36所、山东省唯一"第二课堂成绩单"制度试点高校，在全国形成了"第二课堂成绩单"实践的山商名片。我个人也在这项事业中收获了教育博士学位，实现了工作理论与实践的互动提升。

　　四年的时光转瞬即逝，回顾自己读博的经历，过程虽有迷茫、煎熬和孤独，但自律、探索、交流、思索、成长贯穿其中，这四年成了我生命历程中最重要的经历。2021年7月20日，外面伏天难耐，我肩搭毛巾，扎在图书资料的堆里，时而看资料寻找写作的思路，时而对着电脑写作。2021年9月，我被山东省委组织部选调参加中青年干部培训班，在党校课程学习之余，全身心投入到博士学位论文的写作中，坚持、再坚持，最终顺利完成了论文的初稿。最需要感恩这两段时光，更要感谢山东省委党校的图书馆，让我在那里能够"静心"写作。最大的感悟：撰写博士学位论文需要大量的阅读和思考，是一次修炼、磨砺和成长的过程，思维和逻辑方面的收获最大，论文是写出来的，更是改出来的！

　　圣地学府曲园，本硕博求学十一载，感恩曲园，这是一所有韧性、睿性与德性的大学。我也必将继承和传承这些可贵的品质，一直努力、奋斗、拼搏、奉献。有幸成为柳士彬老师的博士开门弟子，四年的时光里，柳老师给予了我极多的帮助和支持。在论文写作过程中，从论文选题、框架论证到C刊的写作发表，柳老师不厌其烦地修改和打磨，为我拨开迷雾，指引我前行。感谢柳老师的爱人何爱霞老师对我的督促和鼓励。四年的时光里感恩很多师友的相助。感恩胡钦晓教授、唐爱民教授、谭维智教授、王志华教授、李宪印教授、李方安教授、徐瑞教授等在授课过程以及生活中的启迪和教会。感谢全国学校共青团研究中心的秦涛主任、马海老师，是他们让我接触到了"第二课堂成绩单"，让我有了读博求学的方向。更要感谢为访谈提供帮助的全国高校共青团战线的战友们。最应该感谢的是我的妻子和儿子，在我 2016 年到北京挂职、2018 年到曲阜读博士、2021 年到山东财经大学挂职以及博士学位论文的写作过程中，照顾孩子学习、生活几乎全部由妻子一个人承担。妻子和儿子的辛苦和努力，成为我每天坚持读书看资料、写作的不竭动力。

求学路上需要感谢的人太多，特别是山商同仁们的支持和鼓励，没有他们的帮助和支持，就没有这一切，感谢大家，我将铭记在心，行胜于言，从我做起，团结奋斗，为山商努力拼搏。